DAS SICHTBARE DENKEN

PHILOSOPHIE & REPRÄSENTATION
PHILOSOPHY & REPRESENTATION

Edited by

Petra Gehring, Thomas Keutner
Jörg F. Maas, Wolfgang Maria Ueding

2. BAND
VOLUME 2

DAS SICHTBARE DENKEN

Modelle und Modellhaftigkeit in der
Philosophie und den Wissenschaften

herausgegeben und eingeleitet
von

Jörg F. Maas

Rodopi

Amsterdam - Atlanta, GA 1993

Ich danke der Technischen Universität 'Otto von Guericke' Magdeburg für die Unterstützung bei der Durchführung des Kolloquiums.
Besonderer Dank gilt hier Frau Sonja Knoche und Frau Ilona Hesse.

ISBN: 90-5183-488-8
©Editions Rodopi B.V., Amsterdam - Atlanta, GA 1993
Printed in The Netherlands

Inhaltsverzeichnis

1. Jörg F. Maas: Das sichtbare Denken oder das Modell zur Wirklichkeit. Eine Einführung ... 1

2. Stephan Meier-Oeser: Die Entlastung von der Mühsamkeit des Denkens. Zeichentheoretische Bemerkungen zur Urgeschichte artifizieller Intelligenz im 17. Jahrhundert ... 13

3. Elisabeth Strauß: Organismus versus Maschine: Margaret Cavendish' Kritik am mechanistischen Naturmodell ... 31

4. Petra Gehring: Menschen als `Maschinen´ der Sprache - Über ein polemisches Sprachbild bei Kant ... 45

5. Geert Keil: Über ein das Maschinenmodell des Menschen betreffendes Mißverständnis ... 75

6. Klaus Sachs-Hombach: Der Geist als Maschine - Herbarts Grundlegung der naturwissenschaftlichen Psychologie ... 91

7. Hartmut Hecht/Dieter Suisky: Dynamische Modelle als physikalische Erkenntnismittel ... 113

8. A. Schierwagen: Modelle der Neuroinformatik als Mittler zwischen neurowissenschaftlichen Fakten und Kognitionstheorien ... 131

9. Günther Roscher: Informationsprozesse in technischen Systemen - Modelle und Methoden zur Erforschung des menschlichen Denkens ... 153

10. Peter H. Lässig: Blockschaltbilder als spracherweiternde Denkschemata ... 181

Register ... 191

Das sichtbare Denken oder das Modell zur Wirklichkeit. Eine Einleitung

Jörg F. Maas[*]

> Es scheint nicht überflüssig zu sein, genau anzuzeigen,
> was wir uns bei diesen Worten denken, welche wir öfters brauchen werden.
> Denn wenn man sich gleich auch derselben schon lange in Schriften bedient,
> wenn sie gleich durch theoretische Werke bestimmt zu sein scheinen,
> so braucht denn doch jeder sie meistens in einem eigenen Sinne
> und denkt sich mehr oder weniger dabei,
> je schärfer oder schwächer er den Begriff gefaßt hat,
> der dadurch ausgedrückt werden soll.
> Johann Wolfgang von Goethe: Einfache Nachahmung der Natur, Manier, Stil

Die Frage, ob es Denken gibt bzw. was Denken ausmacht, ist ein ernsthaftes philosophisches und bis heute nicht adäquat gelöstes Problem. Betrachtet man etwa Einträge in philosophischen Lexika oder begriffsgeschichtlichen Wörterbüchern, so findet man weniger die einzig wahre und allgemein gültige Definition als vielmehr ein Agglomerat von

---

[*] Geb. 1959. Studium der Philosophie, Germanistik, Pädagogik, Geschichte und Romanistik in Bonn, Berlin und Köln. Magisterexamen an der FU Berlin zur Hermeneutik und Wissenschaftstheorie des 19. Jahrhunderts. Promotion mit einer Arbeit zur epistemologischen und ontologischen Neubestimmung der wissenschaftlichen Renaissance. Wissenschaftlicher Mitarbeiter an der FernUniversität Hagen, Visiting Scholar am Department for the History of Science der Harvard University/USA, Leiter des Akademischen Auslandsamtes/ International Office und Lehrbeauftragter an der TU Magdeburg. Mitherausgeber der Reihe `Philosophie & Repräsentation / Philosophy & Representation´. Verschiedene Arbeiten zu Wissenschaftstheorie, Wissenschafts- und Begriffsgeschichte, Logik und Mathematik im 17. und 19. Jahrhundert.

mehr oder minder seriösen Versuchen einer Begriffsannäherung, wenn nicht -bestimmung, die - wie alle Begriffe - einer historischen und ideologischen Veränderung unterworfen ist. Allen diesen Begriffsklärungen von `Denken´ aber ist gemeinsam, daß sie den Vorgang des Denkens als intelligiblen oder mentalen Prozeß verstehen, der etwas `vorstellt´ oder `nachdenkt´, `Begriffe bildet´, `urteilt´, `Absichten hat´ oder `willens ist´[1], etwas zu tun oder zu lassen und der im menschlichen Gehirn oder im Verstand zu lokalisieren ist. Denken ist damit ein Akt, der im Gegensatz zur sinnlichen Wahrnehmung zwar real ist, dabei aber selbst nicht sinnlich oder an die Sinne gebunden ist.

Angesichts eines solchen vorfindbaren Begriffsverständnisses klingt der Titel des diesem Buch vorausgegangenen Kolloquiums paradox. Denn wie kann das vorstellende, verstehende, schließende oder wahrnehmende Denken sichtbar sein? Das Denken kann zwar sichtbar werden, indem es sich substantialisiert oder materialisiert, indem es etwas vormals Gedachtes in die Realität hervorbringt, es ist selbst aber - so mag man meinen - keine sinnliche Qualität oder erfahrbar. "Das Denken ist (zwar) ein Sprechen"[2] sagt Kant und meint damit das innere Sprechen als das spontane Erfassen des Denkbaren (des `cogitabile´) und insofern es als urteilendes Denken auch auf Sprache verwiesen ist, ist "Denken ein Erhören, das erblickt"[3], so wiederum Heidegger nach Kant. Damit ist nun Denken zwar durch Sprechen und Hören, aber noch nicht durch Sehen beschreibbar oder gar sichtbar.

Die `Sichtbarkeit des Denkens´, die uns vorschwebt, soll nun nicht nur eine mehr oder minder wohlgesetzte Metapher für ein Programm eines Materialismus oder Sensualismus auch und gerade des Denkens sein, sondern ist vielmehr der Versuch, das Denken durch die Methoden, Vehikel oder Modelle beschreibbar zu machen, die während des Denkens Verwendung finden und die doch nicht als Konstituentien des

---

[1] Cf. C. von Bormann/R. Kuhlen/L. Oeing-Hanhoff: Art. `Denken´. In: Historisches Wörterbuch der Philosophie, Bd. 2, Basel/Stuttgart 1972, sp. 60-102, hier: sp. 61.
[2] I. Kant: Opus postumum, Akademie Ausgabe Bd. 21, p. 103.
[3] M. Heidegger: Was heißt Denken?, Tübingen 1954, p. 4.

Denkens schlechthin erscheinen oder notwendig so aufgefaßt werden müssen.

Die zu überprüfende und zentrale These des Kolloquiums und damit des vorliegenden Bandes lautet, daß Denken - und zwar das wissenschaftliche Denken reiner Erkenntniszwecke[4] - ohne Denkformen oder -modelle, die gedacht und damit immer schon benutzt werden, nicht auskommt und daß diese Modelle trotz des intelligiblen Verwendungsbereichs sinnliche Valenz besitzen, also der Wirklichkeit entstammen oder zumindest einen engen Bezug zu ihr aufweisen. Dies soll und kann nur - wie wir meinen - am Beispiel der unterschiedlichen Wissenschaften und der in ihnen benutzten Modelltypen gezeigt werden, und dies wiederum nur fächer- und disziplinenübergreifend.

Das ʾModellʾ, das unserer Annahme zufolge Denken sichtbar machen kann, besitzt als Begriff in umgangssprachlicher Verwendung immer auch die Konnotation ʾpraktische Anwendbarkeitʾ oder ʾtechnische Machbarkeitʾ. In der Malerei ist das Modell ein Naturgegenstand etwa als Vorbild künstlerischer Gestaltung, man arbeitet nach ihm oder man malt es (in den sog. Modellklassen der Aktmalerei). In der Bildhauerkunst ist das Modell das isomorphe oder analoge Abbild, die Vorstufe des fertigen Kunstwerkes, dem es zwar in Form, Verhältnis oder Stoff ähnelt ohne daß es selbst schon das fertige Kunstobjekt ist. Auch das Architekturmodell ist der verkleinerte Maßstab des noch zu schaffenden Baukunstwerks, das Verhältnisse visualisiert und damit kenntlich macht. In der Mode hingegen ist das Modell der fertige Entwurf, das Einzelstück bleibt oder vervielfältigt wird oder gar in eine Kollektion eingebunden wird.

Betrachtet man hingegen die Bedeutung des Begriffs ʾModellʾ in den Wissenschaften und der Philosophie, so tritt der Vorbild-, Abbild-, Verweis- oder Nachbildungscharakter in

---

[4] E. Mach unterscheidet zwischen dem vulgären Denken, das praktischen Zwecken und der Befriedigung leiblicher Bedürfnisse dient, und dem wissenschaftlichen Denken des Philosophen und Spezialforschers, das eine Weltorientierung intendiert; cf. ders.: Philosophisches und naturwissenschaftliches Denken. In: Ders.: Erkenntnis und Irrtum, Darmstadt 5. Aufl. 1991, p. 3.

den Hintergrund und das `Modell´ wird ähnlich wie das `Experiment´, die `Hypothese´ oder die `Theorie´ zu einer erkenntnis- bzw. wissenschaftstheoretischen Kategorie[5]. Das astronomische oder kosmologische Sternen- oder Weltmodell, das physikalische Atom- oder Kernmodell oder das Äthermodell, das deterministische, probabilistische oder stochastische Modell wie auch die Partial- bzw. Totalmodelle oder die statischen oder dynamischen Modelle der Wirtschaftswissenschaften, sie alle kennzeichnen in paradigmatischer Form eine Theorie oder das, worauf sich eine Theorie bezieht oder was sie cum grano salis beschreibt, sofern sie nicht paradigmatisch für diese selbst stehen. Ob nun explizit der Begriff `Modell´ benutzt wird oder je nach dem linguistischen oder theoretischen Kontext ein Terminus mit einer verwandten Bedeutung, wie z.B. Struktur, Beschreibung, Methode oder Forschungsmethode, Grammatik, Theorie, Schema, Stil, Analogon, Repräsentation, Abstraktion, Vorbild, Objekt, System oder Realität[6], ist dabei weitestgehend unerheblich und ändert an der wissenschaftstheoretischen und methodologischen Bedeutung nichts. Es lassen sich mit einem zugegebenermaßen groben Schema drei Modelltypen voneiander unterscheiden:

Bei Descartes kennzeichnet das mathematische Modell ein Verfahren, bei dem die Axiome und Hypothesen der euklidischen Geometrie durch analytische Koordinaten ersetzt und wahre analytische Aussagen möglich wurden. Es handelt sich m.a.W. um einen Typus des isomorphen Modells, das die gleiche Anzahl von Konstituentien mit den gleichen Beziehungen zueinander aufweist wie das Original. Die Darstellung einer Theorie durch eine andere geschieht mit einem heuristischen Zugewinn, nämlich der Möglichkeit, mit Hilfe von geometrischen Axiomen wahre analytische Aussagen zu bekommen, ohne daß es zu einer Veränderung der Struktur der Theoriebestandteile gekommen ist.[7] Dieses Modell

---
[5] Cf. V.A. Stoff: Modellierung und Philosophie, Berlin 1969, p. 51.
[6] Cf. Yuen Ren Chao: Models in Linguistics and Models in General. In: Logic, Methodology, and Philosophy of Science, Stanford 1962, pp. 563 f.
[7] Cf. hierzu auch A. Tarski: Logic, Semantics and Metamathematics, 1956.

der isomorphen Darstellung findet sich vorrangig in den mathematischen und logischen Wissenschaften beginnend im 16. Jahrhundert und diente unmittelbar der physikalischen Erklärung als neuer und wissenschaftlich sicherer Zugang zur Welt.[8]

In den Naturwissenschaften findet sich eine weitere Modellart, die im Modell die komplexe Realität vereinfacht formuliert und dabei allein auf die zentrale Aussage der ihr zugrundliegenden Theorie fokussiert. Anaximanders Weltenmodell mit der Erde als flachem Zylinder, Ptolemäus geozentrisches Planetenmodell aber auch der Atomismus Demokrits und Epikurs mit den runden bzw. häkchenförmigen Atomen sind einige frühe Beispiele von Modellen, die zwar in den Fachwissenschaften diskutiert, weiterentwickelt und auch verworfen wurden, die im eigentlichen Sinne aber eher von allgemeinwissenschaftlich-kosmologischer Bedeutung sind als daß sie einen signifikanten theoretischen oder szientifischen Mehrwert besitzen oder geschaffen hätten. Wir nennen diese - in Anlehnung an Thomas Kuhn - die paradigmatischen Modelle und bringen damit zugleich zum Ausdruck, daß sie zwar in der Lage sind, Forschungstraditionen zu kennzeichnen, doch ohne daß sie dabei die immanenten Theoriebestandteile hinreichend beschreiben oder diskutieren. Sie kennzeichnen weniger einen heuristischen Mehrwert einer einem Modell zugrundeliegenden wissenschaftlichen Theorie als vielmehr eine historiographische und vor allem wissenschaftshistorische Indikation einer wissenschaftlichen Entwicklung.

Innerhalb einzelner Wissenschaften - und hier besonders wiederum in den Naturwissenschaften - ist das sog. `Analogiemodell'[9] in Verwendung, das - verkürzt gesprochen - Unbe-

---

[8] Cf. hierzu den Beitrag `Dynamische Modelle als physikalische Erkenntnismittel' von Hartmut Hecht und Dieter Suisky, der naturwissenschaftliche Modelle, besonders die mechanischen der Naturwissenschaften, als Übergangsphänomen und Interpretationsschema für Naturgesetze versteht.

[9] Cf. zur Unterscheidung von Modell und Analogie, die für unseren Zusammenhang zuerst einmal unberücksichtigt bleiben soll, M.B. Hesse: Models and Analogies in Science, London/New York 1963. Als Modell wird die wissenschaftliche Vorstellung gekennzeichnet, als Analogon hingegen die

kanntes auf Bekanntes zurückführt und damit heuristisch wirksam wird.[10] Wenn z.b. Physiker wie Christian Huygens oder Isaak Newton das Licht als Schwingung von Äthermaterie bzw. als Korpuskelstrom interpretieren, so bedeutet der Rekurs auf bekannte Theorien oder Modelle samt ihrer relevanten Untersuchungs- und Berechnungsmethoden bei hinlänglich bekannten und vertrauten Phänomenen und deren Applikation auf uninterpretierte oder noch nicht restlos bekannte Phänomenbereiche nichts anderes als die Extrapolation der Methode eines bestimmten Erkenntnis- oder Wissensstandes und des bereits verwendeten und wohl vertrauten Modells. Das Analogiemodell kommt damit dem abstrakten Modellbegriff sehr nahe, den Karl Raimund Popper wie folgt definiert hat: "Modelle sind von unserem Standpunkt aus nichts anderes als Versuche, neue Gesetze auf schon überprüfte Gesetze zurückzuführen (sowie auf Annahmen über typische Anfangsbedingungen oder das Vorhandensein einer typischen Struktur - das heißt, das Modell im engeren Sinne)."[11]

Der Typus des `Analogiemodells´ kann abbildhaft sein, insofern das Modell ein entweder angenommenes oder tatsächlich identisches Abbild des realen Untersuchungsobjekts ist und dieses in seiner Struktur und Funktion repräsentiert. In diesem Sinne können die dynamischen Modelle bei Leibniz, die der vorausgesetzten Natur der Elastizität entsprachen, ebenso als analog verstanden werden wie die Modelle der mechanistischen Bewußtseinstheorien der mathematischen Psychologie, die als naturphilosophische Prämisse eine an Stoß und Druck orientierte Verstandes- bzw. Psyche-Konzeption annahmen.[12] Das Analogiemodell kann

---

Möglichkeit der Umschreibung der Theorie durch ein bisher auf dieses noch nicht angewandtes Modell. Cf. besonders pp. 10-12. Wir würden dies in unserem Zusammenhang als isomorphes Modell fassen.
[10] Cf. Stoff, op. cit. p. 21.
[11] K. R. Popper: Naturgesetz und theoretische Systeme. In: Ders.: Objektive Erkenntnis, Stuttgart 1973, p. 388.
[12] Cf. hierzu den hier vorliegenden Beitrag von Klaus Sachs-Hombach über `Der Geist als Maschine - Herbarts Grundlegung der naturwissenschaftlichen Psychologie´.

aber auch schematisch-relativ sein, insofern ein "anderes, neben dem untersuchten (oder angenommenen) Gegenstand real existierendes Objekt, das ihm hinsichtlich einiger bestimmter Eigenschaften oder struktureller Besonderheiten ähnlich ist"[13], als Vergleich oder als Erklärung herangezogen wird.

Der Kantianer Hans Vaihinger (1852-1933) bezeichnet den letztgenannten Modelltyp als "`schematische Fiktion´, welche zwar das Wesentliche des Wirklichen enthält, aber in einer viel einfacheren und reineren Form"[14] und das damit in der Lage ist, die zentralen Theoriestücke konzis zu erfassen. Vaihinger verstand diese `schematische Fiktion´ nicht nur als das Modell der angewandten Wissenschaften schlechthin, sondern sah diese `schematische Fiktion´ auch in ethischen und moralphilosophischen Zusammenhängen am Werke, da, um Denkziele zu erreichen, Annahmen oder Fiktionen gemacht werden müssen, die zum Teil sogar der Wirklichkeit widersprechen oder in sich selbst widersprüchlich sind, jedoch aufrecht erhalten werden, da sie dem Leben und Denken dienten.

Vaihingers Verständnis der Modelle als `schematische Fiktionen´ basiert auf der Kantischen Unterscheidung zwischen der schematischen und der symbolischen Weise des Darstellens, eine Unterscheidung, die in der Kritik der Urteilskraft, genauer gesagt in der Dialektik der ästhetischen Urteilskraft[15], unternommen wird. Danach ist das Bild des Kreises eine direkte Darstellung des Begriffes vom Kreis und ist schematisch, "da einem Begriffe", so Kant, "den der Verstand faßt, die korrespondierende Anschauung a priori gegeben wird"[16]. Sofern aber das Bild des Kreises zur Darstellung der Idee der Vollkommenheit genommen wird, so ist dieses Verhältnis eines aufgrund der indirekten Darstellung, die wiederum symbolischen Charakter hat[17]. In

---

[13] Stoff, op. cit. p. 22.
[14] H. Vaihinger: Die Philosophie des Als Ob, Berlin 1911, pp. 36 f.
[15] Kant: Kritik der Urteilskraft (1790) § 59, B 254 f.
[16] Kant, op. cit., B 255.
[17] Cf. K. Mainzer: Art. Modell. In: Historisches Wörterbuch der Philosophie Bd. 6, Basel/Stuttgart 1984, sp. 45-50, hier: sp. 46.

der Kantischen Diktion heißt es wie folgt: Die Hypotypose (i.e. Darstellung) als Versinnlichung ist "symbolisch, da einem Begriffe, den nur die Vernunft denken, und dem keine sinnliche Anschauung angemessen sein kann, eine solche (also Anschauung, - Anm. d. Vf.) unterlegt wird, mit welcher das Verfahren der Urteilskraft demjenigen, was sie im Schematisieren beobachtet, bloß analogisch ist, d.i. mit ihm bloß der Regel dieses Verfahrens, nicht der Anschauung selbst, mithin bloß der Form der Reflexion, nicht dem Inhalte nach übereinkommt."[18] Zwischen dem Kreis und der Vollkommenheit gibt es zwar keine inhaltliche Übereinstimmung, wohl aber eine formelle, nämlich die der Reflexion. Insofern ist der Kreis - gemäß dieser formellen Übereinstimmung - das Modell der Vollkommenheit. Diesen Typus des symbolischen Modells verdeutlicht Kant eine Seite weiter mit dem Vergleich zwischen einem despotischen Staat und einer Handmühle bzw. zwischen einer monarchischen Verfassung und einem beseelten Körper, - ein Vergleich, den schon Thomas Hobbes einige Jahre zuvor in seinem Gesellschafts- und Staatsentwurf `Leviathan'(1651) angestellt hatte.

Das Modell ist bei und auch nach Kant Ausdruck einer konkreten Analogiebeziehung, wobei die Beziehung von Modelltyp zu Modelltyp wechseln und damit auch sein heuristischer Wert variieren kann.

Doch auch bereits vor Kant war das symbolische Modell probates Mittel des Weltverständisses. Descartes´ Körper-Maschine-Vergleich ist der klassische Ausdruck des Zeitgeistes des 17. Jahrhunderts, dessen vorrangige Kriterien für Wissenschaft und Forschung die mechanische Nachbildbarkeit und auch Nachprüfbarkeit alles Natürlichen war. So ist für Descartes der menschliche Körper eine Maschine, in der "die Wärme, welche in ihrem Herzen ist, gleichsam das Primum mobile ist und das Prinzip aller Bewegungen, die sich in ihr ereignen; und daß die Venen Röhren sind, durch welche das Blut aus allen Körperteilen zum Herzen geleitet wird... Magen, Därme, Venen und Arterien sowie die Nerven sind Röhren verschiedener Größe, durch welche die entsprechenden

---

[18] Kant, loc. cit.

Organe Säfte, Blut und Luft (die `Lebensgeister´) zirkulieren lassen. Diese Geister aber erweitern das Gehirn und machen es fähig, die Eindrücke der äußern Objekte und auch der Seele aufzunehmen. (...) Darauf aber fließt eben dieser Lufthauch, bzw. eben diese Geister, aus dem Hirn durch die Nerven in alle Muskeln, wodurch sie eben die Nerven dazu befähigen, die Organe der äußeren Sinne zu sein; und indem sie die Muskeln auf verschiedene Weise auseinanderziehn, erteilen sie allen Gliedern die Bewegung."[19]

Der Aufweis strukturgleicher oder jedenfalls als strukturgleich vorgestellter Funktionsteile am Körper bzw. am Körper-Geist-Verhältnis und an der mechanischen Maschine des 17. Jahrhunderts wird heute in der Kybernetik zwischen der Konstruktionselektronik bzw. der elektronischen Informationstheorie und der Biologie bzw. der Neurophysiologie versucht. Physiologen wie Richard Wegner oder Informationstheoretiker bzw. Mathematiker wie Norbert Wiener unternehmen hinsichtlich der Reflexionsebene von Informationsabläufen dasselbe, was Kant, allerdings mit universalerem Anspruch, versucht hat: sie zeigen die Parallelität und Analogie von Prozessen aus unterschiedlichen und auf den ersten Blick nicht unmittelbar kompatiblen wissenschaftlichen Kontexten auf und suchen diese heuristisch zu nutzen.

Allgemein und im Sinne eines paradigmatischen Modells kann man sagen, daß während im 17. Jahrhundert der `Mechanismus´ und mechanistische Modelle wissenschaftlicher und erkenntnistheoretischer Maßstab und zugleich Orientierungspunkt für den Menschen waren, so war es in der ersten Hälfte dieses Jahrhunderts die elektronische Rechenmaschine. Aus den Ursachen, Wirkungen und Bewegungen menschlichen Denkens und Handelns wurden die binär zu bestimmenden Informationsflüsse am vorgestellten Modell `Mensch´, ohne jedoch daß sich das Objekt des menschlichen Organismus selbst deswegen verändert hätte.

---

[19] R. Descartes: Tractatus de formatione foetus, 7; zit. nach H. Heussler: Der Rationalismus des 17. Jahrhunderts in seinen Beziehungen zur Entwicklungslehre, Breslau 1885, pp. 54 f.

Heutzutage hingegen ist nicht mehr die Maschine Vorbild des Menschen, sondern umgekehrt und vereinfacht gesprochen der Mensch Maßstab der Maschine und des technisch Machbaren. Die Erkenntnis, daß heutige Computer nicht bzw. nur unter bestimmten Bedingungen für die Komplexität unserer Welt geschaffen sind und wir deshalb von unserem Gehirn lernen müssen, um die Welt und die Maschine zu verstehen, ist das Glaubensbekenntnis der auf breites Interesse stoßenden Neuroinformatik-Forschung.[20] In diesen Zusammenhang gehören Schlagworte wie Neuroinformationssysteme, neuronale Netzwerke und Fuzzy-Logik, die zumindest als paradigmatische oder weltanschauliche Modelle bekannt sind, aber auch als isomorphe oder Analogiemodelle in Fachkreisen diskutiert werden.

Die Frage, ob sich erst die wissenschaftlichen Verfahren und Modelle verändert haben oder die kulturelle und allgemeinwissenschaftliche Einstellung zu diesen Verfahren, ist zwar von grundsätzlichem Interesse, zumindest aus der Sicht eines wissenschaftshistorischen Externalisten, der die Veränderung der sozialen und soziologischen Faktoren für die epistemologischen und methodischen Veränderung der Wissenschaften verantwortlich sieht, für unseren Zusammenhang hingegen ist vielmehr die Form der Modellsetzung von Bedeutung, denn es macht einen Unterschied, ob der Mensch am Ideal der Technisierung oder der `Informierung´ gemessen wird oder er selbst zum Maßstab des in jeder Form Machbaren wird. Und dies ist nun auch, aber nicht ausschließlich, ein metaphorologisches Problem.

Man hüte sich nun aber davor, die Probleme mit den Modellen lediglich als Probleme mit der Sprache und dem Sprechen über Modelle zu verwechseln. Die Modelltheorie der Linguistik, oder genauer gesagt: die anglo-amerikanische `model theory´, etwa versteht `Modell´ als die Theorie der Struktur der Sprachen und folgert daraus schlüssig, daß "zwei

---

[20] Cf. A. Schierwagen und sein hier vorliegender Beitrag `Modelle der Neuroinformatik als Mittler zwischen neurowissenschaftlichen Fakten und Kognitionstheorien´. Cf. auch G. Schilling: Der Mensch als Vorbild. In: WirtschaftsWoche Nr. 42, 9.10.1992, pp.142 f. und `Engel zum Anfassen´. In: Der Spiegel 33/1992, pp. 190 ff.

Modelle verschieden sind, wenn sie den gleichen sprachlichen Ereignissen verschiedenartige (nicht verschiedene) Strukturen der gleichen Ebene zuweisen, also z.b. verschiedenartige syntaktische oder semantische Strukturen"[21]. Modelle sind aber nicht nur Widerspiegelungen der Sprache oder der der Sprache zugrundeliegenden Logik, sondern daneben auch konkrete Widerspiegelungen der Außenwelt, wodurch sie natürlich wiederum zu sprachlichen Ausdrücken der Welt werden können. Ein Sonderfall ist hier die Entwicklung universaler skriptualer Zeichensysteme, die als perfektes symbolisches Modell der Welt fungieren sollten und ihre Beziehung zum denkenden und erfahrenden Menschen aufgrund mechanischer Funktionsabläufe garantiert sahen.[22] In jedem Falle aber präsentieren oder repräsentieren diese Modelle etwas sprachlich Gebundenes, ähnlich wie eine Theorie die Welt oder einen Ausschnitt hiervon repräsentiert. Der wesentliche Unterschied zwischen einer Theorie und ihrem Modell ist nun nicht allein "der Vereinfachungsgrad, nicht der Abstraktionsgrad und folglich auch nicht die Menge der vollzogenen Abstraktionen, sondern die für das Modell charakteristische Ausdrucksweise dieser Abstraktionen und Vereinfachungen"[23]. Das heißt mit anderen Worten: Das Modell präsentiert denselben Inhalt wie die ihm zugrundeliegende Theorie, jedoch in Form "typischer Situationen, Strukturen oder Schemata"[24]. Ob diese typische Präsentation jedoch als angemessen oder uneigentlich erscheint, hängt wiederum nicht zuletzt von der sprachlich korrekten Manifestation ab. Insofern ist das Modell von seinen Metaphern, die es benutzt, nicht vollkommen unabhängig, sondern bleibt letztlich immer auf diese verwiesen.[25]

---

[21] U. Egli: Art. `Modell, II. Linguistik´. In: Historisches Wörterbuch der Philosophie, op. loc. sp. 52 ff.
[22] Cf. hierzu Stephan Meier-Oesers Beitrag zur `Entlastung von der Mühsamkeit des Denkens. Zeichentheoretische Bemerkungen zur Urgeschichte artifizieller Intelligenz im 17. Jahrhundert´.
[23] Stoff, op. cit., p. 28.
[24] loc. cit.
[25] Cf. hierzu die nachfolgenden Beiträge von Geert Keil in `Über ein die Maschinenmetapher des Menschen betreffendes Mißverständnis´ und Petra Gehring zu `Menschen als Maschinen´ der Sprache. Über ein polemisches Sprachbild bei Kant´.

Ob und inwiefern die Modelle selbst die Wirklichkeit sind, oder ob sie das Denken der Realität ermöglichen oder nur heuristisch oder sprachlich erleichtern[26], ob das Experimentieren mit ihnen neue Kenntnisse und Informationen über reale Zustände ermöglicht oder ob die internen Modelle moderner automatischer Systeme gar mit dem menschlichen Denken und Lernen gleichgesetzt werden können[27], dies alles wird im interdisziplinären Rahmen diskutiert und problematisiert werden müssen.

Der amerikanische Wissenschaftstheoretiker Nelson Goodman hat sein Hauptwerk `Fact, Fiction and Forecast´ aus dem Jahre 1955 wie folgt beendet. Er schrieb: "Ich kann ihre freundliche Aufmerksamkeit nicht mit der tröstlichen Versicherung belohnen, daß alles geleistet sei, oder mit der vielleicht weniger tröstlichen Versicherung, es sei gar nichts zu machen. Ich habe lediglich eine nicht ganz bekannte Möglichkeit der Lösung einiger nur allzu bekannter Probleme untersucht." In diesem Sinne verstehen sich sowohl die während des Kolloquiums präsentierten als auch die im vorliegenden Band versammelten Beiträge, die allesamt eine verbesserte Diskussionsgrundlage anstreben ohne dabei unmittelbar bereits eine direkte Problemlösung anzubieten.

---

[26] Cf. Peter H. Lässigs Beitrag zu `Blockschaltbilder als spracherweiternde Denkschemata´.
[27] Cf. mit dem Verweis auf praktische Modellbeschreibungen den Beitrag von Günther Roscher `Informationsprozesse in technischen Systemen - Modelle und Methoden zur Erforschung des menschlichen Denkens´.

Die Entlastung von der Mühsamkeit des Denkens.
Zeichentheoretische Bemerkungen zur Urgeschichte artifizieller Intelligenz im 17. Jahrhundert

Stephan Meier-Oeser[*]

Summary

Der Artikel skizziert die Entwicklung der frühneuzeitlichen Modelle leistungsfähiger artifizieller Zeichensysteme mit besonderer Rücksicht auf ein Motiv (und einige seiner Implikationen), das, zu finden bereits in der Tradition des enzyklopädischen Lullismus, in den zeitgenössischen Beschreibungen der frühen Rechenmaschinen ebenso präsent ist, wie in der `characteristica universalis´ von Leibniz: Die Entlastung von der Mühsamkeit des Denkens, oder, wie Jonathan Swift spöttelte, "the improvement of speculative knowledge by mechanical operation".

The article presents a short sketch of the development of the 17th-century models of efficient artificial notation-systems with special regard to a motive (and some of its implications) that, present already in the lullistic tradition, is a constant element in the contemporary descriptions of the early calculating machines as well as in Leibniz' `characteristica

---

[*] 1986 Promotion mit der Arbeit "Die Präsenz des Vergessenen. Zur Rezeption der Philosophie des Nicolaus Cusanus vom 15. bis zum 18. Jahrhundert" (Münster 1989). Zur Zeit Wissenschaftlicher Mitarbeiter am Institut für Philosophie der Freien Universität Berlin. Veröffentlichungen insbesondere zur Philosophie des Mittelalters und der frühen Neuzeit. Arbeitet gegenwärtig im Rahmen eines Habilitationsprojekts über die Geschichte und Funktion der Zeichenkonzeptionen in der frühneuzeitlichen Philosophie und deren Grundlegung in der lateinischen Tradition des Mittelalters.

universalis´: The exoneration from mental labour, or, as Jonathan Swift mocked, "the improvement of speculative knowledge by mechanical operation".

In 'De augmentis scientiarum' stellt Francis Bacon fest: "Was immer auch in so viele Teile differenzierbar ist, daß dadurch die Fülle der Begriffe dargetan werden kann, vermag, sofern jene Unterschiede sinnlich wahrnehmbar sind, zum Vehikel der Mitteilung der Gedanken zwischen den Menschen zu werden."[28] Derartige Bekundungen der prinzipiellen Beliebigkeit des Zeichenmediums haben Tradition. Bereits Albert von Sachsen vertrat im 14. Jahrhundert die Auffassung, daß die Verwendung von Sprache und Schrift (voces et scripta) zum Zwecke des Bezeichnens nicht in deren eigener Natur begründet und folglich auch nicht notwendig sei. Ebenso könnte der Mensch jede andere Qualität, z.B. Wärme oder Kälte, als Zeichenmedium verwenden. Wenn dies de facto nicht geschehe, sondern auf voces und scripta zurückgegriffen werde, so lediglich deshalb, "weil die Hervorbringung der sprachlichen Ausdrücke und der Schrift mehr in unserer Macht steht, als die Hervorbringung der übrigen Qualitäten" (quia factio vocis et scripti magis est in potestate nostra quam factio aliarum qualitatum).[29] Paul von Venedig geht im 15. Jahrhundert sogar noch einen Schritt weiter. Denn er bezieht die Beliebigkeit der Zeichen nicht nur auf ihre kommunikative Funktion, sondern auch auf ihre Bedeutung für logische Operationen. Ihm zufolge ist es grundsätzlich möglich, mit Stäben zu syllogisieren und mit Steinen Schlußfolgerungen anzustellen. Wenn man sich dieser Mittel de facto nicht bediene, so liege auch dies lediglich daran, daß diese nicht so bequem operabel sind wie die Laute und Schriftzeichen: "... possemus cum baculis syllogizare et cum lapidibus concludere. Sed quia tales res non sunt ita faciliter per nos operabiles, non utimur illis in arguendo sicut scriptis vel vocibus...".[30] Der

---

[28] De augmentis scientiarum, in: The Works, hg. J. Spedding, R. L. Ellis u. D. D. Heath, London 1857-74, ND Stuttgart - Bad Cannstatt 1973, 1, p. 651: "Quicquid scindi possit in differentias satis numerosas, ad notionum varietatem explicandam (modo differentiae illae sensui perceptibiles sunt) fieri posse vehiculum cogitationum de homine in hominem".
[29] Albert von Sachsen: Perutilis logica, Venedig 1522, ND Hildesheim/New York 1974, fol. A2^V.
[30] Paul von Venedig: Logica magna I, Tract. de terminis, ed. with Engl. Transl. by N. Kretzmann, Oxford 1979, p. 78.

einzige Grund für die Verwendung von Sprache und Schrift ist deren leichtere Operabilität.

So abwegig indes, wie die Beispiele Pauls von Venedig auf den ersten Blick anmuten, sind sie keineswegs. 1617 wird der Schotte John Napier einen von Leibniz später als `Baculi Neperiani´ bezeichneten[31] Mechanismus konstruieren, eine Art Rechenschieber, der zwar nicht zum Syllogismus, aber doch zum Multiplizieren und Dividieren sowie zur Wurzelberechnung taugt[32] und damit in einem bestimmten Bereich der `ratiocinatio´ das gebräuchliche Medium der Ziffernschrift sogar an Operabilität und Effizienz übertrifft. Und mit Steinen rechnet man schließlich seit der Erfindung des Abacus.

Wenn Sprache und Schrift nun nicht nur als Systeme willkürlicher Zeichen (signa ad placitum) angesehen werden, sondern darüber hinaus selbst als Zeichenmedium arbiträr sind, dann ist angesichts dieser doppelten Beliebigkeit (der Zeichen einerseits, des Zeichenmediums andererseits) die Konstruierbarkeit von Zeichensystemen denkbar, welche Sprache und Schrift als die gebräuchlichen in bestimmter Hinsicht übertreffen und somit den eventuell bestehenden Mangel an leichter Operabilität durch andere, gravierendere Vorteile kompensieren. Genau diese Einschätzung bildet die Grundlage für jene seit dem späten 16. Jahrhundert sich ausbreitende Bewegung der Universalsprachen.[33]

---

[31] Brief an H. Conring (ca. 1678), in: G. W. Leibniz: Die philosophischen Schriften, hg. von C. I. Gerhardt, Berlin 1875-90; ND Hildesheim 1965, = GP I, p. 202.
[32] Johannes Neperus: Rabdologiae seu numerationis per virgulas libri duo (Edinburgh 1617); cf. W. F. Hawkins: The First Calculating Machine (John Napier 1617). In: Annals of the History of Computing 10 (1988), pp. 37-51. Napiers Schrift fand durch mehrere Übersetzungen schnelle Verbreitung auf dem Kontinent. 1623 veröffentlichte in Berlin Benjamin Ursinus eine freie Bearbeitung u. d. T. Rhabdologia Neperiana. Das ist / Newe / und sehr leichte art durch etliche Stäbichen allerhand Zahlen *ohne mühe* / unnd hergegen gar gewiß / zu Multipliciren und zu dividiren... (Hervorhebung hier wie auch an allen anderen Stellen vom Vf.).
[33] In der Regel handelt es sich hierbei um Versuche der Vervollkommnung der Schrift. Nur in wenigen Programmen wird eine Substitution der Schrift durch ein anderes Zeichenmedium vorgeschlagen, wie in John Bulwers Entwurf einer gestischen `Universalsprache´. Cf. John Bulwer: Chirologia: or the Naturall Language of the Hand. Composed of the Speaking Motions, and Discoursing Gestures thereof. Whereunto is added Chironomia: or the Art of Manuall Rhetoricke etc. by J. B. Gent Philochirosophus, London 1644; cf. hierzu J. R. Knowlson:

Nachdem bereits im 16. Jahrhundert zahlreiche Modelle von Geheimschrift (Kryptographia) und Kurzschrift (Brachygraphia) vorgelegt worden waren, richtete sich im 17. Jahrhundert das Interesse mehr auf die Entwicklung von skripturalen Zeichensystemen, die die an die natürlichen Sprachen gebundene alphabetische Schrift in ihrer kommunikativen Funktion übertreffen und den Defekt aller natürlichen Sprachen, nicht überall verstanden zu werden, überwinden sollten. Gesucht wurde die unter Bezeichnungen wie `lingua universalis´, `common writing´ oder `universal character´ angepriesene Universalsprache bzw. Universalschrift.[34] Das Modell einer Schrift, durch deren Hilfe "nations of strange languages may communicate their meaning together in writing, though of sundrie tongues" findet sich bereits 1588 bei Timothy Bright[35], der diese noch in erster Linie als Kurz- und Geheimschrift konzipiert hatte. Die von ihm selbst betonte Anwendbarkeit seiner Kurzschrift auch als universales Verständigungsmittel resultiert aus der Verwendung von `verbal characters´ anstelle von `spelling characters´. Die Zeichen stehen jeweils für ganze Worte und bezeichnen damit die Dinge unabhängig von den verschiedenen Nationalsprachen. Dieser Gedanke einer transidiomatischen Schrift sowie das Prinzip ihrer Konstitution ist bestimmend für die zahlreichen Programme der Universalschrift im 17. Jahrhundert.[36] Deren erklärtes Ziel ist zunächst die Bereitstellung eines Mittels für die Ermöglichung des wechselseitigen Verkehrs (commercium)

The Idea of Gesture as a Universal Language in the XVIIth and XVIIIth Centuries. In: Journal of the History of Ideas 26 (1965), pp. 495-509.
[34] Cf. hierzu L. Jonathan Cohen: On the Project of a Universal Character. In: Mind 63 (1954), pp. 49-63; James Knowlson: Universal Language Schemes in England and France 1600-1800, Toronto, Buffalo 1975; David Cram: Language Universals and 17th Century Universal Language Schemes. In: Rekonstruktion und Interpretation, hg. von K. D. Dutz u. L. Kaczmarek, Tübingen 1985, pp. 243-57.
[35] Cf. Timothy Bright: Characterie: an arte of shorte, swifte, and secrete writing by character, London 1588, Epistle dedicatorie.
[36] Cf. Cave Beck: The Universal character, by which all nations in the World may understand one anothers conceptions, reading out of one common writing their mother tongues, Ipswich 1657 (cf. V. Salmon 1979, 177-90) oder Francis Lodwick: A Commom Writing: Whereby Two, Although Not Understanding One the Others Language, Yet by the Helpe thereof, May Communicate Their Minds One to Another, London 1647, ND Menston 1969; cf. Vivian Salmon: The Works of Francis Lodwick. A Study in the Intellectual Context of the Seventeenth Century, London 1972; Knowlson, op. cit., 1975, pp. 57 ff.

der Nationen sowie für die Ausbreitung des Wissens und des wahren Glaubens.[37] Die intendierte Universalität der Schrift war dabei nur zu erreichen, wenn diese ihrer Bindung an die einzelnen `natürlichen´, d.h. idiomatischen Sprachen enthoben wurde, d.h. nicht länger mehr als phonetische Schrift nur Zeichen von - arbiträren - Zeichen enthielt, sondern bereits in ihren einfachsten Elementen in eine unmittelbare Zeichenbeziehung zu den Dingen selbst oder den Begriffen als den natürlichen und deshalb bei allen Menschen identischen Zeichen für dieselben trat.

Bacon hatte 1623 in `De augmentis scientiarum´ darauf hingewiesen, daß solche Schriftzeichen ("characteres quidam reales, non nominales, qui [...] nec literas nec verba, sed res et notiones exprimunt") in China allgemein in Gebrauch seien. Er unterschied in diesem Zusammenhang zwei Arten von ideographischen Zeichen (notae), die unmittelbar die Dinge bezeichnen, nämlich einerseits solche, die ihr Signifikat aufgrund einer Ähnlichkeit oder Übereinstimmung mit demselben (ex congruo) bezeichnen, wie die Hieroglyphen und die Gesten als eine Art transitorischer Hieroglyphen (hieroglyphica transitoria), und zum anderen die Realcharaktere als willkürlich gebildete Schriftzeichen ohne eine solche Ähnlichkeit zum Signifikat.[38] Kam eine Schrift, die aus hieroglyphischen, d.h. eine Ähnlichkeit zum Signifikat aufweisenden Schriftzeichen gebildet war, wegen ihres sehr beschränkten Bereichs möglicher Signifikate zur Bildung einer Universalsprache nicht ernsthaft in Betracht, so war auch die aus Realcharakteren gebildete chinesische Schrift aufgrund der, wie Wilkins konstatiert, "difficulty and perplexedness" ihrer Charaktere[39] kein befriedigendes Modell. Denn für das Hauptproblem der Universalschrift konnte sie keine Lösung bereitstellen: Nämlich wie Kürze, Regularität und Einfachheit der Realcharaktere zu erreichen war, wenn diese doch zugleich die Vielfalt und Komplexität der natürlichen Welt adäquat repräsentieren sollten.

---
[37] Cf. Knowlson, op. cit., 1975, pp. 11 f.
[38] F. Bacon: The Works, ed. cit. 1, pp. 651 ff.
[39] John Wilkins: An Essay Towards a Real Character and a Philosophical Language, London 1668, ND Menston 1968, p. 451.

Um die Anzahl der verwendeten Schriftzeichen möglichst gering und die umfangreichen Zeichenglossare überschaubar zu halten, war die Einführung einer systematischen Ordnung erforderlich. Eine solche Strukturierung des Systems der Zeichen ist im Falle von Realcharakteren jedoch immer auch eine Ordnung der Dinge selbst.[40]

Entsprechend gehen die beiden umfangreichsten, aus dem Kreis der Londoner Royal Society stammenden Universalsprachensysteme, Dalgarnos Ars Signorum[41] sowie Wilkins' Entwurf eines `real character´ und einer `philosophical language´[42] von der Entwicklung einer allgemeinen Kategorientafel aus. Den in ihr verzeichneten Gattungen (17 bei Dalgarno, 40 bei Wilkins) werden jeweils Basiszeichen zugewiesen, die durch Hinzufügung weiterer Zeichen den verschiedenen Arten und Modi gemäß weiter ausdifferenziert werden können. Für jeden Gegenstand oder Begriff steht somit

---

[40] George Dalgarno: Ars signorum, vulgo character universalis et lingua philosophica, London 1661, ND Menston 1968, p. 18: "Cum enim [...] Signa a nobis pro Rebus ipsis supponantur", bemerkt daher Dalgarno, "omnino rationi consentaneum est, ut Ars Signorum Artem Rerum sequatur" [Da die Zeichen von uns für die Sachen selbst eingesetzt werden, ist es nur vernünftig, daß die Kunst der Zeichen der Kunst der Dinge folgt]. Aus eben diesem Grund hatte sich Descartes bereits 1629 in einem Brief an Mersenne gegen die Realisierbarkeit einer Universalsprache ausgesprochen (A/T I, 81f.): "l'invention de cette langue depend de la vraye Philosophie", so daß ihre Einführung "presuppose de grans changemens en l'ordre des choses, et il faudroit que tout le monde ne fust qu'un paradis terrestre."

[41] Cf. zu Dalgarno Otto Funke: Zum Weltsprachenproblem in England im 17. Jahrhundert. G. Dalgarno's `Ars Signorum´ (1661) und J. Wilkins's `Essay Towards a Real Character and a Philosophical Language´ (1668). In: Anglistische Forschungen 69 (Heidelberg 1929); Paolo Rossi: Clavis universalis. Arte mnemoniche e logica combinatoria da Lullo a Leibniz, Mailand 1960, pp. 226 f.; Vivian Salmon: The Study of Language in 17th-Century England, Amsterdam 1979, pp. 157-75; David Cram: George Dalgarno on `Ars Signorum´ and Wilkins' `Essay´. In: Progress in Linguistic Historiography. Papers from the International Conference on the History of Language Science (Ottawa, 28. - 31. 8. 1978), hg. von K. Koerner. In: Studies in the History of Linguistics 20 (Amsterdam 1980), pp. 113-121.

[42] John Wilkins: An Essay Towards a Real Character and a Philosophical Language, London 1668, ND Menston 1968. Zu Wilkins cf. Benjamin DeMott: The Sources and Development of John Wilkin's Philosophical Language. In: Journal of English and Germanic Philology 47 (1958), pp. 1-13; Rossi, op. cit. (1960), pp. 223 ff.; Knowlson, op. cit. (1975), pp. 98 ff.; Joseph L. Subbiondo: John Wilkins' Theory of Meaning and the Development of a Semantic Model. In: Cahiers Linguistiques d'Ottawa 5 (1977), pp. 41-61; Salmon, op. cit. (1979), pp. 191-206; Sidonie Clauss: John Wilkin's Essay Towards a Real Character: Its Place in the Seventeenth Century Episteme. In: Journal of the History of Ideas 43 (1982), pp. 531-53.

ein komplexes Zeichen, das ihn nicht allein repräsentiert, sondern auch eindeutig im kategorialen System verortet und damit definiert. Hierdurch vermittelt die Kenntnis der Universalsprache - die eben deshalb auch `philosophical language´ ist - zugleich die Kenntnis der Dinge. Dieses Moment unterscheidet, zumindest dem Anspruch nach, die philosophischen Sprachentwürfe von Dalgarno und Wilkins deutlich von den älteren Modellen einer Universalschrift. Die nach diesen Prinzipien vollkommen eingerichtete Universalsprache wäre ein - nach Maßgabe des zu Grunde gelegten Kategoriensystems - perfektes symbolisches Modell der Welt und damit nicht nur Instrument zur Aufzeichnung und Mitteilung von Wissen, sondern würde, weil eben jedes `Wort´ eine akkurate Beschreibung der bezeichneten Sache darstellt, selbst Wissen sein - allerdings nur insoweit, als dieses Wissen ihr durch die Sprachinstitution zuvor gleichsam eingeschrieben wurde.

Dies ist genau der Punkt, an dem sich Leibniz mit seinem Programm der characteristica universalis von den älteren Entwürfen einer Universalsprache absetzt.[43] Denn das von diesen verfolgte Ziel der Erleichterung des wechselseitigen Verkehrs der Völker sei, wie er meint, noch der geringste Nutzen, den eine Universalcharakteristik haben würde, bildet sie als `scriptura rationalis´ doch das mächtigste Instrument für die Erreichung des größten, was dem Menschen überhaupt widerfahren kann: der Perfektionierung der Geistesfunktionen (perfectio functionum mentis).[44]

Es ist dies jedoch eine Vervollkommnung, die nicht am Ort dieser Geistesfunktionen selbst, der mens, ansetzt, sondern im externen Medium der Zeichen realisiert werden soll. Sie vollzieht sich daher als Exteriorisierung der Denkfunktionen,

---

[43] Zur characteristica universalis von Leibniz cf. Sibylle Krämer: Berechenbare Vernunft. Rationalismus und Kalkül im 17. Jahrhundert, Berlin/New York 1991, pp. 220 ff. Dort weitere Literatur.
[44] Brief an Oldenburg, o.J., GP VII, p. 12: "Nihil hominibus evenire majus potest quam perfectio functionum mentis; scripturam autem rationalem ajo potissimum rationis instrumentum fore, minimumque ejus usum censeri debere commercium inter gentes lingua dissitos." Die Absetzung von dem vornehmlich auf Kommunikation ausgerichteten Universalsprachenprogrammen von Wilkins und Dalgarno ist bei Leibniz stets verbunden mit der Parallelisierung seiner Realcharakteristik mit der Leistungsfähigkeit der arithmetischen und algebraischen Zeichen.

als Übertragung von Geistesfunktionen auf ein äußeres Zeichensystem, so daß die Vollkommenheit des Zeichensystems als Perfektionierung der Geistesfunktionen selbst erscheinen kann. Die Bedingung der Möglichkeit eines solchen Programms ist die - für die moderne Kognitionswissenschaft und Theorie künstlicher Intelligenz grundlegende - Auffassung von Leibniz, daß jedes diskursive Denken selbst "nichts anderes als die Verknüpfung und Ersetzung von Zeichen ist" (Omnis Ratiocinatio nostra nihil aliud est quam characterum connexio et substitutio)[45].

Leibniz meint, es ließe sich "eine Art Universalschrift ausdenken, mit deren Hilfe wir bei allen Arten von Dingen so rechnen und Beweise auffinden können, wie in der Algebra und der Arithmetik."[46] Seine Realcharaktere sollen also - anders als die von Dalgarno und Wilkins - nicht allein die Repräsentation von bereits Bekanntem, sondern vielmehr gerade auch die Entdeckung von noch Unbekanntem ermöglichen.

Die characteristica realis ist in gewisser Weise als ein sich selbst generierendes System von Zeichen intendiert. Entsprechend postuliert er, "es müßte sich eine Art Alphabet der menschlichen Gedanken ersinnen und durch die Verknüpfung seiner Buchstaben und die Analyse der Worte, die sich aus

---

[45] GP VII, 31; cf. ib. 205: "Omnis humana ratiocinatio signis quibusdam sive characteribus perficitur."
[46] Brief an Theodor Haak (1679/80), GP VII, 17: "Ego ... scripturam quandam universalem excogitari posse arbitror, cuius ope calculare in omni genere rerum et demonstrationes invenire possimus perinde ac in Algebra et Arithmetica." Cf. Brief an Galloys, ibid. 21: "... surtout je songeois à mons vieux dessein d'une langue ou écriture rationelle, dont le moindre effect soit l'universalité et la communication de differentes nations. Son veritable usage seroit de peindre non pas la parole..., mais les pensées... Car si nous l'avions telle que je la conçois, nous pourrions raisonner en metaphysique et en morale à peu pres comme en Geometrie et en Analyse..."; Cf. GP VII, 184: "(Characteristica) ..., cujus notae sive characteres praestarent idem quod notae arithmeticae in numeris et Algebraicae in magnitudinibus abstractis." In sein Handexemplar von Dalgarnos Ars Signorum notiert sich Leibniz bezüglich der von ihm projektierten Relacharakteristik: "efficit in omni materia, quod characteres Arithmetici et Algebraici in Mathematica." (GP VII, 7).

ihnen zusammensetzen, alles andere entdecken und beurteilen lassen."[47]

Eine definitive Limitation findet die characteristica universalis lediglich an den Glaubenswahrheiten. Dies hat theologische Gründe, die sich kurz so zusammenfassen lassen: Wäre das Mysterium analysierbar - und damit vollkommen erkennbar -, wäre es kein Mysterium mehr.[48] Zwar sind auch die kontingenten Tatsachenwahrheiten nicht der logischen Analyse, sondern allein der Erfahrung zugänglich, so daß es lächerlich wäre, von der characteristica universalis die Realisierung des utopischen Programms einer Pansophie zu erhoffen.[49] Die prinzipielle Nichtanalysierbarkeit der Tatsachenwahrheiten macht diese jedoch nicht zu einem der Universalcharakteristik gänzlich unzugänglichen Bereich. Denn selbst wenn das Gesuchte aus den vorliegenden `Daten´ nicht letztlich entscheidbar ist, so ermöglicht sie hier doch immerhin, daß wir uns entweder der Wahrheit in infinitum nähern oder aber zumindest den Wahrscheinlichkeitsgrad unserer Konjekturen berechnen können.[50] Insofern kann die characteristica realis durchaus Universalitätsanspruch erheben. Sie ist der "Calculus in omnibus scientiis tractabilis", der in allen Wissenschaften anwendbare Kalkül.[51]

Bei Leibniz verbindet sich das ältere Konzept der Universalschrift als der universell verständlichen Verschriftlichung des vorhandenen Wissens mit dem Modell des zur Invention von noch Unbekanntem tauglichen algebraischen Zeichensystems. Zu beidem hinzu tritt jedoch das Motiv des

---

[47] GP VII, 185: "incidi ... in hanc contemplationem admirandam, quod scilicet excogitari posset quoddam Alphabetum cogitationum humanarum, et quod literarum hujus Alphabeti combinatione et vocabulorum ex ipsis factorum analysi omnia et inveniri et dijudicari possent."
[48] G. W. Leibniz: Opuscules et fragments inédits, hg. von L. Couturat, Paris 1903, ND Hildesheim u.a. 1985, p. 285: "Notandum autem est, linguam hanc esse judicem controversiarum, sed tantum in naturalibus, non vero in revelatis, quia Termini mysteriorum Theologiae revelatae non possunt recipere analysin istam, alioquin perfecte intelligerentur, nec ullum in illis esset mysterium."
[49] Brief an Detlef Clüver (August 1680), cf. GP VII, 19.
[50] Cf. GP VII, 201: "Quando ex datis quaesitum non est determinatum aut exprimible, tunc alterutrum hac analysi praestabimus, ut vel in infinitum appropinquemus, vel, quando conjecturis agendum est, demonstrativa saltem ratione determinemus, ipsum gradum probabilitatis, qui ex datis haberi potest."
[51] Brief an Theodor Haak, GP VII, 19.

selbsttätigen Mechanismus, der Maschine. Die Leibnizsche Universalcharakteristik ist damit konzipiert als Verbindung, oder besser: als Potenzierung eines symbolische und eines mechanischen Modells.[52]

Mehrfach beschreibt Leibniz seine Universalcharakteristik als einen mechanischen Leitfaden (filum mechanicum) zur Regulierung des menschlichen Intellekts.[53] Unter der Voraussetzung einer gelungenen Einführung der die Natur der Dinge oder die einfachen Ideen repräsentierenden Realcharaktere garantiert die Algebra generalis durch die Inszenierung eines sichtbaren Denkens die gleichsam maschinelle Auffindung der Wahrheit, ja, die Irrtumsunfähigkeit des Menschen, denn: "Diese allgemeine Algebra bewirkt, daß wir, selbst wenn wir das wollten, nicht irren können und daß die Wahrheit gleichsam als gemalt und wie durch die Tätigkeit einer Maschine auf das Papier gedruckt erfaßt werden kann"; ("Haec Algebra [...] generalis [...] praestat, Errare ne possumus quidem si velimus, et ut Veritas quasi picta, velut Machinae ope in charta expressa, deprehendatur").[54] Jeder Irrtum, Widerspruch und jede falsche Schlußfolgerung wäre nurmehr gleichsam ein `syntax error´ und vergleichbar dem Solözismus in der natürlichen Sprache oder dem Rechenfehler in der Arithmetik.[55]

In rudimentärer Form findet sich die Verwendung mechanischer Hilfsmittel für die geistige Erkenntnis bereits in den Kombinationsmechaniken der lullistischen Tradition.[56] Bereits hier aber verbindet sich damit die Betonung der Universalität sowie der Effizienz und Mühelosigkeit ihrer Anwendung. So beschreibt etwa Agrippa von Nettesheim die

---

[52] Cf. L. Couturat: La logique de Leibniz, Paris 1901, ND Hildesheim u.a. 1985, p. 115. Zum Konzept der "symbolischen Maschine" und seiner Geschichte vgl. Sibylle Krämer: Symbolische Maschinen. Die Idee der Formalisierung in geschichtlichem Abriß, Darmstadt 1988.
[53] Cf. Analysis linguarum (11.9.1672, Phil., VII, C, 9; cf. Couturat, logique p. 92: "intellectus noster filo quodam mechanico regendus est, ob suam imbecillitatem"; cf. Brief an Tschirnhaus (Mai 1678), ibid. pp. 90 f. Cf. Brief an Oldenburg, GP VII, p. 14. Cf.
[54] Brief an Oldenburg (28.12.1675), GP VII, p. 10.
[55] GP VII, p. 205: "(sophismata [...] et paralogismi nihil aliud forent quam quod errores calculi in Arithmeticis, et soloecismis [...] in linguis". Cf. ibid., p. 200.
[56] Cf. hierzu Stephan Meier: Die lullistische Philosophie. In: Historisches Wörterbuch der Philosophie, hg. J. Ritter u. K. Gründer, Bd. 7, sp. 668-671.

Lullsche ars combinatoria in einer für den späteren enzyklopädischen Lullismus typischen Weise als "ars inventiva", die "uns mit aller Sicherheit und Gewißheit die Wahrheit und die Wissenschaft von jeder wißbaren Sache ohne Schwierigkeit und Mühe (*sine difficultate et labore*) auffinden läßt".[57]

Möglicherweise hatte Jonathan Swift auch die lullistische Kombinatorik im Auge, als er 1726 in Gullivers Reise das "Project for improving speculative knowledge by ... mechanical Operation" des ersten Professor der Akademie von Lagado beschrieb.[58] Dieses besteht im Kern aus einer Maschine, die mittels Kurbelantrieb die Zufallspermutation von hunderten von Würfeln vollführt, auf deren Seiten jeweils Wörter geschrieben stehen. Wann immer diese Permutation die Verbindung von drei oder vier Wörtern ergibt, die den Teil eines Satzes bilden können, werden sie notiert. Hierdurch hätten sich, erfährt man, im Laufe der Zeit bereits mehrere Großfoliobände mit Satzfragmenten ergeben, die jener Professor zusammenzusetzen beabsichtige, um aus diesem reichhaltigen Material der Welt ein Gesamtgebäude aller Künste und Wissenschaften zu schenken. Hierzu bedürfte es allerdings gar nicht des Gelehrten. Denn der Clou dieser Maschine besteht, wie ihr Erfinder selbst ausführt, gerade darin, daß mit ihrer Hilfe "the most ignorant person ... *with a little bodily labour*, may write books in philosophy, poetry, politics, law, mathematics, and theology, without the least assistance from genius or study."[59]

---

[57] Commentaria in artem brevem, in: Opera, Lyon 1600?, ND Hildesheim, New York 1970, 2, p. 316. Es ist dies auch der Grund, warum Bartholomaeus Keckermann später polemisieren kann, die lullistische Logik fasziniere besonders die "arbeitsscheuen Jünglinge" (laborifugos Juvenes); cf. Praecognitorum tractatus III (Hanau ³1606), p. 93.

[58] Cf. Martin Gardiner: Logic Machines and Diagrams, New York u.a. 1958, p. 2. Es ist jedoch bezeichnend, daß ebenso auch die Rechenmaschine, die Leibniz im Januar 1673 vor der Royal Society demonstrierte (John S. Phillipson: Sir Samuel Morland; Gulliver's Travels: Notes and Queries 216 (1971), pp. 227 f.), sowie John Wilkins' Universalcharakter (Lewis Walker: A Possible Source for the Linguistic Projects in the Acadamie of Lagado. In: Notes and Queries 220 (1973), pp. 413 f.) als Vorbild für Swifts satirische Darstellung vorgeschlagen werden. Ich halte es für durchaus denkbar, daß Swift hier den inneren Zusammenhang gesehen hat und daher auf das eine wie auf das andere abzielt.

[59] Jonathan Swift: Travels into Several Remote Nations of the World, part 3 chap. 5. In: The Prose Works, ed. H. Davis, t. 11, Oxford 1941, pp. 166 ff.

Bei aller Überzeichnung trifft Swift hiermit durchaus einen charakteristischen Zug der lullistischen Tradition. Aber eben nicht nur der lullistischen Tradition. Als Pascal 1645 seine Rechenmaschine der Öffentlichkeit vorstellt, spricht er von seinem "Einfall, eine dritte Methode zur Ausführung aller arithmetischen Operationen zu finden, die vollkommen neuartig ist und nichts mit den beiden üblichen Methoden der Feder und der Zählsteine zu tun hat."[60] Bei den beiden traditionell gebräuchlichen Rechenmethoden (Abacus; Rechenstein) und (Calamus; Ziffernschrift) unterliegt das jeweils zu Grunde gelegte Zeichensystem festen Transformationsregeln, die es erlauben, komplexe Rechnungen auf einfache zu reduzieren, wie z.B. bei den Rechensteinen die Multiplikation und Division auf Addition und Subtraktion und diese weiter auf einfaches Zählen - und zwar nur von 1-5, welches durch bloßes Steineschieben realisiert wird. Der Stein bzw. der Stift müssen jedoch von Hand bewegt werden. Von einer Hand zumal, die geführt wird von einem Kopf, der die Transformationsregeln der Zeichen kennt, mit ihnen umzugehen weiß. Hier genau setzt die von Pascal entwickelte "troisieme Methode" ein: Sie macht den Kopf überflüssig. Denn die Transformationsregeln sind in die Maschine selbst eingebaut. Letztlich ist die Maschine in ihrem mechanischen Teil nichts anderes als die Materialisierung der Transformationsregeln. Der menschlichen Hand bleibt nurmehr die Eingabe der Rechenaufgabe und die Aufgabe der Antriebsbewegung; eine Bewegung, der das Denken keinerlei Regeln mehr zu geben braucht, da dies bereits die Maschine leistet, die der Hand die einfache Drehbewegung der Kurbel vorschreibt, welche Drehbewegung sie mittels Stangen, Räder und Walzen zur Rechenoperation verwendet.

Die Denkbewegung wird ersetzt durch eine mechanische Bewegung. Pascals beschreibt seine "troisieme Methode" entsprechend als eine Maschine "pour faire toute sortes

---

[60] Advis necessaire à ceux qui auront curiosité de voir la dite machine (1645), Oeuvres complètes, ed. L. Brunschvicg u. P. Boutroux, t. 1, Paris 1908, ND Vaduz 1965, p. 314.

d'Arithmetique par un mouvement reglé"[61] "... *et sans aucun travail d'esprit*".[62] Eine einfache, mechanisch regulierte Bewegung nur, ohne jede Denkanstrengung - und doch: ihrer Wirkung nach dem menschlichen Denken näher, als alles, was Tiere zu tun vermögen: "La machine d'arithmétique fait des effets qui approchent plus de la pensée, que tous ce que font les animaux."[63]

Die Rechenmaschine verkörpert ein System von Zeichen, die ihre compositio und divisio selbst durchführen. So apostrophiert auch Leibniz die von ihm erfundene Rechenmaschine als eine "lebendige Rechenbank", "dieweil dadurch zuwege gebracht wird, daß alle Zahlen sich selbst rechnen ... *ohne einige Mühe des Gemüths*".[64] Aufschlußreich ist auch die Beschreibung ihrer Genese: "Als ich vor einigen Jahren", berichtet er, "zum ersten Mal ein Instrument sah, mit dessen Hilfe man seine eigenen Schritte *ohne zu denken* zählen kann, kam mir sogleich der Gedanke, es ließe sich die ganze Arithmetik durch eine ähnliche Art von Werkzeug fördern, in der nicht allein die bloße Zählung, sondern auch die Addition mit der Subtraktion und die Multiplikation mit der Division mit sicherem Erfolg von der entsprechend eingerichteten Maschine selbst leicht und bequem ausgeführt würde."[65]

Das Motiv der Entlastung von der Mühsamkeit des Denkens zieht sich refrainhaft durch die verschiedenen Selbstanzeigen der Leibnizschen Rechenmaschine. Mit ihrer Hilfe werde die Multiplikation und Division allein durch eine gewisse Drehbewegung und gänzlich ohne jene Arbeit des Geistes vollzogen ("solo rotae cujusdam circumactu, *nullo prorsus animi labore*")[66] bzw. "pene sine ullo labore animi, sponte machinae"[67]. Und darüber hinaus in einer Weise, daß sie "den Menschen durch die Schnelligkeit und die Zuver-

---

[61] Lettre dédicatoire à Monsieur le Chancelier sur le sujet de la machine nouvellement inventée..., ibid. p. 298.
[62] ibid. 300.
[63] Pensées, nr. 340 (Brunschvicg) bzw. 644 (Strowski).
[64] Brief an Joh. Friedr. von Hannover (1671) AA II/1, p. 160.
[65] Cf. W. Jordan: Die Leibnizsche Rechenmaschine. In: Zeitschrift für Vermessungswesen 26 (1897), pp. 289-315, hier p. 307.
[66] Brief an H. Conring, GP I, p. 202.
[67] Brief an Arnauld, GP I, p. 81.

lässigkeit größter Berechnungen (übertrifft)"[68]. War die Fähigkeit zur `ratiocinatio´ nach traditionellem Verständnis das spezifische Wesensmerkmal des Menschen (homo = animal rationale), das ihn geradezu seiner Einzigartigkeit versicherte, so wird er nun mit der Erfahrung konfrontiert, daß die Rechenmaschine ihn auf diesem seinem eigensten Gebiet - zumindest in gewisser Hinsicht - zu übertreffen vermag. Aus der Sicht ihrer Konstrukteure freilich zeigt sich gerade daran die Effizienz ihrer eigenen Schöpfung. "SUPRA HOMINEM" lautet daher der vollmundige Sinnspruch, den Leibniz für eine seine "machina arithmetica" darstellende Medaille vorsah.[69]

Die von Swift karrikierte Faszination an der Idee der kunstvollen mechanischen Unterstützung oder gar Substitution geistiger Tätigkeiten gehört durchaus zur Signatur des späteren 17. Jahrhunderts.[70] In Leibnizens Beschreibungen seiner Rechenmaschine ist sie allenthalben greifbar. Das Motiv der Entlastung von der Mühsamkeit des Denkens überträgt sich bei ihm zusammen mit dem Maschinenmodell jedoch auch auf sein Projekt der Universalcharakteristik.

Dadurch, daß die Realcharaktere "die innere Natur der Dinge in Kürze ausdrücken und gleichsam abmalen (velut pingunt), verringert sich die Denkarbeit in wundersamer Weise" (mirifice *imminuitur cogitandi labor*)[71]. Sind die "numeri

---

[68] G. W. Leibniz: Gesammelte Werke, hg. G. H. Pertz, 1. Folge (Geschichte), 4 Hannover 1847, p. 307; zit. n. K. Müller u. G. Krönert (Hgg.): Leben und Werk von G. W. Leibniz. Eine Chronik, Frankfurt/M. 1969, p. 135.
[69] Ibid.
[70] Dies belegt nicht nur die Konjunktur der Rechenautomaten oder `Rechenkästen´, "krafft deren man die schwersten Fälle *ohne Kopffbrechen* und in ziemlicher Geschwindigkeit ausrechnen kann" (J. H. Zedler: Universal-Lexicon, Bd. 30, Halle 1741 s.v. `Rechenkasten´). Vergleichbare Entwürfe gab es z.B. auch für einen `Übersetzungskasten´ (`Arca Glottotactica´; cf. Athanasius Kircher: Polygraphia nova et universalis ex combinatoria arte detecta, Rom 1663 (cf. George E. McCracken: Athanasius Kircher's Universal Polygraphy. In: ISIS 39 (1948) 215-28; Wilhelm Schmidt-Biggemann: Topica universalis. Eine Modellgeschichte humanistischer und barocker Wissenschaft, Hamburg 1983, pp. 176 ff.) und einen `Kompositionskasten´ (`Arca Musarithmetica´). Dieser bildet den Kern der Kircherschen `Musurgia mechanica´ als einer "ratio ..., qua quivis etiam amusos ... cantilenas iuxta petitum artificium componere possit." Cf. A. Kircher: Musurgia universalis, Rom 1650, ND Hildesheim/New York 1970, lib. VII, p. 185.
[71] Cf. L. Couturat: La logique de Leibniz, p. 86. Eine Bemerkung noch zum Begriff der Denkarbeit: Wenn bei Pascal von `travail d'esprit´ und bei Leibniz von `labor

characteristici" aller Dinge erst einmal bekannt, so wird man "*sine ullo labore animi*" nachrechnen können, ob eine vorliegende Argumentation inhaltlich - nicht nur formal! - schlüssig und korrekt ist.[72]

Gewiß, die Leibnizsche characteristica universalis bleibt Schrift - und die Rede von der Maschine überwiegend im Status des Metaphorischen. Sie funktioniert nicht derart, daß - wie bei der Rechenmaschine - das, was "bisher allezeit ... auffm Papyr geschieht, in die Maschine transferier(t)" wird,[73] sie vollzieht keine Ersetzung des skripturalen durch ein anderes materielles Zeichenmedium, das aufgrund seiner strukturellen Disposition in der Lage wäre, die regelgeleitete Transformation der Zeichen selbsttätig zu vollziehen. Sie ist von daher keine Maschine im Sinne eines selbsttätigen Automaten, der ganz die Stelle des menschlichen Intellekts einnähme. Doch sind die Realcharaktere so konzipiert, daß sie die Denkbewegung, wenn schon nicht substituieren, so doch regulieren und anleiten und damit genau jene - letztlich entscheidende - Funktion ausüben, die beim Rechenautomaten der kunstvollen Einrichtung des Räderwerks zukommt. Der menschliche Intellekt wird zwar nicht durch die Maschine ersetzt; er bleibt im Spiel - aber

---

animi' oder `labor cogitandi' die Rede ist, so meint das in erster Linie wohl noch soviel wie `Mühe des Geistes', ist also noch nicht die Übertragung des ökonomischen Begriffs von Arbeit zu einem Begriff von `Denkarbeit'. Es ist aber gewiß kein Zufall, daß gerade in dieser Traditionslinie der `Rationalisierung' der Rationalität der im ökonomischen Sinne ernst gemeinte Begriff der Denkarbeit ausgebildet wurde. Cf. die Ausführungen von Charles Babbage, dem Konstrukteur der ersten programmierbaren Rechenmaschine, über seine These, "that the division of labour can be applied with equal success to mental as to mechanical operations"; C. Babbage: On the Economy of Machinery and Manufactures, Kap. 20: "On the Division of Mental Labour" 4. Aufl. 1835, ND New York 1971, p. 191.

[72] GP VII, p. 189: "An ... argumenta vi materiae bona sint aut concludant, tum demum sine ullo labore animi aut errandi periculo judicari poterit, cum ipsi veri Numeri Characteristici rerum habebuntur." Angesichts eines strittigen Problems brauchen sich die Philosophen also nurmehr wie die `Computistae' an den realcharakteristischen Abacus zu setzen und die Zauberformel sprechen: "Calculemus!". ("... quando orientur controversiae, non magis disputatione opus erit inter duos philosophos, quam inter duos Computistas: Sufficiet enim calamos in manus sumere sedereque ad abacos, et sibi mutuo dicere: Calculemus!" [GP VII, p. 200]).

[73] Cf. Leibnizens Beschreibung des "Instrumentum panarithmeticon" oder der `Lebendigen Rechenbank' (ca. 1670), Leibniz-Handschriften 42, 5 Bl. 17v-18v, § 18; cf. L. von Mackensen: Zur Vorgeschichte und Entstehung der ersten 4-Spezies Rechenmaschine von Gottfried Wilhelm Leibniz. In: Akten d. Internat. Leibniz-Kongresses Hannover, 14. - 29. Nov. 1966, Bd. 2, Studia leibnitiana Suppl. II Wiesbaden 1969, pp. 34-68, hier p. 53.

eben nur als Teil der Maschine. Die `Denk-Bewegung´ wird von ihm geleistet, geleitet jedoch wird diese von der Schrift - "scriptura ... et meditatio pari passu ibunt, vel ut rectius dicam, scripturam erit meditandi filum"[74] -, die damit zur Vor-Schrift wird, zum Programm, das, wenngleich es noch nicht selbst abläuft, als Ariadnefaden abgelaufen werden muß - und dies auch wird, denn als sinnliche und gleichsam mechanische Anleitung des Geistes wird sie "auch vom Dümmsten noch (an)erkannt".[75]

Der Maschine nun ist es relativ gleichgültig, wer sie bedient. Aber auch für den Fall der gelungenen Einrichtung und Verbreitung der Realcharakteristik gilt, daß "jeder auch nur mit mittelmäßigem Verstand Begabte die schwierigsten Dinge verstehen und die schönsten Wahrheiten entdecken könnte" (quisquis mediocri licet ingenio praeditus [...]. dificillima etiam intelligere et pulcherrimas veritates invenire possit").[76]

Was aber kann dann noch das Kriterium abgeben für die Unterscheidung von Philosoph und Nichtphilosoph, von Gelehrtem und Laien? Es scheint zunächst, als ginge hiermit jede Möglichkeit der Unterscheidung zwischen den `ingenia´ verloren. Und doch ist es gerade umgekehrt. Sie läßt sich erst jetzt präzis angeben: Die Kenntnis und die Einsicht in die Universalcharakteristik wird zum Kriterium der Unterscheidung zwischen dem Wissenden und dem Unwissenden, dem Gebildeten und dem Ungebildeten: "Es ist sicher, daß, wenn diese ars analytica generalis erst vollkommen vorliegen und in Gebrauch befindlich sein wird, die sie verstehenden und in ihr geübten Menschen die anderen so überragen werden, wie der Wissende den Unwissenden und der Gebildete den Ungebildeten."[77]

Das Wissen um das vollkommene Zeichensystem, die perfekte `Wissensmaschine´, ist ein solches, das neben sich kein anderes Wissen als Wissen anerkennt. Es allein entscheidet

---

[74] Brief an Oldenburg, GP VII, p. 14.
[75] Ibid.: "Filum autem Meditandi voco quandam sensibilem et velut mechanicam mentis directionem quam stupidissimus quisque agnoscat."
[76] GP VII, p. 3.
[77] GP VII, p. 202: "... certum est, si haec ars analytica generalis vera aliquando absoluta et in consuetudinem traducta haberetur, homines ejus intelligentes atque exercitatos tantum aliis praestituros..., quantum sciens ignaro, doctus rudi..."

darüber, wer als wissend und wer als unwissend, wer als gebildet und wer als ungebildet zu gelten hat. Wehe dann dem, der sich dieser (oder vielmehr: der diese) Maschine nicht bedient !

Organismus versus Maschine: Margaret Cavendish' Kritik am mechanistischen Naturmodell

Elisabeth Strauß[*]

Abstract

Margaret Cavendish entwickelte in der Mitte des 17. Jahrhunderts ein Organismusmodell der Natur, das nicht auf der aristotelisch-scholastischen Vielfalt von Substanzen und Formen aufbaute. Vielmehr versuchte sie, die `neue´ Korpuskulartheorie in einen organischen Bezugsrahmen zu integrieren. Ihre Kritik gilt dem Naturbegriff der mechanistischen Philosophie, der die Natur auf eine leblose Maschine reduziert hatte.

In the middle of the 17th century Margaret Cavendish developed an organizistic model of nature which did not rely on the aristotelic-scholastic multitude of substances and forms. She rather tried to integrate the `new´ corpuscular theory in an organic framework. She critizised the mechanical philosophy that had reduced nature to a dead machine.

---

[*] Geb. 1954. Nach der Realschule Ausbildung zur Tontechnikerin. 1979 Abitur auf dem 2. Bildungsweg. Studium der Philosophie, Musikwissenschaft, Soziologie und Volkskunde in München und Berlin. Magister Artium 1989 in München. Vorstandsmitglied der Internationalen Assoziation von Philosophinnen (IAPh). Arbeitet zur Zeit an einer Dissertation über Ethik und Wissenschaftskritik von Margaret Cavendish an der FU Berlin.

Wie ein roter Faden zieht sich durch die Themenvielfalt des Werks von Margaret Cavendish (1623-1673) ihr leidenschaftliches Interesse am Hauptthema des 17. Jahrhunderts, der Naturphilosophie. Aber keineswegs gewillt, sich an der Wissenschaftseuphorie der `Moderni´ zu beteiligen, gehört sie zu der kleinen Zahl derer, die an dem neuen, mechanistischen Naturverständnis Kritik übten zu einer Zeit, als die `Neue Wissenschaft´ in enthusiastischer Aufbruchsstimmung gerade dabei war, den Fortschritt der Menschheit mit der Unterwerfung der Natur in Verbindung zu bringen. Gegen diese neue, als Machtverhältnis analysierte Beziehung von Mensch und Natur versuchte Margaret Cavendish, einen antihierarchischen Naturbegriff zu entwickeln, der von einem Organismusmodell des Kosmos ausgeht und daraus die Würde der Natur und ihre kommunikative Einheit mit dem Menschen ableitet.

Als Lady Margaret Cavendish 1653 ihr erstes Buch, einen Band mit naturphilosphischen Gedichten und `Fancies´, veröffentlichte, hatte sie in böser Ahnung geschrieben: "I imagine I shall be censor'd by my owne Sex; and Men will cast a *smile* of *scorne* upon my *Book*, because they think thereby, *Women* incroach too much upon their *Prerogatives*; for they hold *Books* as their *Crowne*, and the *Sword* as their *Scepter*, by which they rule, and governe"[78]. Sie behielt recht. Von allen Seiten hagelte es Proteste. Die Literaten empörten sich über die zahllosen Fehler in Orthographie, Sprachrhythmus und Reim (Übrigens wurde der Lärm von dieser Seite geringer - und die Rechtschreibung deutlich besser - als Margaret ihren Drucker wechselte und, zusätzliche Vorsichtsmaßnahme, einen Sekretär einstellte, dem sie diktierte[79]). Die öffentliche Meinung hielt ihre Verachtung auch nicht zurück: eine weibliche

---

[78] Margaret Cavendish: Poems and Fancies, London 1653. To All Noble and Worthy Ladies, A3 f.
[79] Douglas Grant: Margaret the First, London 1957, p. 144. Die zweite und dritte Auflage von `Poems and Fancies´ ist stark überarbeitet, eine Aufgabe, die ihr Sekretär übernahm, cf. Grant, p. 47.

Autorenschaft - Margaret Cavendish hatte stolz und kühn entgegen dem Gebot der (weiblichen) Bescheidenheit ihren Namen aufs Titelblatt setzen lassen - war einfach ein Verstoß gegen den guten Geschmack. "And first let me ask you if you have seen a book of Poems newly come out, made by my Lady Newcastle, for God sake if you meet with it send it me, they say 'tis ten times more extravagant than her dress. Shure the poor woman is a little distracted, she could never be so ridiculous else as to venture at writing books and in verse too" schrieb Dorothy Osborne an ihren Verlobten William Temple[80]. Und auch der Poet Edmund Waller, ein Freund der Familie Cavendish, der zwar bedauerte, eines ihrer schönsten Gedichte, `Die Hirschjagd´, nicht selbst geschrieben zu haben, beugte sich dem Druck der Öffentlichkeit und ließ verlauten, daß man eine Dame daran hindern sollte, sich durch solch abstoßenden Auftritt der Blamage auszusetzen[81].

Die Vertreter der philosophischen Zunft fanden alles unter Niveau, so daß sie schlimmste Auswirkungen auf ihre Reputation in der Gelehrtenwelt befürchteten[82]. Margaret Cavendish hatte sich in einer Reihe von `Atomgedichten´ mit der neuen Naturlehre, dem Atomismus, auseinandergesetzt. Und zwar mit soviel poetischer Phantasie, daß sich sowohl Anhänger als auch Gegner der Theorie schockiert zeigten. Unbekümmert um den Vorwurf des Atheismus zeigt sie einen konsequenten Materialismus nach epikureischer Art. Für Cavendish gibt es im Universum nur unvergängliche Materie und leeren Raum. Die Materie besteht aus kleinsten, unteilbaren Einheiten, den Atomen, die sich in diesem Raum bewegen und durch Kontakt zueinander die Gegenstände unserer sinnlich wahrnehmbaren Welt bilden:

---

[80] The Letters of Dorothy Osborne to William Temple, ed. G.C.Moore Smith, Oxford 1928, p. 37.
[81] Henry Ten Eyck Perry: The First Duchess of Newcastle and Her Husband as Figures in Literary History, Boston 1918 (Diss. Harvard), p. 179.
[82] Cf. Robert Kargon: Atomism in England from Hariot to Newton, Oxford 1966, pp. 85 ff.

"Small *Atomes* of themselves a *World* may make,
As being subtle, and of every shape:
And as they dance about, fit places finde:
Such Formes as best agree, make every kinde.(...)
So *Atomes*, as they dance, find places fit,
They there remaine, lye close, and fast will sticke."[83]

Die Entstehung der Welt als einmaliger, endgültiger Schöpfungsakt wird aufgelöst in einen Weltprozeß, einen kosmologischen Tanz - und nimmt ihm damit die Verbindlichkeit des göttlichen Maßstabs. Die `Poems and Fancies´ erinnerten in ihrer naturphilosophischen Aussage an den zwei Jahre zuvor erschienenen `Leviathan´ von Thomas Hobbes, in dem ein radikaler Materialismus vertreten wird, der die Existenz Gottes zumindest implizit negiert. In der Naturtheorie von Margaret Cavendish gibt es Gott zwar als Schöpfer, jedoch ist seine ständige Präsenz in der Schöpfung nicht nur überflüssig, sondern unmöglich; alle göttlichen Attribute wie Ewigkeit und Schöpferkraft sind in die materielle Substanz verlegt. Als besonders atheismusverdächtig galt die Sterblichkeit der Seele und die der Materie inhärente Bewegung, die Gottes Eingreifen in die Welt überflüssig machte. Beide Annahmen wurden von dem Schüler Gassendis in England, Walter Charleton, in seiner 1654 erschienenen `Physiologia Gassendo-Charletonia´ zurückgewiesen. Wie er distanzierten sich auch Margaret Cavendishs Freunde John Evelyn und Joseph Glanvill in ihren Arbeiten von solchen atheistischen Tendenzen.

Während im Atomismus der ersten Bücher die Teilbarkeit der Materie und die Zusammenhangslosigkeit der einzelnen Atome betont wurde, so hat sich in der Weiterentwicklung zur Korpuskulartheorie in den späteren Werken von Margaret Cavendish die Intention zugunsten des Zusammenhangs der Materieteilchen verschoben. Die Einheit des Ganzen, der

---

[83] Poems and Fancies, p. 5. Alle Hervorhebungen, wenn nicht anders angegeben, sind von den jeweiligen Autoren.

Körper der Natur, rückt stärker in den Mittelpunkt: "Nature is but one Infinite self-moving, living and self-knowing body, consisting of the three degrees of inanimate, sensitive and rational Matter, so intermixt together, that no part of Nature, were it an Atom, can be without any of these three Degrees; the sensitive is the Life, the rational the Soul, and the inanimate part, the Body of Infinite Nature"[84].

Von den einzelnen Implikationen dieser Definition von Natur als Organismus soll hier diejenige herausgegriffen werden, an der sich die ethische Intention am deutlichsten zeigt: die Selbstbewegung. Die der Materie inhärente Bewegung ist das dynamische Prinzip der Natur, das die Welt jeweils neu konstituiert. Jede Veränderung der Natur ist zurückführbar auf Bewegung. Da die Materie der Entstehung und Auflösung unterliegt, haben selbst unbewegt scheinende Dinge wie Metalle oder Steine eine - mit unseren Sinnen nicht wahrnehmbare - Bewegung. Dabei sind Bewegung und Materie untrennbar verbunden, jede Bewegung ist materielle Bewegung; es gibt keine Bewegung ohne Materie. Die Besonderheit dieser Theorie besteht weniger in der Definition von Bewegung als materieller Bewegung, sondern in dem Postulat einer der Materie inhärenten Bewegung. Als innere Ursache ist sie der mathematischen Berechnung entzogen und damit in scharfem Kontrast zu einer mechanisch verursachten Bewegung, wie sie im Kreis der mechanistischen Philosophen angenommen wurde. Für Hobbes z.B. entsteht jede Bewegung aus dem Kontakt mit einem äußeren, angrenzenden, seinerseits bewegten Körper[85]. Veränderung in der Natur wäre hier als Wirkung der mechanischen Übertragung von Bewegung anzusehen und wird als Ursache-Wirkung-Beziehung nach den Gesetzen der Mechanik berechenbar. Gegen dieses mechanistische Weltbild, das die Natur auf eine Maschine reduzierte, setzte Margaret Cavendish ein Modell, das seinen

---

[84] Margaret Cavendish: The Description of a New World, called The Blazing World, London 1668, pp. 80 f.
[85] Thomas Hobbes: De Corpore, 2.Teil, 9.Kap.

Ausgang von einer organischen Vorstellung der Natur nimmt, deren Wechsel sich in einem komplizierten System von Bewegungen vollzieht.

Die Eigenbewegung der Materie ist auch die Ursache aller Wahrnehmung, ohne Bewegung gibt es keine Wahrnehmung[86], ein aus der epikureischen Physik übernommenes Axiom[87]. Da jedes einzelne Materieteilchen nur gemäß seiner ihm eigenen Bewegung wahrnehmen und erkennen kann, tritt die Wahrnehmungsfähigkeit in unendlichen Variationen auf und verweist so auf die Vielfalt der Seinsordnung, die wir niemals ganz erkennen können. Wahrnehmung mit den Sinnesorganen z.B. ist lediglich ein Spezialfall von Wahrnehmung und berechtigt uns nicht zu der Annahme, daß nur Menschen und Tiere ein Wahrnehmungsvermögen haben: "No Stone can be said to feel pain as an Animal doth, or be called blind, because he has no Eyes; for this kind of Sense, as Seeing, Hearing, Tasting, Touching and Smelling, is proper onely to an Animal figure and not to a Stone which is a Mineral"[88]. Dem Menschen wird damit keine Sonderstellung in der Natur in bezug auf Wissen und Erkenntnis eingeräumt, ja sogar die Hierarchie zwischen `organischer´ und `anorganischer´ Natur ist relativiert.

Im Bemühen um eine neue Ordnung reduzierten die mechanistischen Philosophen die Natur auf eine Ansammlung träger, unbelebter, qualitativ gleicher Materiepartikel, deren Beziehungen in einer physikalischen Ordnung genau festgelegt waren. Veränderung war nicht länger das Ergebnis eines geheimnisvollen inneren Prozesses, sondern Wirkung einer äußeren Kraft, die nach den Gesetzen der Mechanik berechnet werden konnte und in voraussagbares Verhalten mündete. "Keine Wirkung geschieht ohne Ursache", schrieb Gassendi,

---

[86] Margaret Cavendish: Observations upon Experimental Philosophy, London 1668, To the Reader.
[87] Cf. Lukrez: De Rerum Natura, II/865-990.
[88] Observations, loc. cit., p. 303.

"keine Ursache wirkt ohne Bewegung; nichts wirkt auf ein entferntes Ding, für welches es nicht gegenwärtig ist, sei es für sich selbst oder vermittels eines Agens, oder durch Verbindung oder Übertragung; nichts bewegt etwas Anderes; es sei denn mittels Berührung oder durch ein Werkzeug, und zwar ein körperliches"[89]. Hobbes trieb das mechanistische Denken auf die Spitze, indem er sogar den menschlichen Geist als Sonderfall einer Maschine verstand: "In what matter soever there is place for *addition* and *substraction*, there is also place for *reason*: and where they have no place, there *reason* has nothing at all to do.(...) For *Reason* in this sense, is nothing but *reckoning*"[90]. Wie bei einem Uhrmacher greift ein Rädchen ins andere; Gott sorgte als Mechaniker dafür, daß die Uhr nicht stehenblieb[91]. Die Metapher des lebendigen Organismus als Abbild des Makrokosmos und der Erde war abgelöst worden durch das Modell einer leblosen - wenn auch außerordentlich komplexen - Maschine.

Margaret Cavendishs naturphilosophische Theorie ist eine Kritik an diesem neuen Weltmodell, und zwar - das macht die Originalität ihres Ansatzes aus - nicht auf der Grundlage der `alten´ aristotelisch-scholastischen Mannigfaltigkeit der Substanzen und Formen, sondern mit den Mitteln der Korpuskulartheorie, ausgehend von einer einzigen, unendlich teilbaren materiellen Substanz, deren Eigenschaften ausschließlich auf Bewegung zurückgeführt werden können. Diese korpuskulare Materie wird in einen organischen Bezugsrahmen integriert.

Der Kosmos ist ein unendliches Ganzes, der alle Materie in sich einbegreift: "All parts of Nature are composed in one Body,

---

[89] Cit. nach Ernst Bloch: Die antike Atomistik in der neueren Geschichte der Chemie. In: ISIS 1 (1913), p. 380.
[90] Thomas Hobbes: The English Works of Thomas Hobbes, ed. Sir William Molesworth, London 1840, Vol III, p. 30.
[91] Zur Uhr als einer Leitmetapher des 17. Jahrhunderts cf. Laurens Laudan: The Clock Metaphor and Probabilism. The Impact of Descartes on the English Methodological Thought, 1650-65. In: Annals of Science Nr. 2, 22 (1966), pp. 73-104.

and though they may be infinitely divided, commixed, and changed in their particulars, yet in general, parts cannot be separated from parts as long as Nature lasts; nay, we might as probably affirm, that Infinite Nature would be as soon destroyed, as that one Atom could perish"[92]. Die Natur wird als "geschlossenes" System der Zusammenhangslosigkeit einer atomisierten Materie gegenübergestellt: Als Postulat der Einheit aller Materie - kein Teil geht verloren -, und als Ordnungsprinzip, nämlich als lebendiger Organismus (body of nature). Die Natur als einheitstiftendes Prinzip garantiert die Dauer innerhalb der unendlichen Variation ihrer einzelnen Teile.

In den atomistischen bzw. den korpuskularen Theorien des 17. Jahrhunderts spielt die Bewegung als Ursache von Veränderung eine große Rolle. Jedoch wird die Bewegung bei den mechanistischen Philosophen - seien es Hobbes, Gassendi, Descartes - der Materie von außen zugeführt, die Materie wird bewegt. Auch bei Margaret Cavendish kommt der Bewegung eine Schlüsselfunktion zu: Sie ist die Ursache aller Veränderung, aber als *inhärentes Prinzip*. Materie wird nicht bewegt, sondern hat Eigenbewegung. Diese Bewegung ist deshalb nicht mit den Gesetzen der Mechanik faßbar; aller Wechsel folgt vielmehr einer immanenten Gesetzlichkeit. Aber daraus, daß der Prozeß der Veränderung nicht nach von außen auferlegten Gesetzen abläuft, darf keine Regellosigkeit der Natur abgeleitet werden, denn da Natur mit Vernunft und Wahrnehmung begabt ist, sind auch ihre Handlungen vernünftig: "Nature's actions are poys'd, equal and fit, and also rational and sensible, and consequently methodical"[93]. Dem Menschen unerklärbare Wirkungen in der Natur als Zufall zu bezeichnen, hieße für Cavendish, die Universalität von Vernunft und Wissen der Natur anzuzweifeln: "Where there is no Universal knowledg, there must of necessity be some Ignorance. Thus

---
[92] The Description, op. cit., p. 43.
[93] Observations, op. cit., To the Reader, e 1v.

ignorance, which proceeds from the division of parts, causes that which we call Chance; but Nature, being an infinite Self-moving Body, has also infinite knowledg; and therefore she knows of no Chance"[94].

Die Natur ist einem wohlgeordneten Staat vergleichbar, dessen einzelne Glieder aufeinander bezogen sind. Die Bezüglichkeit aller Teile setzt ein Wissen um die anderen voraus, das alle Materieteilchen aufgrund ihrer Wahrnehmungsfähigkeit haben: Sie können sich gegenseitig wahrnehmen. Die unendliche Bezüglichkeit garantiert die Ausgewogenheit in der Natur; die vielfältigen, unterschiedlichen Aktionen halten eine Balance, eine "Harmonious Variety"[95]. Das ist eine Lösung des Einheitsproblems, die anders als später bei Leibniz, auf der Kommunikation der einzelnen Teilchen aufbaut. "As there is an ignorance between Parts, so there is also an acquaintance (especially in the Parts of one composed Creature) and the Rational Parts being most subtile, active and free, have a more general acquaintance than the Sensitive: Besides, the Sensitive many times informs the Rational, and the Parts of a composed Figure, in the execution of such actions as belong to it"[96].

In einem poetischen Bild vergleicht Margaret Cavendish die Ordnung in der Natur mit einem Tanz:

"Atomes will dance, and measures keep just time;
And one by one will hold round circle line,
Run in and out as we do dance the Hay;
Crossing about, yet keep just time and way:
While motion, as Musicke directs the Time:
Thus by consent, they altogether joyne".[97]

---

[94] op. cit., pp. 373 f.
[95] op. cit., g 3v.
[96] op. cit., Argumental Discourse, h 4.
[97] Poems and Fancies, p. 17.

Die Atome tanzen den Reigentanz des 17. Jahrhunderts, den Hay, dessen Regeln im Gedicht beschrieben sind: Sich an den Händen haltend, bilden die Tänzer einen Kreis, der sich in Abstimmung mit Takt und Melodie zu verschiedenen Figuren formt. Genauso wie ein Tanz nur vorstellbar, tanzbar ist durch Übereinkunft, das gegenseitige Aufeinander-Eingehen der Tänzer, die Abstimmung ihrer Bewegungen, genauso wird Veränderung und Leben in der Natur durch die Harmonie aller, auch der kleinsten Materiepartikel, garantiert.

Diese organische Naturvorstellung, ist als metatheoretische Vorentscheidung in die Materietheorie eingegangen. Trotz der gemeinsamen Annahme von qualitätsloser, teilbarer Materie kommt Cavendish deshalb zu völlig anderen ethischen Normen als die mechanistischen Philosophen ihrer Zeit. Aus der begrifflichen Struktur ihrer Naturtheorie lassen sich zwei Aspekte ableiten, die die Grundprinzipien ihrer Ethik darstellen und einen normativen Handlungsrahmen begründen, den Selbstzweckcharakter und die universale Einheit der Natur.

Grundgelegt wird der Selbstzweckcharakter der Natur in der Konsequenz aus der scharfen Trennung von Gott als reiner Transzendenz und Natur als Materie, die keine metaphysische Teleologie anerkennt: Es gibt keinen transzendenten Endzweck hinter dem Naturprozeß; die Natur entwickelt sich nicht auf Gott hin. Ihr Telos liegt in ihrer Verwirklichung: Der Zweck des Baumes ist sein Baum-sein. Dieser Zweck wird in dem Dialog eines Holzfällers mit einer Eiche deutlich gemacht: Allen menschlichen Zwecken - der Nutzung des Baumes als Bauholz, Feuerholz und Schiffsbaumaterial - wird der Zweck der Natur - die Existenz der alten Eiche - vorgeordnet[98]. Die Natur ist weder auf Gott, noch auf den Menschen hin ausgerichtet, sie hat den Zweck ihres Seins in sich. Diese Position ähnelt der aristotelischen

---

[98] op. cit., pp. 68 ff.

Entelechie der Natur, freilich mit den Denkmitteln einer monistisch-materialistischen Theorie. `Entelechie´ wäre danach nicht die Form, die sich im Stoff verwirklicht, sondern - im Zusammenfallen von Stoff und Form - untrennbare Eigenschaft der Materie selbst.

Durch diesen Selbstzweckcharakter ist die Natur eben nicht nur eine Ressource für den Menschen, wie es die `Neue Wissenschaft´ im Umkreis der Royal Society vermitteln will. Vielmehr hat die Natur unabhängig von allem menschlichen Wollen den Sinn ihres Seins in sich selbst, und muß damit zum Objekt von sittlichem Handeln werden. In dem Gedicht `The Hunting of the Stag´ wird die Verletzung dieses Ethos in der Gegenüberstellung der Interessen von Mensch und Tier dargestellt:

"(...) The *Stag* with feare did run, his *life* to save,
Whilst *Men* for love of *Mischiefe* dig his *Grave*. (...)"[99]

Das Lebensinteresse des Tieres ist dem menschlichen ästhethischen Interesse - der Geweihtrophäe - vorgeordnet. Noch deutlicher wird dies im Gedicht `The Hunting of the Hare´, das die Angst des Hasen bei einer Treibjagd beschreibt und mit der Anklage des Jägers endet:

"(...)Yet *Man* doth think himselfe so gentle, mild,
When *he* of *Creatures* is most cruell wild.
And is so *Proud*, thinks onely he shall live,
That God a *God-like Nature* did him give.
And that all *Creatures* for his sake alone,
Was made for him, to *Tyrannize* upon."[100]

Mutwillig, ja sogar sadistisch maßt sich der Mensch Macht an und signalisiert damit die absolute Herrschaft, die ihr Handeln nicht mehr rechtfertigen muß. Gegen den Machtanspruch der

---
[99] op. cit., p. 115.
[100] op. cit., p. 112.

mechanistischen und experimentellen Philosophie verteidigt Margaret Cavendish die Eigenständigkeit der Natur, die sich aus ihrer unendlichen Potentialität heraus dem vollständigen Zugriff des Menschen entzieht: "I do not understand, (...), what they (die Vertreter der "Neuen Wissenschaft", A.d.V.) mean by our power over Natural causes and effects: For we have no power at all over Natural causes and effects; but onely one particular effect may have some power over another, which are natural actions: but neither can Natural causes nor effects be over-powred by Man so, as if Man was a degree above Nature, but they must be as Nature is pleased to order them; for Man is but a small part, and his powers are but particular actions of Nature, and therefore he cannot have a supream and absolute power"[101].

Die zweite Annahme, auf die sich Cavendishs Ethik stützt, ist der universale Zusammenhang aller Teile der Natur im Sinne einer unendlichen Bezüglichkeit, die über das Einheitsstiftende hinaus die Balance des Natursystems ermöglicht. Der Mensch ist als materielles Wesen wie alles Seiende Teil des Universums; mit seiner Existenz ist er in den Zusammenhang eingebunden. Ein Eingriff in diese Harmonie - durch Technik, durch Experimente - ist weit davon entfernt, nur eine Verletzung der ästhetischen Vollkommenheit zu sein, sondern er zerstört das Ganze, hat also existenzielle Bedeutung: "Infinite Nature would be as soon destroyed, as that one Atome could perish"[102]. Trotz dieser eindringlichen Warnung ist für Margaret Cavendish die Natur als quasi göttliche Potenz durch die nur partikulare Macht des Menschen letztlich nicht angreifbar: "Art is so far from altering Infinite Nature, that it is no more in comparison to it, then a little Flie to an Elephant; no not so much, for there is no Comparison between Finite and Infinite"[103].
Es sieht nicht so aus, als würde sie dieses Mal recht behalten.

---

[101] Observations, op. cit., pp. 6 f.
[102] The Description, op. cit., p. 43.
[103] op. cit., p. 13.

Menschen als "Maschinen" der Sprache.
Über ein polemisches Sprachbild bei Kant

*Petra Gehring**

Summary

Die Analyse einer pointierten Passage aus der Kritik der Urteilskraft zeigt den Facettenreichtum der dort verwendeten Maschinenmetapher. Anhand des Sprachbildes der Menschen als Maschinen werden zugleich systematische Probleme der Kantischen Rhetorikkritik deutlich gemacht.

An analysis of a kantian metaphor, man as machine, shows the rich semantics of the machine-notion at that time. Further on some systematical problems of the context, a critique of rhetoric art and language, are pointed out.

---

* Geb. 1961 Studium der Philosophie, Politik- und Rechtswissenschaften in Gießen, Marburg und Bochum. 1992 Promotion mit einer Arbeit über Transzendenzmetaphorik bei Foucault, Derrida und Lyotard. Wissenschaftliche Mitarbeiterin an der FernUniversität/Gesamthochschule Hagen, demnächst Universität Bochum. Mitherausgeberin der Reihe `Philosophie & Repräsentation / Philosophy & Representation´. Arbeitsschwerpunkte: Metaphysik und Metaphysikkritik des 19. und 20. Jahrhunderts; Begriffs- und Metapherngeschichte, politische Theorie; Geschichte, Theorie und Philosophie des Rechts.

"Ich muß gestehen: daß ein schönes Gedicht mir immer ein reines Vergnügen gemacht hat, anstatt daß die Lesung der besten Rede eines römischen Volks- oder jetzigen Parlaments- oder Kanzelredners jederzeit mit dem unangenehmen Gefühl der Mißbilligung einer hinterlistigen Kunst vermengt war, welche die (A: im) Menschen als Maschinen in wichtigen Dingen zu einem Urteile zu bewegen versteht, das im ruhigen Nachdenken alles Gewicht bei ihnen verlieren muß. Beredtheit und Wohlredenheit (zusammen Rhetorik) gehören zur schönen Kunst; aber Rednerkunst (ars oratoria) ist, als Kunst, sich der Schwächen des Menschen zu seinen Absichten zu bedienen (diese mögen immer so gut gemeint oder auch wirklich gut sein, als sie wollen), gar keiner Achtung würdig."

Mit dieser knappen aber auch heftigen Anmerkung endet in §53 der Kritik der Urteilskraft, also unter dem Generalthema einer "Vergleichung des ästhetischen Werts der schönen Künste untereinander", die Behandlung der schönen Rede, der Rede- und Rednerkunst.[104] Die abwertende Gebärde der Passage ist geradezu klassisch und auch das argumentative Grundmuster ist vertraut. Im Namen einer sachangemessenen Strenge steht in der Wissenschaft die allzu kunstvoll gebrauchte Sprache unter Verdacht, und die theoretische Rede weist Formen der Dichtung, der Poesie und insbesondere der Rednerkunst als in sich trügerisch angelegt zurück - so findet sich in ähnlicher Weise das Thema der Rhetorikkritik in vielen Texten der Tradition variiert. Im Zusammenhang eines kunstvollen, in sich aber tendenziell maßlosen Gebrauchs scheint Sprache dazu zu neigen, wie in einer Art Selbstabweichung von ihrer wahren Bestimmung, sich mit dem Schein zu verbünden. Sie wirkt unzuverlässig, droht zu künstlich lancierten Urteilen zu verführen und vermag, so unauffällig sie sich im Regelfall verhält, ganz plötzlich aus ihrem Innersten heraus die Erkenntnis des Wahren zu bedrohen. Auch die Kehrseite des rhetorikkritischen Musters ist klassisch: Man schätzt die dichterischen

---

[104] Immanuel Kant: Kritik der Urteilskraft, B 218; Werkausgabe in 12 Bd., hg. v. W. Weischedel, Frankfurt a.M. 1974, p. 267.

Mittel und die rhetorische Wirkung im Rahmen einer - theoretisch dann allerdings genau begrenzten, reinen - Kunst. Genau das, was in der Wissenschaft, zum ungenauen oder falschen Urteil führt, mag aus rein ästhetischer Perspektive nicht nur unbedenklich, sondern geradezu reizvoll sein. Entscheidend ist dann jedoch die Begrenzung auf bloße Kunst. Negatives Gegenstück wäre die Politik: Hier wird mit Hilfe der ars oratoria nahezu sprichwörtlicherweise eine definitiv bestimmbare Wahrheit absichtlich verdreht; spätestens hier zielt Rhetorik auf Fehlurteile, die "im ruhigen Nachdenken", wie Kant sagt, alles Gewicht verlieren. Rhetorikverzicht, so die klassische Schlußfolgerung der Theorie, ist eine Frage der Moral - zumindest innerhalb der *episteme*, der Wissenschaft. Aber auch anderswo gilt ihr der Mißbrauch jener der Sprache eigenen kunstvollen Potentiale als verwerflich, durch die, frei verwendet, das Reden alle Eigenschaften eines Mittels zur Verführung des Menschen annimmt.

Interessant wird die zitierte Passage durch das zentrale Sprachbild, in dem Kants Verdikt gegen die Rhetorik sich auszusprechen sucht: die Formulierung, die die Menschen als zum Urteil bewegte Maschinen anspricht. Den Implikationen dieses Bildes und der Semantik seiner Maschinenmetapher möchte ich im folgenden ein Stück weit nachgehen. Vergleiche von Mensch und Maschine legen (und legten) eine Fülle von unterschiedlichen Assoziationen nahe; sofern Kant sein Bild in polemischer Absicht gegen den `falschen´ Sprachgebrauch richtet, sind diese Assoziationen deutlich negativ konnotiert. Die metaphorische Wendung leistet möglicherweise jedoch noch mehr, als nur das vernünftig wünschbare Verhältnis Mensch-Sprache ironisch zu verkehren.

Ausgehend von der anfangs zitierten Passage gehe ich im folgenden (1.) kurz auf den systematischen Stellenwert der Rhetorikkritik im Rahmen der Erörterungen der Kunstgattungen in der dritten Kritik ein. Ich möchte hier (2.) zeigen, daß das im Text Kants als Erfahrungsbericht präsentierte Faktum, sein ästhetisches Mißfallen an der rhetorisch absichtlich gebrauchten Sprache, einen erkenntnistheoretischen Grenzfall darstellt, wenn nicht gar einen Blindfleck in der Kantischen Konzeption des Vernunfturteils selbst. Mit der ästhetisch unbestimmten Macht der Sprache über das Erkennen zeichnet sich eine Systemstelle ab, der Kant in Gestalt jenes polemischen Seitenhiebs eher ausweicht, als daß er sie genau konturiert. Andernfalls hätte hier möglicherweise bereits systemimmanent ein erheblich differenzierteres Konzept von Sprache sich nahegelegt. Das Bild von den Menschen als Maschinen - der Sprache! - sucht (3.) das geschilderte Problem zu überbrücken. Dabei geht die in polemischer Absicht gewählte Metapher über die rein negative Akzentuierung des bloß Mechanischen hinaus. Die Kantische Maschinenmetapher hält in einer eigentümlichen Ambivalenz die Mitte zwischen der Vorstellung des gezielt von außen benutzten Werkzeugs oder Instruments, und der Idee des Automaten, derjenigen Maschine also, die immerhin den Anschein einer Selbststeuerung zunächst zu erwecken vermag. Kants Bild appelliert an die Vorstellung eines Mechanismus, der sich selbst und anderen nicht unbedingt auf Anhieb als maschinell determiniert (als Maschine) erscheint. Nicht allein die Instrumentalisierungsfunktion der Sprache macht diese im Fall der Rhetorik zu einem den Menschen anonym und ungewiß regierenden Phänomen, sondern auch das in die Sprachwahrnehmung gleichsam als ästhetische Latenz hineingeflochtene Miteinander von Selbstgesteuertem und Fremdgesteuertem des Sinnns. Den Menschen kennzeichnet bei Kant eine Schwäche gegenüber dieser Verflechtung - von der reinen Vernunft her gesehen ist sein Urteil daher in maschinenhafter Weise (4.) an die Wechselfälle einer auf Sinnlichkeit verweisenden Sprache gebunden. Denn deren Spiel gibt nicht unmittelbar zu erkennen, ob es seine aktuelle Wirkung nun in den Dienst der Vernunft stellt, oder nicht.

Meine These hinsichtlich der Metapher der Maschine wird sein, daß Kants Rhetorikkritik weniger auf den Gedanken der `mechanischen´ Indienstnahme oder auch der gleichsam vollständigen Instrumentalisierung des Menschen als ein Werkzeug hinausläuft. Gewollt oder ungewollt zielt sie vielmehr auch auf das Paradigma des Automaten, der zumindest durch den schönen Schein von Autonomie zeitweilig zu überzeugen vermag. Das Wort Maschine verkörpert so ein, zumindest hinsichtlich seiner Erkennbarkeit, ambivalentes Verhältnis von Selbst- und Fremdsteuerung. Das Paradox von den Menschen als Maschinen gibt sich wie ein Stoßseufzer der Vernunft gegenüber dem Irritationsvermögen der Rhetorik. Diese Ohnmacht der Vernunftvermögen angesichts der über sie hinausschießenden Möglichkeiten ihrer sinnlichen Vermittlung in Sprache bleibt ohne Erklärung, sofern das Medium Sprache nur Vernünftiges zu vermitteln vermag.

1. Mißtrauen und Mißfallen: Die Wahrnehmung des Rhetorischen als Berichtstatsache

In §53 der dritten Kritik, dem die eingangs wiedergegebene Anmerkung entstammt, wird der ästhetische Wert der schönen Künste erörtert, entsprechend hebt auch die zitierte Gegenüberstellung von Gedicht und Rede auf das Kriterium der Schönheit ab. Der durch kunstvollen Umgang mit der Sprache hervorgerufene Schein kann, dies kennzeichnet den Fall der Dichtkunst, den Genuß des Schönen verschaffen. Kant gesteht eigene Erfahrungen: auch ihm haben schöne Gedichte tatsächlich immer "reines Vergnügen" bereitet. Parlaments- und Kanzelreden brachten ihm dagegen stets die umgekehrte Erfahrung ein. Jenseits der schönen Künste Beredtheit und Wohlredenheit ist die Wahrnehmung der Rednerkunst, ars oratoria, unmittelbar vermengt mit einem "unangenehmen Gefühl" des Unschönen und der Mißbilligung.

Was Kant in der Geste des Ich-Erzählers hier als Erfahrungstatsache berichtet, rechtfertigt die berühmt gewordene Formel von der Rhetorik als hinterlistiger Kunst. Als Beleg dient dennoch zunächst jenes `Gefühl´ des Zuhörers. Die Evidenz einer Erfahrung vermittelt jenen Verdacht, dessen Legitimität Kant in seiner Eigenschaft als Philosoph umgehend bestätigen kann - in Gestalt der Feststellung, mit der die Anmerkung schließt: Mag man die Rhetorik auch zur schönen

Kunst zählen, so ist doch die Rednerkunst im Urteil der Vernunft "keiner Achtung würdig".

Was den ästhetischen Sprachgenuß hier vom unschönen Spracheindruck trennt, ist das für Kants Konzeption des Schönen entscheidende Moment der Interesselosigkeit. In gewisser Weise funktioniert Sprache zwar sowohl im Falle des Gedichtes als auch im Falle der Kanzelrede rhetorisch, denn die Poesie entfaltet wie die Überredung ihre Wirkung im Überschwang, im Überschießen der bloßen Form. Beide Male wird gewissermaßen bedenkenlos geredet, es werden ungedeckt sprachliche Möglichkeiten ausgespielt - und zwar ohne Rücksicht auf eine immanente Begrenzung durch verstandesmäßigen Wahrheitsgehalt.

Kant zufolge bleibt dies unbedenklich, sofern und solange es sich um `schöne´ Kunst handelt, denn - und das ist das ausschlaggebende Kriterium - das Schöne ist allein am freien Spiel seiner eigenen Möglichkeiten interessiert. Als Schönes verfolgt es im Überschuß der Formen gerade nicht privative Zwecke, es bewegt - um im Bild zu bleiben - niemanden irgendwohin. Das Schöne der Kunst gesellt sich insofern zwanglos, wenn auch mittelbar, dem Bereich des Natürlichen bei. Es kostet lustvoll die mitgegebenen Spielräume unserer einbildenden Vermögen aus und kultiviert dabei ureigenste Ausdrucksformen - zum Wohle der Vernunft. Von schöner Kunst zu sprechen muß bei Kant folglich, auch auf die Schönheit von Wort und Rede bezogen, heißen, daß hinter dem als schön Wahrgenommenen definitionsgemäß keinerlei Absicht steckt.[105]

---

[105] Die Kritik der Urteilskraft bestimmt Schönheit als subjektive Allgemeinheit (cf. B 18; op. cit., p. 125), also zwischen Subjektivität und Objektivität auf einem mittleren Niveau. Das Urteil auf Schönheit, "Zweckmäßigkeit der Form in der Erscheinung" (Erste Fassung der Einleitung in die Kritik der Urteilskraft, op. cit. p 65) ergeht diesseits des Begriffs und ist von daher ebensowenig auf Objekte gestellte - `objektive´ - wie unmittelbar interessengebundene - `subjektive´ - Zweckmäßigkeit. Der `subjektive´ Zweck der Schönheit findet sich allein in formaler Hinsicht: Was zweckfrei schön sein kann läßt in einer Art spielerischer Selbstanzeige Vernunftvermögen offenbar werden. Dies genau macht dann auch die Allgemeinheit des Schönen des dazugehörigen Geschmacksurteils aus. - In raffinierter Form doppelt auf Zweckmäßigkeit bezogen kann Kant Schönheit folglich definieren als: "Form der Zweckmäßigkeit eines Gegenstandes, sofern sie ohne Vorstellung eines Zwecks an ihm wahrgenommen wird." (B 61; op. cit. p. 155)

Weder der Gestus einer dem Haupttext bewußt bloß in Fußnotenform beigefügten, gleichsam persönlichen Erfahrung, noch das Maschinenbild in seiner einladenden Weite können nun allerdings ein erkenntnistheoretisches Problem zum Verschwinden bringen, das die Kantische Polemik auf subtile Weise offenläßt. Die Frage ist: Auf welcher Ebene - Wahrnehmung, Gefühl, Erkennen? - stellt sich die geschilderte spontane Gewißheit ein? Was für eine Art von Evidenz ist es, die Kant in (und an!) der Substanz der Rede zwischen einer schönen und einer zu mißbilligenden und zugleich unschönen Kunst unterscheiden läßt? Denn wie kann die Redekunst bereits der ästhetischen Wahrnehmung als etwas Unschönes erscheinen, wenn zugleich der mißtrauisch gewordene Verstand, erst objektiv rekonstruieren muß, daß sie trügerisch angelegt ist?

Kant hebt darauf ab, daß die kunstvolle Rede in ästhetischer Hinsicht jenes unangenehme Gefühl auslösen kann, wodurch sich anzeigt, daß das Vernunfturteil auf hinterlistige und nicht auf schöne Kunst zu befinden hat. Die Passage läßt hier mindestens zwei Lesarten zu. Wir spielen sie durch, bevor von der Maschinenmetapher die Rede sein soll, denn zwischen den beiden Lesarten erstreckt sich bereits ein in sich problematisches Feld, das den systematischen Hintergrund bildet, vor dem das Bild der Menschen als Maschinen - das seine eigenen Spannungen mitbringt - wirksam wird. Meine Vermutungen lauten erstens: Das Thema der Rhetorik bzw. der rhetorischen Sprachmacht fügt sich der Kantischen Konzeption des Geschmacksurteils nur unter Inkaufnahme von Unklarheiten ein. Und zweitens: Die Mensch/Maschine Analogie überbrückt dabei, und zwar in subtiler Ausnutzung der Idee der Selbstbewegung, mehreres zugleich.

Kant setzt der schönen Kunst im übrigen nicht nur die in subjektiver Zweckbindung verharrende "mechanisch absichtliche Kunst" entgegen (B 253; op. cit., p. 294), sondern auch das 'Wissen', namentlich das Wissen um die reale Wirkung - als Kunst. Kunst - als Können - und absichtsvolles Wissen um Wirkung oder Ergebnis schließen sich aus (cf. hierzu B 173ff.; op. cit., pp. 237f.)

Zunächst also zum erkenntnistheoretischen Hintergrundproblem der ʻunschönenʻ Kunst, das durch Kants Erläuterungen des intermediären Status des Geschmacksurteils schön nicht zugleich schon mitgeklärt ist. Eine erste Lesart unserer Passage würde lauten: Die einmal erkannte Absicht in oder hinter den Worten bestimmt, ob ich die Worte schön finden und dann auch genießen kann, ob ich sie also nicht bloß als kunstvoll gemacht durchschaue, sondern auch als schön im vollen Wortsinne empfinde. Streng genommen definierte dann ein der ästhetischen Wahrnehmung vorausliegendes Vernunfturteil, ein Urteil auf Nichtvorhandensein von Zweckabsicht, ob es sich, wo jemand redet, um Dichtkunst handelt, also tatsächlich um das bewußte "bloße unterhaltende Spiel der Einbildungskraft" (B 217; op. cit., p. 276), oder nicht. Um dies mit Sicherheit zu erkennen, wäre hier entweder ein reflexives Urteil des Verstandes gefordert, das eindeutig, beispielsweise aus intelligiblen Rahmenbedingungen, schließen kann, ob man es gerade mit Kunst oder aber z.B. mit Politik zu tun hat - mit Museum oder Parlament. Ein Verstand wäre also nötig, der um die Absicht hinter der Redekunst weiß oder zumindest die Tatsache, daß Absicht am Werke ist, auf Anhieb rational durchschaut[106]. Oder aber es wäre eine moralische Evidenz gefordert, ein Urteil aus praktischer Vernunft - nach Kant ebenfalls nicht eine Frage der ästhetischen Wahrnehmung eines Gegenstandes, sondern ein Urteil von innerem Sinn oder Gefühl. In beiden Fällen wäre die Wahrnehmung der Sprache selbst, die Wahrnehmung der gesprochenen Rede, von der Vernunft bereits geleitet. Oder auch "begleitet" - die Erfahrung des Schönen wie auch das Gefühl der Achtung kämen jedenfalls gar nicht erst auf.

---

[106] Kant legt, wenn er festhält, in der Dichtkunst gehe alles "ehrlich und aufrichtig" zu, genau eine solche Verstandesvermittlung nahe. "Sie (gemeint ist die Dichtkunst, P.G.) erklärt sich: ein bloßes unterhaltendes Spiel mit der Einbildungskraft, und zwar der Form nach, einstimmig mit Verstandesgesetzen treiben zu wollen; und verlangt nicht, den Verstand durch sinnliche Darstellung zu überschleichen und zu verstricken." - Jene Selbsterklärung der Dichtung über ihre Absichten läßt als ideale Fiktion auf vergleichbare Weise offen, was am empirischen Text es denn sein kann, das über dessen "Aufrichtigkeit" informiert. Statt dessen schließt die Fußnote an, um die es in diesem Aufsatz geht (Cf. B 217f.; op. cit., p. 267).

Die für die Erfahrung des Schönen charakteristische Haltung der Interesselosigkeit, muß - so die erste Lesart weiter - auch an einem vom Menschen geschaffenen Objekt, am Kunstschönen, ihre Bedingungen finden.[107] Der Fall der Rhetorik wird dadurch kompliziert, daß die zur Kunst gehörige Rezeptionshaltung der Interesselosigkeit auf besonders prekäre Weise in die aktuelle Notwendigkeit zur Festellung von Absichtslosigkeit auf der anderen Seite hineinverwickelt ist. Nur eine Voraussetzung, die selbst nicht auf einem Geschmacksurteil beruht: Verstand oder Moralgefühl, können als Prüfinstanzen dienen, die es als unbedenklich erscheinen lassen, Worte wie Gegenstände, Worte als Kunst, als schönes Objekt - nicht nur zu interpretieren, sondern wahrzunehmen und zu genießen. Der Krisenfall ist aus Sicht der Vernunft erst eingetreten, wenn das uneigentliche Spiel der Worte nicht zu ihren Gunsten (jenseits subjektiver Zwecke) geschieht. Dann hätte, wo eben nicht bloß vernünftig, sondern mit besonderen - kunstvollen Mitteln - gesprochen worden ist, ihr Urteil über den Absichtsgehalt der Worte immer schon ergangen sein müssen.[108]

---

[107] In der Ordnung der Vermögen fällt die Wahrnehmung des Kunstschönen - dem geschaffenen Charakter der Objekte entsprechend - der reflektierenden und nicht der bestimmenden Urteilskraft zu. (cf. Einleitung in die erste Fassung..., op. cit., pp. 67f). - Worauf, der Verwirrung halber, nur hingewiesen sei:, Den transzendentalen Schematismus des Verstandes selbst, bezeichnet Kant an anderer Stelle wiederum metaphorisch als "Kunst", nämlich als "verborgene Kunst in den Tiefen der menschlichen Seele", deren Handgriffe man "der Natur" niemals abraten wird (cf. I. Kant, Kritik der reinen Vernunft, B 180; 3. Aufl. Frankfurt a.M. 1990).

[108] Damit ist das systematische Problem derjenigen Lesart berührt, nach der Vernunft, nicht ästhetisches Wahrnehmen oder Gefühl entscheidet: Die begriffliche Differenz von Kunst und schöner Kunst in der Kritik der Urteilskraft. Die Qualität der Schönheit müßte, sofern Kant die Rhetorik ja die Kunsttheorie anwendet, sich primär auf der Seite eines - bereits vorab als Kunst ausgezeichneten *Gegenstandes*, und nicht mehr durch Rückgriff auf den Produzenten entscheiden. Auch hier ein Zirkel, der die Kantische Konzeption des Kunstwerks durchzieht, ohne dabei so unmittelbar virulent zu werden, wie in der Polemik, um die es hier geht. Auch Kunstkritik zielt dabei auf das Werk. Denn bei Kant verdankt sich in der moralisch wertvollen Kunst jenes "selbstständige Wohlgefallen", zu dem sie uns jenseits bloßer "Zerstreuung" verhilft, einer Verbindung mit moralischen Ideen, die durch *den Gegenstand* vermittelt wird, der den Genuß bei sich führt - und nicht etwa durch Plan oder Absicht des Künstlers (Cf. B 214; op. cit., p. 256). Der subjektive Horizont des Schöpfers eines Kunstgegenstandes ist nur in negativer Hinsicht, als formaler Ausschlußgrund von Belang: Bei Abwesenheit definitiver Absichten/Kenntnisse wird das Werk so

Dies im Hinterkopf lautet das Fazit der ersten Lesart: Weil man im Wege des theoretischen Verstandes- und/oder praktischen Vernunfturteils erkennen kann, daß die Poesie nichts will, ist es ihr geschenkt, schön zu sein - und wir können die Dichtkunst aus guten Gründen ästhetisch genießen, trotz der Gefahr des Scheins, der jeder rhetorisch überbordenden Sprache prinzipiell anhaften muß, der Dichtung wie der Redekunst. In der politischen Rede dagegen `will´ jemand etwas, will sich der Schwächen des Zuhörers bedienen. Diesen Betrug vermag der Mensch zu durchschauen. Spätestens jenes in der zitieren Passage angeführte ruhige Nachdenken vermag, und zwar jederzeit, wie Kant betont, sein mißtrauisches Unbehagen an der Rhetorik zu bestätigen. Diese Lösung unterstellt eine vor der ästhetischen Dimension ihrer eigenen Sprache immer schon gewarnte Instanz der Vernunft.

Die zweite Lesart setzt an der ästhetischen Wurzel des durch die rhetorische Kunst enstehenden Genusses bzw. Unbehagens an. Die schöne Rede bringt zunächst ja einfach nur einen gelungenen sprachlichen Überschuß zur Wirkung. Darin gleicht sie tatsächlich der Dichtung. Daß die sinnlich überschießende, über das vernünftige Maß hinausgehende Darstellungsform dann möglicherweise nicht bloß spielerisch-künstlerisch motiviert ist, dafür hat zuallererst - im Kontext von §53 ist dies die kunstgattungstheoretische Pointe der von Kant berichteten Erfahrung - das Gefühl fehlender Schönheit Anzeigefunktion. So kehrt sich die Sache um. Nicht weil ich ihre

---

beschaffen sein, daß es auf andere wirkt. Im Grunde scheint Kant davon auszugehen, daß, was man nicht weiß über die Absichten des Künstlers, man dem - allzu `gewollt´ erscheinenden - Werk schon anmerken wird. Die Art dieser Evidenz bleibt unterbestimmt. Das in der inneren Zweckmäßigkeit des Werks für die Gemütskräfte liegende übersinnliche Telos - "Menschheit" (B 253; op. cit., p. 294) - schließt dabei im Grunde einfach aus, daß etwas Kunst ist um sich dann doch noch als aus bestimmten Gründen verwerflich zu entpuppen. Das fragliche Urteil müßte letztlich nicht nur die Schönheit, sondern den ganzen Kunstcharakter des Gegenstandes betreffen. Der Fall der *ars oratoria* ist insofern in sich paradox: eine Kunst ohne Künstler. Zu retten wäre eine solche höchstens, wollte man es so deuten, daß hier gleichsam die Sprache selbst in die vakante Stelle eintritt - was den Fall nachträglich als einen Grenzfall des Naturschönen erkennbar werden ließe. Wie dann das Unschöne dieses nur vermeintlich schönen Scheins erklären? - Die Problematik führt in jedem Fall zu Spannungen im System.

Absichten erkenne ist die Redekunst nicht schön, sondern umgekehrt: Es ist ein Gefühl, die subjektive Erfahrung des Unangenehmen und der Mißbilligung, die mich (den Zuhörer Kant) auf die Spur der rhetorischen Absicht führt.

Dieser Verweis auf das gefühlsmäßige Element in der rhetorischen Wirkung bedarf zusätzlicher Klärung, denn dem Phänomen des Gefühls kommt bei Kant eine durchaus mehrdeutige Rolle zu. Was die Wahrnehmung des schönen Kunstgegenstandes angeht, steht zunächst einmal ein unmittelbar in der Region des Ästhetischen angesiedeltes angenehmes Gefühl zur Diskussion. Ästhetisch wäre dies entweder im Sinne reiner Sinnenempfindung oder aber in der Bedeutung von "Wohlgefallen" des Geschmacks.[109] Am Grunde des letzeren hat die Kritik der Urteilskraft den eigentümlichen Bedingungszusammenhang einer Geschmacksgemeinschaft herausgearbeitet, an der das Individuum durch gleichsam habitualisierte Empfindungs- und Affirmationsmuster teilhaben kann. Die Geschmacksgemeinschaft ist gleich in zweierlei Hinsicht Bedingung (und zwar: Vorbedingung![110]) des Gefühls der

---

[109] Obwohl die Kritik der Urteilskraft durchgängig nicht das Ästhetische der reinen Sinneswahrnehmung (der "Empfindung") verhandelt, geraten offenbar leicht Bestimmungen aus der Kritik der reinen Vernunft in Interpretationen der Kantische Kunsttheorie hinein. Beispiele solcher Vermischungen der Ebene ästhetischer Sinneswahrnehmung und der Ebene von ästhetischem Urteilsvermögen durchziehen neuere Anknüpfungsversuche an Kants Kategorie des Erhabenen, so bei J.-F. Lyotard und anderen. Lyotard macht (neben Levinas) Kant zum Kronzeugen eines neuen Evidenztypus, des différand, und vermischt das ästhetische Wahrnehmen und das ästhetische Urteilen im Dienste einer gemeinsamen Ontologisierung beider. Mindestens bei Lyotard selbst sind die Folgen der systematisch mißverstehenden Lektüre durchaus kreativer Art. - Cf. J.-F. Lyotard: Der Widerstreit, München 1987. Im Anschluß an ihn geht jedoch einiges durcheinander. Cf. als repräsentativ für die französische Debatte: M. Deguy u.a. (Hgg.), Du sublime, Paris 1988, sowie für eine Parallelaktion hierzulande: C. Pries (Hg.): Das Erhabene, Weinheim 1989. - Ein Plädoyer für klare Unterscheidung der beiden systematischen Ebenen von "Ästhetik" bei Kant gibt beispielsweise W. Wieland: Die Erfahrung des Urteils. In: Dt. Vierteljahresschr. f. Literaturwiss. u. Geistesgesch. 65 (1991), pp. 604-623.
[110] "Ginge die Lust an dem gegebenen Gegenstande vorher, und nur die allgemeine Mitteilbarkeit desselben sollte in dem Geschmacksurteile der Vorstellung des Gegenstandes zuerkannt werden, so würde ein solches Verfahren mit sich selbst im Widerspruche stehen. Denn dergleichen Lust würde keine andere, als die bloße Annehmlichkeit in der Sinnenempfindung sein, und darin ihrer Natur nach nur Privatgültigkeit haben können, weil sie von der

ästhetischen Lust. Sie verkörpert erstens die Tatsache, daß das freie Spiel von Verstand und Einbildungskraft und die daraus resultierende Belebung der Erkenntnisvermögen für jedermann gelten, und sie steht zweitens für die daraus abgeleitete Gewißheit der Mitteilbarkeit subjektiver Geschmacksvorstellungen. Das in Ansehung schöner Gegenstände empfundene Gefühl von Lust und Unlust geht demzufolge zwar über die bloße Sinnenempfindung hinaus, denn es hat seine Quelle nicht in der Vorstellung einer Sache durch Sinne und basiert insofern nicht auf Empfindung als zum Erkenntnisvermögen gehörige Rezeptivität (Cf. B 8f; op. cit. p. 131), aber es bleibt Gefühl trotzdem in einem spontan-subjektiven Sinn. Denn das Geschehen bewegt sich - Kant betont dies mehrfach - strikt diesseits des Begriffs: es macht sich "nur durch Empfindung" kenntlich (B 31; op. cit., p. 133).

Diesseits des Begriffs - damit hält sich die gefühlsmäßige Evidenz des Schönen zugleich außerhalb des ganz anderen Bereiches des moralisch Guten, das sich nach Kant, wie man weiß, ebenfalls gefühlsmäßig mitteilt. Auch das sittliche Gefühl erfordert jedoch Begriffe: Sein innerer Sinn ist gerade auf Begriffe gerichtet (und es ist insofern Wohlgefallen an einer Handlung). Das sittliche Gefühl ist also gerade nicht ästhetisch in einem Sinne, der auf die Kunst der Rede und die Gegenstände, die sie hervorbringt, angewendet werden kann.[111] Auch Moralität kann folglich nicht - zumindest nicht in der von Kant geschildert unmittelbaren Weise - als die gesuchte

---

Vorstellung, wodurch der Gegenstand gegeben wird, unmittelbar abhinge." (B 27; op. cit., p. 131)

[111] Cf. B 154; op. cit. p. 223. - Klar herausarbeiten läßt sich der Gedanke einer unmittelbar moralischen Bedeutsamkeit ästhetischer Urteile allenfalls an einer ganz anderen Systemstelle bei Kant, nämlich im Fall des (nicht bloß empirisch, sondern apriori gegebenen) "Interesses" - von dem jedoch ausschließlich in Beziehung auf Naturschönes die Rede sein kann, als hinsichtlich der Zweckfreiheit des Gegenstandes einzig wirklich eindeutigem Fall. Systematisch aufgewiesen wird dieser Problemkreis in H.-G. Gadamer: Wahrheit und Methode, Tübingen 4. Aufl. 1975, pp. 46ff. - Cf. zum Einsatz der Kantischen Rhetorikkritik außerdem S. Ijsseling: Rhetorik und Philosophie, Stuttgart-Bad Cannstatt 1988, pp. 123ff.

Vermittlungsinstanz für das Mißfallen am rhetorischen Machwerk dienen.[112]

Bleibt die Ästhetik. Beim ästhetischen Wohlgefallen handelt es sich um etwas, das der Begriffslosigkeit der Empfindung nahesteht. Kant wählt mehrfach die Bezeichnung "inneres Gefühl", was den Gedanken an eine Art Innenwahrnehmung nahelegt, welche die Aktivität und die Verfassung der eigenen Vermögen empfindet, aber eben ohne sich - nach Art der Wahrnehmung - auf eine Gegenstandsvorstellung oder - nach Art praktischer Vernunft - auf das Sittlichgute einer Handlung zu beziehen. Die Evidenz des Geschmacks wäre zwar gewissermaßen echte (Sinnes-)Empfindung, hätte aber ihre ganz eigene Charakteristik. Wie Kant feststellt heißt ein Geschmacksurteil genau darum ästhetisch, "weil der Bestimmungsgrund desselben kein Begriff, sondern das Gefühl (des inneren Sinnes) jener Einhelligkeit im Spiele der Gemütskräfte ist, sofern sie nur empfunden werden kann." (B 47; op. cit., p. 145)

Im Kontext der zitierten Polemik wird somit - dies läge auf der Linie der zweiten Lesart - gerade eine direkte, keinerlei Begriffen, auch nicht z.B. Begriffen der Moral verdankte, strikt

---

[112] Eben weil das Wohlgefallen am Guten, Kant zufolge, nur als eine Beziehung, die Begriffe voraussetzt, zu denken ist, weist die Kritik der Urteilskraft an verschiedenen Stellen auf strukturelle Analogien bestimmter ästhetischer Urteile, die einen starken Verweis auf die übersinnliche Bestimmung des Subjekts enthalten, mit der Dimension des moralischen Urteilens hin. So ist von der Ähnlichkeit des Gefühls des Erhabenen und der "moralischen Stimmung des Gemüts" die Rede (B 116; op. cit., p. 194). Die kategoriale Differenz der Regionen von Ästhetik und Moral beweist sich schließlich deutlich in der berühmten Bestimmung der Beziehung von Schönen und Sittlichgutem als Symbolbeziehung (cf. B 258; op. cit., p. 297). Hier repräsentiert (!) der schöne Gegenstand das Sittlichgute, was gerade nicht spontan, sondern erst reflexiv, im Wege einer Deutung, erkannt und objektiviert werden muß. Das Gute erweist sich als "das Intelligibele, worauf... der Geschmack hinaussieht" (ibid.) - Ist Sprache aber unmittelbar "Ausdruck" von Begriffen (und mehr als bloße Bezeichnung), so ist sie, Kant zufolge, gerade nicht Symbol, kann also auch nichts Gutes symbolisieren. Im Normalfall funktionieren Worte bloß als Bezeichnungen - dann teilen sie folglich einfach Vorstellungen mit, und zwar ohne Begriff. Allenfalls vage Ähnlichkeitsbezüge zum Sittlichgutem bleiben. (cf. B 254ff; op. cit., pp. 294ff) - Auch Kants Beispiele - Bäume, Gebäude, Gefilde, Farben (cf. B 260; op. cit., p. 298) - zeigen, wie wenig bei einer `Symbolisierung´ des Guten durch das Schöne an das Wie der Sprache gedacht ist, daran, Wörter, einen Stil, oder - jenseits bestimmter Worte - Sprachgestalten, ein ganzes Genre am Ende, als Symbol zu werten.

sinnliche Auffälligkeit der ars oratoria angezielt. Als gäbe es eine Physiognomik der Sprachgestalt legt Kant geradezu den Gedanken nahe, daß man den rhetorischen Betrug an der Häßlichkeit der Sprache erkennt. Ebenso wäre es nicht bloß das Verständnis des Rahmens, das das redliche Sprachkunstwerk als das, was es ist, idenfiziert. Sondern, so lautet die zweite Lesart der fraglichen Passage: Welche Art von Rhetorik dann auch bei näherem Nachdenken vernünftigerweise vertretbar ist, dies verrät sich schon, gleichsam vorab, auf ästhetischer Ebene, durch das Gefühl der Schönheit (bzw. der fehlenden Schönheit) der Sprache. Fazit der zweiten Lesart: Zuallererst das Gefühl, das die Sprache selbst ihm vermittelt, zeigt dem Leser/Zuhörer folglich, ob es sich um den vertrauenswürdigen Schein echter (Sprach-) Kunst handelt, oder nicht.

2. Die ästhetische Unlust und die Zwischenlage der Wirkung der Rede

Im ersten eben durchgespielten Fall läßt die Vernunfteinsicht eine bestimmte ästhetische Erfahrung von Sprache zu; im zweiten Fall geht die der Sprache in ihrer Kunstform eigene Ästhetik dem von der Vernunft einzuschätzenden Inhalt und allen weiteren Urteilen voraus.

Die beiden Lesarten verweisen aufeinander, Kants Polemik gegen die rhetorische Sprache erscheint insofern zirkulär. Schönheit resultiert aus der Erkenntnis der fehlenden Hinterlist, deren Fehlen ich umgekehrt jedoch (nur?) am Merkmal der Schönheit bemerken kann. Oder eben: in der hinterlistigen, in politischer Absicht eingesetzten Rhetorik wird jener nur vermeintlich schöne Schein durch die politischen Absichten, die den sprachlichen Aufwand lenken, zerstört, - wobei zugleich aber nicht das sprachlich zum Ausdruck Gebrachte, der Inhalt, sondern die spontane Wahrnehmung der Häßlichkeit es ist, die den Philosophen aufhorchen läßt. Die vernünftig oder moralisch objektivierbare `Mißbilligung´ der absichtsvollen Rede wäre eine Folge von dem, was sich zuallererst gefühlsmäßig, als Moment der Wahrnehmung selbst, anzeigt oder indiziert.

Die Frage der Prioritäten zwischen ästhetischem und sittlichem Eindruck bleibt nicht nur insofern unentschieden, als Kant seine Hörerfahrung erkennbar nicht als reflexives Urteil bzw. Fall der Kunstkritik präsentiert. Die dritte Kritik stellt Beziehung von Schönheit und Sittlichkeit auch ganz bewußt erst auf der Ebene des Symbols, und also begrifflich vermittelt her. So mag es systematisch gesehen sogar Gründe geben, das moralische Urteil bei Kant als Spezialfall des ästhetischen Urteils zu interpretieren.[113] Das Zitat spricht von einer mit dem mißbilligenden Gefühl "vermengten" Wahrnehmung der Redekunst: unangenehm ist das Gefühl der Mißbilligung, das sich in die ästhetisch unschöne Empfindung dessen mischt, was zwar Kunst ist, der kritischen Prüfung (im ruhigen Nachdenken) aber dann nicht standhalten wird.

Der Problempunkt für die Frage der Wertung der Sprachkunst bleibt. Allein die Sprache selbst zeigt - so, wie sie mir ästhetisch erscheint - gefühlsmäßig an, was ich - durch sie vermittelt - im philosophischen Nachgang dann auch vernünftig zu rekonstruieren vermag: nämlich, ob ich ihr, in dem Moment, in dem ich sie wahrnehme, vertrauen kann, oder nicht.

Das systematische Zwischenergebnis muß also lauten: Im Moment der Rednerkunst oder politischen Rhetorik ist die Sprache jenem Vernunftmaß, über das sie hinausschießt, - damit aber auch: dem Menschen - ein Stück weit über. In Kants Polemik gegen die Hinterlist der Rhetorik wie auch in seinem Lob der schönen Dichtung steckt ein eigenartiger Hinweis, ein Hinweis auf etwas Transzendentes, auf ein ausschlaggebend eigendynamisches Moment der Sprache selbst. Da vermag offenbar die Sprache, und sei es nur vorübergehend, ganz und gar gegen den Willen der Vernunft transzendent zu sein. Die Redekunst macht sich diese Fähigkeit zunutze, sozusagen aus eigener Kraft das Urteilsvermögen der

---

[113] In dieser Richtung argumentiert W. Vossenkuhl: Schönheit als Symbol der Sittlichkeit. In: Philosophisches Jahrbuch 99 (1992), pp. 91-104.

Vernunft zu trüben. Hier setzt eine zweite Konsequenz ein - und damit rückt das Bild von der Maschine in den Blick.

Kants Polemik gegen die unschöne Redekunst siedelt zwischen ästhetischem Eindruck, moralischer Gewißheit und theoretischer Reflexion. Kant verschmilzt diese Aspekte in einer - so meine These - nicht erst auf der Ebene des Geschmacksurteils auf Schönheit oder der Geschmackskritik, sondern unterschwellig bereits auf der ästhetischen Ebene der Wahrnehmung der (Rede)Kunst moralisch eingefärbten Idee der einbildenden Vernunft. Der Fall der Rhetorik ist im übrigen nicht zufällig zum Objekt eines polemischen Ausfalls der Vernuft geworden. Er markiert einen Grenzfall, bei dem an der Schwelle der Begriffe die Frage des (unbegrifflich) Schönen mit der konkreten Gestalt des `schönen´ Worts kollidiert. Die schönen Worte bilden geradezu ein bedrohliches Phänomen für die begriffene Ordnung der Vernunft, zumindest steht Kant in bezug auf sie systematisch unter Druck. Die Bemühung einer das Vernunfturteil vorwegnehmenden gefühlsmäßigen Einsicht muß zur Hilfe genommen werden, um die richtige Einschätzung, die Aisthesis, der sprachlichen Form zu begründen. Vor dem Hintergrund dieser systematischen Last, die auf dem Fall des schönen Wortes liegt, möchte ich versuchen zu zeigen, daß die Maschinenmetapher auf ihre Weise hier einen Brückenschlag unternimmt. Sie ist Indiz einer systematischen Verlegenheit und läßt sich insofern mit Sicherheit nicht präzise entschlüsseln. Trotzdem geben ihre widerstreitenden Bedeutungssplitter näheren Aufschluß über die gerade in der Mehrdeutigkeit ihrer Lösung gelegene Konsequenz der polemischen Begriffswahl Kants.

3. Maschinen und Menschen: Instrumentalisierbare Mängelwesen in Sachen Freiheit und Vernunft

Die Szene, durch die Worte einer Rede wie Maschinen in Bewegung gesetzte Menschen, schafft in ihrer Anschaulichkeit einen Assoziationsraum, der nicht leicht zu umreißen ist. Das

Bild erweist sich als deutbar, und zwar einerseits im Blick auf den zur Maschine in Kontrast gesetzten Menschen, der gerade nicht Maschine ist oder zumindest nicht sein soll. Deutbar ist es aber andererseits auch im Blick auf Analogien zwischen Mensch und Maschine, denn für die Frage danach, was Rhetorik ist und wie sie funktioniert, ist es der Fall des gleichsam maschinenhaften Menschen, der im theoretischen Kontext des §53 eigentlich interessiert. Hier, im Feld der Analogie, auf der seine kritische Pointe erst fußt, ist es ein ganzes Ensemble von Vorstellungen, das die Kantische Polemik heraufbeschwört.

a) `Mechanismus´

Eine erste Assoziation verbindet die Maschinenmetaphorik direkt mit der umfassenden Vorstellung des Mechanismus. Regelgeleitete Abläufe waren zur Zeit Kants mechanischer Art, der Mechanismus war der paradigmatische Fall für kausale Prozeßzusammenhänge schlechthin. Entsprechend hatten mechanistische Vorstellungen, ohne bloße Metapher zu sein, ihren Ort auch anderswo, als im physikalischen oder physikalisch-technischen Feld. In einem durchaus unironischen Sinne beherrschen Mechanismen die Natur und mit ihr Ökonomie, Gesellschaftstheorie, Seelenkunde und Medizin, und auch die Kritik der Urteilskraft spricht in vergleichbarer Weise vom "Mechanism", sobald ausschließlich Bewegungsgesetze, also mechanische Kausalität mit im Spiel sind, und keinerlei Endursache die bewegenden Kräfte wiederum objektiv als Mittel erscheinen läßt.[114] Das - ebenso geläufige - Gegenstück findet sich bei Kant mindestens genauso oft: Die Rede vom bloß Mechanischen zielt auf bloße Kausalnatur, wie in der bereits angeführten Formel von der "mechanisch absichtlichen Kunst" (B 253; op. cit., p. 294). Das Kantische Sprachbild ruht auf diesen übergreifenden

---
[114] Cf. beispielsweise §70 ff., wo im Rahmen der Antinomie das Kriterium der mechanischen Gesetzmäßigkeit, bzw. des "Mechanism der Natur" eine entscheidende Rolle für die Erörterung der Frage nach dem Reflexionsmodus der Urteilskraft spielt (cf. B 313 ff.; op. cit., pp. 335 ff.).

Konnotationen der mechanisch-unfreien sowie - von der menschlichen Autonomie aus gesehen - ziellosen Bewegtheit auf.

b) `Werkzeug´ und `Instrument´

Die Rede von der Maschine Mensch scheint darüberhinaus - auch das springt sofort ins Auge - mit dem provokatorischen Wert der Vorstellung einer verkehrten Welt zu spielen. Da wird plötzlich der zum Instrument, der doch eigentlich derjenige ist, der sich (aller) Instrumente bedient. Schlimmer noch: Der Mensch scheint geradezu zum Instrument seines Instruments zu werden. Denn Kant hebt ganz offenbar bei der Vorstellung der Indienstnahme durch Sprache nicht primär auf die dahinterstehenden Absichten von Predigers, Redners etc. ab, die betreffenden Absichten, vielmehr, "mögen immer so gut gemeint oder auch wirklich gut sein, als sie wollen". Nicht der andere Mensch, der Redner (oder auch der Dichter!), macht den Menschen zur Maschine, es ist die rhetorische Sprachkunst, eine techne, die gleichsam als autonomer Faktor in Erscheinung tritt, sobald nur die Dimension möglicher Zweckorientierung (möglicher Absichten) den Diskurs beherrscht. Steht die Metapher für Instrumentalisierung, dann geschieht diese Instrumentalisierung - Pointe der Umkehrlogik - tatsächlich durch die Worte, durch die Sprache selbst. Die Rolle des Individuums dahinter ist eher prinzipieller Art. Seine Anwesenheit definiert die Situation, insofern sie die Welt der Zwecke verkörpert.

c) `Maschine´ und `Automat´

Neben der Idee der umgekehrten Instrumentalisierung provoziert die Maschinenmetapher in der zitierten Passage durch die Parallelisierung von Mensch und Maschine, die sie nahelegt. Dabei liegt im Bewegtwerden durch die Sprache der springende Punkt des Vergleichs. Für entscheidend halte ich nun, daß der Maschine zwar auch, aber nicht nur jenes Attribut zukommt, daß es in instrumentalisierender Weise fremde Absicht und Kunstfertigkeit ist, die sie bewegt. Die modernen Topoi des bloß Mechanischen und der Funktionalisierung - hier als ironische Umkehrung des Verhältnisses des Menschen zu seinem sprachlichen Instrument - treffen den Kern der zitierten Passage nur zum Teil.

Der Text sagt "als Maschinen" und eben nicht "als Werkzeug" oder "als Instrument". Das aktiviert ein bestimmtes semantisches Feld, in das seit der Neuzeit auch das Motiv der Selbstbewegung gehört. Im Kontext der zitierten Passage wird dies aufgegriffen, und zwar in einer Weise, die zugleich nach rückwärts und vorwärts zu verweisen scheint. Kant kann mit seiner Metapher einerseits an eine kosmologische Tradition anknüpfen, in der die Maschinenmetaphorik ihren festen Platz genau darin hat, das Natürliche zu meinen. Die klassische Pointe mechanistischer Bebilderung der Natur lag im Gedanken der Immanenz - im Sinne eines solchen Vorverständnisses muß zwischen natürlichen und künstlichen Mechanismen, zwischen Mensch und Maschine nicht unbedingt ein Widerspruch bestehen. Kants rhetorikkritische Aufnahme des Selbstbewegungsmotivs fügt hier zugleich eine neue und vernunftanthropologisch prägnante Spitze hinzu. Denn es ist - über das bloße Verfallensein an mechanische Kausalitäten hinaus - der in der Automatenassoziation verkörperte Anschein von Vernunftautonomie, der dem Verflechtungszusammenhang von Absicht, Erkenntnis und Steuerung zusätzliche Aspekte verleiht.

In der Tradition des 17. und 18. Jahrhunderts repräsentieren Mechanismus und Maschine weniger das generell Unlebendige, als vielmehr etwas, das, in komplexer Weise zusammengesetzt, gleichsam seiner inneren Natur nach geregelt funktioniert und dabei bestimmte (und sehr eingeschränkte) Zwecke in sich trägt. Weniger als das Leblose haftet der Maschine das Attribut des künstlich Determinierten an.[115]

---

[115] Cf. zur Semantik von 'Maschine' in diesem Sinne A. Meyer: Mechanische und organische Metaphorik politischer Philosophie, Bonn 1969 (= Archiv für Begriffsgeschichte XIII), pp. 128-199, hier insbes. pp. 131 f. Meyer führt für den Bereich des Politischen aus, wie wenig das Technische im Kantischen Kontext als unnatürlich gelten muß, denn dies ist erst eine romantische Implikation. Das

Das bildhafte Gegenstück zur unschönen Wirkung der Redekunst ist also das Attribut der Künstlichkeit im Sinne der Beschränkung auf kausale Immanenz - und nicht die externe Gelenktheit bzw. fehlende Selbstgelenktheit der Bewegung, die die Redekunst bewirkt. Bei der Künstlichkeit, die Kant in seiner Maschinenmetapher ironisch apostrophiert, handelt es sich so gesehen um die Künstlichkeit von Natur überhaupt - um die Technizität der Natur, sofern sie die wahre Selbstbewegung der Vernunft zu stören vermag.

Vielleicht hat Kant in diesem Sinne tatsächlich direkt den Eindruck der Gliederpuppe, des menschlich ausgestalteten Automaten wachgerufen. Der Automat verkörpert die ganze Ambivalenz einer naturhaft-autonom begegnenden mechanischen Dimension. In einer Weise, die für das 18. Jahrhundert im Blick auf anderes faszinierend gewesen sein muß, als für uns, scheint ja (wie bei dem berühmtesten Automaten der Zeit, einem Flötenspieler, der atmend die Flöte blies) dasjenige zunächst eine selbstständige Bewegung zu sein, was sich bei gründlichem Nachdenken und Hinsehen als durch einen inneren Mechanismus künstlich gesteuert erweist - und also doch als: naturhaft begrenzt. Der Automat ist eine folglich eine Maschine deren wundersame Mechanik weniger die Frage danach aufwirft, wer ihn lenkt, als vielmehr die Frage nach der Reichweite des Mechanischen im Sinne von `bloßer Natur´ überhaupt. Kant wählt an der bewußten Stelle auch nicht die Metapher der Marionette, der Puppe also, die durch Fäden, an denen jemand zieht, von außen gelenkt wird. Kant spricht von der Maschine, die ihre Bewegungen gleichsam autonom, auf jeden Fall aber von innen her steuert - auch dies ein Hinweis darauf, daß weniger eine konkrete Absicht, des Redners z.B., als vielmehr prinzipiell die durch seine Kunst selbst freigesetzten Potentiale der Sprache dasjenige sind, was in der Rhetorik Macht über die Situation gewinnt.

Auf welche Momente stützt sich hier der Vergleich? Die Kunst, "welche die Menschen als Maschinen in wichtigen

---

Mechanische ist nur als künstlich im Sinne der kausalen Technik der Natur zunehmen allerdings ist es damit `unfrei´ aus der Perspektive der Vernunft).

Dingen zu einem Urtheile zu bewegen versteht" ist eine Kunst, "sich der Schwächen des Menschen zu seinen Absichten zu bedienen", das hebt auf das Gemeinsame bestimmter, vorab bereits vorhandener "Schwächen" ab, auf einen konstitutiven Mangel, der die passive Rolle des anderweitig gewillkürten Bewegtwerdens begründet. Mit Blick auf das Vernunftsubjekt wird daraus eine anthropologische Aussage, ohne daß es dazu großer Zuspitzungen bedarf: Der Mensch ist prinzipiell anfällig für die Listen der Rhetorik und die in der ästhetischen Wirkung der Sprachkunst verborgen wirksame Macht. Gegen diese maschinenhafte Lenkung ist überdies ein eher gefühlsmäßig-ästhetisches als vernünftiges Kraut gewachsen. Das Problem ist oben erörtert: im Rahmen des Kantischen Systemganzen besteht hinsichtlich des ´Wie´ des Erkennens und Mißbilligens absichtsvoller Redekünste eine erhebliche Unklarheit. Die Schwäche des Menschen liegt in Empfänglichkeit für und Angewiesensein auf eine Sprache, deren Abfall von Vernunftbegriffen eigentlich nicht vorgesehen ist, - höchstens in Gestalt jenes echten Leerlaufens, das, gedeutet als freies Spiel des Einbildungsvermögens, wiederum mittelbar auf Vernunft verweist. Die Sprache entpuppt sich im Falle der Rhetorik als gefährliche Latenz. Und wo sie ins ästhetisch Überflüssige aufbricht wird sie, und sei es in der im Prinzip wohlsanktionierten Gestalt dichterischer Schöpfung, zur Achillesferse der Vernunft.

Wenn in der oben angesprochenen Weise der irritierende Eindruck vermeintlicher Autonomie, der Augenschein der Selbststeuerung mit zu den zeitgenössisch wirksamen Pointen der Maschinenmetapher gehört, dann zielt das Kantische Bild auf eine Ambivalenz, die nicht nur die sinnliche Wirkmacht von Sprache betrifft, sondern auch die darin als umfassendere berührte Ebene: Die faktisch stets uneingelöste Mittelstellung des Menschen zu seiner, in sich - und in ihm - auf Selbsttransparenz hin angelegten Vernunft.
Die Idee sozusagen einer ´Hetero-matik´, der die Zuhörer der rhetorischen Rede - und sei es nur zeitweilig - zum Opfer fallen, wird überlagert durch die Idee eine ´Auto-matik´, als die der Mensch selbst, im Moment seiner eigentlichen

Bewegung, erscheint. Die nicht von außen, sondern wie von selbst bewegte Maschine, in gewisser Weise das Gegenteil der im Text ebenfalls nahegelegten Instrument-Vorstellung, wäre das, worauf das Sprachbild dennoch auch, und wahrscheinlich im selben Atemzug, zielt.[116] Ein selbstbewußter und tendenziell überzeugender Automat bliebe der Mensch, wie oben festgestellt, prinzipiell, betrachtete man ihn - und, im Fall der Rhetorik genauer: die Schwäche seiner Sprachnatur - aus der Warte der Vernunft. Dann ist die Parallele zum Mechanischen allemal gerechtfertigt. Als Mängelwesen unter anderen erscheinen Menschen und Maschinen ihrer Natur nach verwandtschaftlich verbunden: gegenüber jener idealiter selbsttransparenten, nicht auf sprachliche Vermittlung ihrer Begriffe angewiesenen Vernunft.

Damit zurück zur Frage nach der Redekunst, die diesseits aller Vernunft willkürlich bewegbar macht. Als auf immanente Gesetzmäßigkeit Beschränkte, nicht als durch instrumentalisierende Absichten Gelenkte haben die durch die Rhetorik bewegten Menschen eine Kunst-Natur. Wenn es sich dabei um einen Mangel im Menschen handeln soll, der eine spezifische Macht der Sprache offenbart, dann muß dies nun wiederum mit einem gleichgelagerten Mangel der Sprache zu tun haben. Wir dürfen vermuten: mit ihrer `ästhetischen´ Seite und ihrer auf sinnlicher Ebene `hinterlistig´ verschleiernden Art, in der sie Einbildungen auch dann vermittelt, wenn dies nicht Maße der Vernunft (oder der Vernunftfreiheit) zur Geltung bringt. Systematisch bedrohlich wird die Sprache dann wiederum als Rückfall in ihre eigene, vernunftabgewandte Seite von Natur - dies ist der Sinn jenes Falls des Überschwangs, also des der Sprachimmanenz selbst anheimgestellten Kunstgebrauchs. Die zwingende Macht der Rede beginnt mit Kant, so paradox es klingt, wo es ihr an Vernunft und Begriffsbindung fehlt. Von da an kann Sprache rechnen auf die Tatsache, daß der Mensch

---

[116] Dieser Aspekt könnte immerhin erklären, warum das Bild der von anderswoher gelenkten Bewegung Kant *nicht* zum Begriff des Instruments hat greifen lassen. In der Maschine überlappen sich statt dessen in gewisser Weise die einander - unter dem Aspekt nicht der Bewegungsursache, sondern externer bzw. interner Steuerung - genau zuwiderlaufenden Bedeutungsfelder von Werkzeug und Automat.

auf sie - mechanisch? - reagiert, sie sinnlich wahrnimmt und wahrnehmen muß.[117]

Es ist kein Zufall, daß die Polemik gegen die Rhetorik einer auf den Kunstgegenstand zugeschnittenen ästhetischen Theorie entstammt. An der Wurzel des anthropologischen Mangels muß die Empfänglichkeit für die in ihrer Eigenschaft als Gegenstand, als `Ding´ sinnlich begegnende Sprache vermutet werden. Die Situation der Menschen-Maschine charakterisiert offenbar eine Diskrepanz zwischen der (unvernünftigen) Fülle der Möglichkeiten der Sprache und der Tatsache des Angewiesenseins auf eine Sprache, die es auf bestimmte, bloß begrenzte Maße zurechtzuschneiden gilt. Über die auf Vernunfttranszendenz anspielende Assoziation des Automaten hinaus hat hier die Maschinenmetapher ihr ureigenstes Terrain. Nimmt man an, daß die Rede von der Maschine tatsächlich weniger auf den Steuerungsgesichtspunkt zielt, als vielmehr auf das sozusagen `neutrale´ Moment der Schwäche, und ruht diese Schwäche tatsächlich in der im traditionellen Sinne mechanischen Natur, sofern das mechanische Aktionsfeld eben begrenzt ist und als solches immer bloß zweckgebunden, dann fluchtet die Kantische Polemik wirklich im Transzendentalen. Die Doppellogik des Bildes - Mechanismus der Natur und defizitäre Autonomie der Vernunft - bringt einen - den! - kritischen Horizont jenseits der bloßen Zwecke mit ins Spiel.

---

[117] Ein literaturtheoretischer Fluchtpunkt liegt in dieser Perspektive: Die Maschinisierung des Menschen bestimmt und spezifiziert sich als wesentlich menschliche Ohnmacht gegenüber der Wirkung einer Sprache, die ihm als `seine´ Sprache, in deren künstlerisch-autonomer Entfesselung, negative Spiegelungspotentiale liefert - sofern die Wirkung tatsächlich allein auf der ästhetischen Natur einer auch von der Vernunft gelösten Sprache selbst beruht. Anders gesagt: Wo - nach Kant - nur das Zweckfreie wirklich schön sein kann, da vermag Kunst uns die reine Unnatur unserer eigenen, prinzipiell zweckbehafteten Privatheit zu spüren geben. Vor dem Hintergrund der Grundannahme einer Häßlichkeit von Zwecken und Verstand könnte der Maschinenmensch dann wohl seine eigene, `negative´ Anthropologie im Wege des Sprachspiels, qua schöner Kunst, versuchen. Daß in der Literatur die Sprache sich selbst zu sprechen hat, um uns, auf Zwecke Festgelegten, das `Andere´ zu sagen - dieses Ideal der ästhetischen Moderne scheint bei Kant bereits angebahnt.

Das Thema der Zweckbegrenzung, nicht bezogen auf Absichten, sondern gleichsam dimensional gestellt, ist die Kernfrage, auf die die Kritik der Rhetorik hinführen muß. Sie streicht ja - schließlich handelt es sich um eine Polemik - mit den Maschinen-Menschen bewußt den `schlechten´, den vorläufigen Fall heraus. Erst dies gibt den oben so ausführlich diskutierten systematischen Unklarheiten um die ästhetisch-sittlich motivierte Mißbilligung der Sprachlist ihr volles Gewicht: Eine Teleologie dessen kündigt sich an, was den Menschen längs seiner Urteile bruchlos aus dem Reich der Empfindung in die Regionen der Vernunft hinaufzutragen vermag. Sie ist mit Kant nicht weiter verfolgbar, auch wenn ihm das Thema der Sprache, der Materialität der Begriffe etc. hier, wo er polemisch wird, auf der Zunge zu liegen scheint.[118] Denn mit welchen Mitteln wäre die Beseitigung des Mangels je objektivierbar, wenn nicht durch eine Sprache, von der ich de jure ganz sicher sagen kann, daß sie - als Form - das begrenzende Reich allzumenschlicher Zwecke, wenn überhaupt, dann nur in eine Richtung, nämlich in Richtung auf Vernunft und Vernunftideale zu verlassen vermag.

Die Kritik der Urteilskraft ist im Prinzip nur auf den Gelingensfall des Schönen und der schönen Kunst zugeschnitten. Das schwächt ihr Argument, wo es auf die Abgrenzung eines Negativfalls zielt: Die Möglichkeit einer Verfallsform des Kunstvollen behält Anmerkungscharakter und bleibt unterbestimmt. Das herausfordernde Thema kommt rasch zuende, denn Kant betont: "Ruhiges Nachdenken" kommt

---

[118] "...eine solche wahrhafte Einheit, eine intuitive Einheit des Verstandes, soll ein für allemal nicht gedacht werden; nicht die Vernunft soll hier erkennen, sondern es soll durch die Urteilskraft reflektiert und das Prinzip derselben werden, zu denken, ALS OB ein Bewußtsein habender Verstand die Natur bestimmte. Kant erkennt sehr gut, daß dies keine objektive Behauptung, sondern nur etwas Subjektives ist, aber diese Subjektivität und Endlichkeit der Maxime soll das absolute Erkennen bleiben. AN SICH ist es nicht unmöglich, daß der Mechanismus mit der Zweckmäßigkeit der Natur zusammentrifft, sondern FÜR UNS MENSCHEN ist es unmöglich, indem zur Erkenntnis dieses Zusammentreffens eine andere als sinnliche Anschauung und eine bestimmte Erkenntnis des intelligiblen Substrats unserer Natur, woraus selbst von dem Mechanismus der Erscheinungen nach besonderen Gesetzen Grund angegeben werden könne, erforderlich sein würde, - welches alles unser Vermögen gänzlich übersteige." - Der die Konsequenz der teleologischen Urteilskraft derart ausspricht, wird sie auf seine Weise einlösen. Cf. G.W.F. Hegel: Glauben und Wissen (1802), Werke in zwanzig Bänden, hg. v. E. Moldenhauer u. K. M. Michel, Frankfurt a.M. 1970, Bd.2.

der Hinterlist am Werke auf die Spur. Sobald er weiß, daß es sich um Absicht handelt, faßt der Gang der Vernunft wieder Tritt. Nur: Auch dies schließt nicht den Spalt zwischen der *aisthesis* des Aufmerkens, dem Gefühl, dem ästhetischen Urteil des Geschmacks - und seiner normativen Pointe, die sich auf kunstkritischer Ebene - gleichsam als Gattungskritik an der Redekunst - objektiviert. Daß mindestens letzteres selbst nur wieder in Sprache geschehen kann ist ein zusätzliches, aber ganz anderes Problem.[119]

Ich fasse diesen letzten Aspekt der Maschinenmetapher zusammen. Wie dem Mängelwesen Maschine steht Kants schwachem Menschen angesichts der Wirkmacht der Rhetorik jene Reinheit der Vernunft (und die Idealgestalt einer dieser Reinheit entsprechenden Vernunftssprache) gegenüber. Gemessen an diesem Horizont ist der Unterschied zwischen Mensch und Maschine unter Umständen nur graduell. In ihrer `Künstlichkeit´ verkörpert die Maschine das Begrenzte des Menschen - ein Defizit an Vernunftspielraum und Freiheit, das alle seine subjektiven Urteile und Empfindungen trübt. Gegenüber der, was das Reich der Zwecke angeht, minderbemittelten Maschine wird dem Menschen natürlich der Zugang jener als Herausforderung und Pflichtanspannung gedachten Kantischen Freiheit offenstehen. Es mag dieser Freiheitsgesichtspunkt sein, der - nachkantisch - vor allem diejenigen Assoziationen in den Vordergrund schob, die dem ambivalenten Automatenmoment in unserer Maschinenmetapher genau nicht mehr entsprechen. Der Bruch zwischen dem Schein von Freiheit und wirklicher Freiheit wird zugunsten einer immer schon vorhandenen menschlichen Freiheit mit dem zwischen Mensch und Maschine identisch werden. Und von da an `bewegt´ das Wort die Menschen nur im Rahmen desjenigen Freiheitsspielraums, den die Maschine

---

[119] Daß auch diese Frage der Logik der Kantischen Theorie der schönen Kunst nicht ganz fremd ist, daß dort im Blick auf ästhetische Ideen eine "lesende Vernunft" unterstellt wird, die von einer anderen Art ist als die unmittelbar am Gegenstand urteilende Instanz des Geschmacks, weist auf: J. Kulenkampff: Kants Logik des ästhetischen Urteils, Frankfurt a.M. 1978, hier insbes. pp. 151 ff. - Die Problematik der Rhetorik (Kulenkampff erwähnt sie nicht) fällt, das habe ich mich bemüht zu zeigen, durch die Maschen dieser Unterscheidung hindurch.

von vorneherein, ganz egal wie autonom sie agieren mag, nicht hat.

Kants erkenntnistheoretisches Dilemma angesichts der Rhetorik zieht das Dilemma um die sittliche Wertung nach sich. Deren Verdammung scheint - angesichts der Tatsache, daß es das Überschußpotential Kunst in Sprache gibt - systematisch zwingend nötig. Nur wenn sich die Sprache selbst als vernunftkonform, als wahrheitsfähig in ihrem Sprechen, als rhetorisch seriös (oder aber bloß schön) zu erkennen gibt, nur wenn sie selbst anzeigt, daß sie gerade nicht am `menschlichen´ Vernunftdefizit leidet, ist die Gründung der Welt auf transzendentale Vernunfterkenntnis überhaupt möglich - wenn sie denn eine Vernunfterkenntnis des Menschen und nicht doch eine der allein durch Vernunft selbst bemessenen guten Sprache sein soll.[120] So hat das Nachdenken über die Kantische Passage schließlich in die Nähe einer radikalen und im Grunde ganz unkantischen Sprachtheorie geführt.

4. Das mechanische Defizit in der Selbstverständigung der Vernunft: Die ästhetische Nötigung durch die Sprache selbst

Der Assoziationsraum, den die Maschinenmetapher vorgibt, ist eng an die Mechanik gebunden: an das Reich der bloß mechanischen Kausalität und an die determinierenden Zwecke der sinnlichen Natur. Ihre polemische Pointe geht allerdings weiter, so lautete meine These. In der Assoziation Maschine/Automat liegt eine Anspielung auf den Augenschein

---

[120] Es ist in der Tat unverkennbar, daß der Autor Kant das Stilideal einer durch vernunftangemessene Knappheit geprägten und von daher wahrheitsfähigen Sprache favorisiert. P. Oesterreich: Das Verhältnis von ästhetischer Theorie und Rhetorik in Kants Kritik der Urteilskraft. In: Kant-Studien 83 (1992), pp. 324-335, deutet diese "Idealisierung kunstloser Eloquenz" als bewußten Anschluß an Cicero und die klassische Rhetoriktradition (op. cit., p. 324, pp. 333 f.). - Entscheidend für unseren Zusammenhang ist, daß die stilistische Norm systematische Folgen hat. Die Erkennbarkeit des Vernunftmaßes (in unserem Beispiel ist es die ästhetische Intuition der Abwesenheit partikularer Interessen, von Hinterlist), also auch das Vertrauenkönnen auf eine Sprache, die dem theoretischen und der praktischen Erkennen nichts `künstlich´ verbirgt hängt prinzipiell von dieser Form (und von diesem Stilideal) ab.

von Selbststeuerung, dem - über das Bewegtwerden hinaus - im Effekt der Rhetorik alle Beteiligten erliegen. Auch für den vernünftigen Beobachter liegt, wie Kant die Szene präsentiert, in jener Ambivalenz der wie maschinenhaft erfolgenden Bewegung das aufklärerische Gewicht des Arguments: Zunächst tatsächlich scheinbar frei erfolgt das, was sich als rhetorisch lanciertes Urteil entpuppt. Die Mißbilligung der schönen Rede tadelt auf einer ersten Ebene die Indienstnahme von Menschen, auf einer zweiten und wichtigeren zielt sie jedoch auf die im Faktum der Sprache prinzipiell drohende Gefahr des bloßen Scheins von Autonomie. In dieser Hinsicht streicht Kant seine eigene Erfahrung vorbildhaft heraus. Gefühlsmäßig gewarnt bedenkt der Philosoph die Lage, die er erst dadurch in ein objektives systemkonformes Urteil - Verachtung der Rednerkunst - umzusetzen weiß.

Was unterbestimmt bleibt, ist die Instanz, die hier nicht nur auf konkreter, sondern auf allgemeiner Ebene der Vernunft die Einschätzung kunstvoll-überzeugender Worte erschwert. Kant spricht von der durch die Kunst des Redners ausgelösten Bewegung. Die Orte von Ursache und Wirkung der Bewegung, die `Gesetze´ jener Rhetorik (es sind ja gerade nicht Gesetze des Verstandes oder der Vernunft) bleiben in unserem Sprachbild jedoch unterbestimmt. Wer bewegt wen, bzw. wer wird in dem Kantischen Bild zur Maschine der Sprache gemacht? Zum einen sicherlich der Zuhörer, denn sein Urteil wird möglicherweise im Sinne von verborgenen Zielen gesteuert, die ein Redner lancieren kann, der die Macht der Sprache hinreichend kunstvoll freizusetzen weiß.

Der Vergleich mit der schönen Rede zeigt jedoch, daß auch im Fall der Absichtslosigkeit des Sprechers die Situation sich bezüglich der besonderen Wirkmacht der freigesetzten Sprache nicht prinzipiell anders verhält. Auch im Fall der Dichtung übersteigt das sprachliche Potential die verständlichen Maße der Vernunft. Auch im Falle der Dichtung, so könnte man ergänzen, wird der Zuhörer bewegt. Sagt man: zu einem Geschmacksurteil - dann ist er eben in dieser Hinsicht in keiner anderen Rolle als der Dichter selbst. Der Dichter ist der, der eine bestimmte Gemeinschaft des Geschmacks am willkürlichen Spiel der Sprache mit ihm teilt. Auch nicht die Dichter bzw. Redner sind von daher in der Redekunst die gesuchten Verursacher des Potentials, mit dem die Sprache ihre Wirkung tut.

Wer bewegt wen? Im Kantischen Bild ist eine Art Maschinisierung der Menschen in Szene gesetzt. Die ästhetisch in Anschlag gebrachte ars der Rede weist letztlich allen, den Sprechern wie den Hörern, Plätze nicht auf der Ursachen-, sondern auf der Wirkungs-Seite der Sprache zu. Kant riskiert, wenn wir seinem Bild auch noch mit diesem Gedanken befrachten wollen, indem er in der Kunst das Medium in den Mittelpunkt des Geschehens stellt, eine waghalsige Folgerung: Der Mensch ist nicht Herr der Sprache - aber ebensowenig ist es seine Vernunft.

Die Unterschiede zwischen dem Dichter und dem politischen, dem Kanzelredner betreffen die ästhetische Seite der Schönheit des Gesprochenen selbst, das hinsichtlich seines Inhaltes (beidemale!) `Schein´ und also vernunftindifferent ist. In bezug auf den - fehlenden - Vernunftgehalt und in bezug auf ihre - ohnehin subjektiven - Absichten sind im Falle der Rhetorik die Menschen vor der Sprache, die sie verwenden, gleich. Redner und Hörer könnten im Falle der Kunst Maschinen der Sprache sein.

Damit komme ich zur letzten Konsequenz. Die Passage zielt nicht nur auf den allgemeinen Fall der schlechten, der mechanisch ursurpierten und von daher nur mit Mühe zum Zuge kommenden Vernunft. Sie zielt auf die Sinnlichkeit des Mediums, und weil diese materielle Natur der Vernunftvermittlung - will sie sich anders, als nur subjektiv allgemein, also wieder nur unwägbar ästhetisch mitteilen - unabdingbar ist, zielt sie weiter: auf die einer, ganz anderen als der rhetorischen, Bewegung bedüftige Zwischengestalt, die der Mensch vor der Vernunft immer bleiben wird. Die Sprache teilt und besiegelt das menschliche als ästhetisch-unvernünftiges Schicksal. Denn: wenn überhaupt etwas, dann ist es nicht der Verweis auf Vernunft, sondern der Verweis auf das Medium selbst, das im sinnspiegelnden Überschuß der latent immer rhetorikträchtigen, hinterlistigen Sprachkunst steckt. Was die Theorie als Hinterlist erkennt muß sie zugleich als generelle Möglichkeit der Selbstabweichung, sozusagen als mechanische Erbsünde ihrer selbst, anerkennen. Kommunikation ist gerade nicht - diese Konsequenz müßte Kant letztlich zugestehen - die Erfahrung, daß sich Sprache hin aufs Sinnvolle und Allgemeine öffnet, sie ist der Struktur nach genausogut ein transcensus in Richtung auf Un-Vernunft. Daß das Vertrauen in die eigene Rede auf ästhetischer Ebene sozusagen unmittelbar an der Substanz der begrifflichen Erkenntnis immer neu entschieden sein will, dies ist ein Problem, das der urteilenden Vernunft bleiben muß. Gerade den überflüssigen, den künstlichen und möglicherweise noch nicht einmal künstlerisch beabsichtigten Elementen schreibt so die kurze und heftige Polemik Kants ihre definitive und definitiv unwägbare Wirkmacht zu.

Über ein das Maschinenmodell des Menschen betreffendes Mißverständnis

Geert Keil[*]

Summary

Das Maschinenmodell des Menschen wurde im Aufklärungsmaterialismus des 17. und 18. Jahrhunderts philosophisch etabliert. Die Mechanisten beanspruchten, die Funktionsweise des menschlichen Körpers, später auch die seines Geistes, in nichtmetaphysischer und nichtteleologischer Weise erklären zu können. Dieses Projekt ist gescheitert. Viele Mechanisten haben entgegen der communis opinio niemals antiteleologische Positionen vertreten. Die anderen haben ihre Ansprüche nicht einlösen können. Statt teleologische Beschreibungen überflüssig zu machen, haben sie, oft ungewollt und unbemerkt, in ihren eigenen Theorien auf teleologische Konzepte zurückgegriffen.

In the 17th and the 18th century, mechanistic philosophers established the model of man as machine. In employing the mechanical model, they pretended to explain the functioning of the human body - and later of the human mind, too - in a

---

[*] Geb. 1963, Studium der Philosophie, der Germanistik und der Erziehungswissenschaft an den Universitäten Bochum und Hamburg, 1988 Erstes Staatsexamen, 1988-1991 Wissenschaftlicher Mitarbeiter am Philosophischen Seminar der Universität Hamburg, 1991 Promotion zum Dr. phil. mit einer Arbeit zur Kritik des philosophischen Naturalismus, seit 1992 Wissenschaftlicher Assistent an der Berliner Humboldt-Universität. Veröffentlichungen: Kritik des Naturalismus, Berlin/New York 1993, Mitherausgeber von `Philosophie der Gegenwart - Gegenwart der Philosophie´ (zus. mit H. Schnädelbach), Hamburg 1993 sowie von `Philosophie und Informatik´ (zus. mit P. Schefe, H. Hastedt und Y. Dittrich; im Erscheinen), ferner Aufsätze zur Philosophie des Geistes, zur Sprachphilosophie und zu philosophischen Problemen der Kognitionswissenschaften.

non-metaphysical and non-teleological way. This project was a failure. Contrary to the public opinion, many of the mechanists did not even make such anti-teleological claims. Those who did were mistaken. Far from making teleological characterizations superfluous, they based their own theories on teleological concepts, though often unintentionally.

Wenn vom Maschinenmodell oder der Maschinenmetapher des Menschen die Rede ist, denken wir typischerweise an den Aufklärungsmaterialismus des 17. und 18. Jahrhunderts. Wir denken etwa an LaMettrie, dessen Traktat `L'homme machine´ als eine der radikalsten Durchführungen der Auffassung des Menschen als einer Maschine gilt.

Die folgenden Ausführungen sollen ein Plädoyer dafür sein, unser gängiges philosophisches Verständnis vom Maschinenmodell des Menschen und dem damit assoziierten `mechanistischen Weltbild´ zu überprüfen, ja zu revidieren. Ich möchte die These vertreten, daß wir mit dem Maschinenmodell des Menschen, wie wir es aus dem französischen Aufklärungsmaterialismus kennen, im allgemeinen etwas anderes verbinden als die Implikationen, die tatsächlich damit verbunden sind. Mit den `tatsächlichen Implikationen´ meine ich zum Teil einen historischen Tatbestand, zum Teil einen systematischen. Zum größeren Teil entspringt unsere verzerrte Wahrnehmung des Maschinenmodells einer projektiven Lektüre. Zum kleineren Teil haben sich die Verwender des Maschinenmodells im 17. und 18. Jahrhundert selbst schon in den Implikationen dieses Modells getäuscht. Sie haben sich selbst nicht richtig verstanden und eine Art *naturalistisches Selbstmißverständnis* des Maschinenmodells etabliert.

Das Maschinenmodell des Menschen scheint keiner besonderen begrifflichen Rekonstruktion zu bedürfen. Was dieses Modell auszeichnet, so steht es in allen populären Darstellungen, ist die Abkehr von der teleologischen Erklärung natürlicher Prozesse und insbesondere der möglich gewordene Verzicht auf die Postulierung einer zwecksetzenden Instanz in der Natur. In der Erklärung des Organismus soll nur auf die bekannten mechanischen Kräfte und Gesetze zurückgegriffen werden. Den Menschen als Maschine zu begreifen heißt die psychophysischen Prozesse im menschlichen Organismus als Funktionen eines mehr oder weniger komplizierten Mechanismus zu begreifen. Im Falle der menschlichen Maschine dürfte es sich, worauf die französischen Aufklärungsmaterialisten wiederholt hinweisen, um einen *sehr* komplizierten Mechanismus handeln, d.h. um einen, der an Vielfalt und Komplexität der Funktionen weit über diejenigen Maschinen hinausgeht, die man damals kannte und die, wie etwa die mechanische Uhr, als Analogiebasis für mechanistisches Denken dienen konnten. Man sollte den Respekt, den die Verwender des Maschinenmodells in dieser Zeit vor der Komplexität der menschlichen Maschine hatten, keinesfalls unterschätzen. Die mit dem Mechanischen verbundenen Konnotationen von etwas Flachem und Trivialem sind ein Produkt des 19. Jahrhunderts. Die abschätzige Rede vom `bloß Mechanischen´ war im 17. und 18. Jahrhundert kulturell noch wenig etabliert, noch Kant spricht mit allem Respekt vom "Mechanismus der Natur". Ebensowenig dürfen wir mit der starken Antithese von Maschine und *Organismus* beliebig durch die Jahrhunderte wandern.[121] Auch diese Antithese gehört eher ins 19. Jahrhundert, in eine Zeit, in der die Biologie sich wissenschaftlich emanzipierte und der Physik zeitweise den Rang ablief als diejenige Wissenschaft, die die Philosophen am meisten faszinierte.

Das Maschinenmodell hat keine wesentliche Verbindung zur Philosophie des Aufklärungsmaterialismus. Es ist älter und gehört auch in der Zeit der Aufklärung zunächst in den Kontext der *rationalistischen* Philosophie. Beide erwähnten Momente, die Verwobenheit von Maschinen- und Organismusbegriff sowie die Bewunderung der Komplexität der organischen Körpermaschine, lassen sich durch eine vielzitierte Stelle aus Leibnizens Monadologie illustrieren. Für Leibniz ist der natürliche Organismus nicht der Maschine entgegengesetzt, sondern er ist geradezu die prototypische Maschine. Der Organismus komme der Idee der Maschine näher als jedes menschliche Artefakt, weil in ihm alle Teile "bis ins Unendliche" funktional seien. Leibniz zufolge "ist jeder organische Körper (Leib) eines Lebendigen eine Art von göttlicher Maschine oder natürlichem Automaten, der alle künstlichen Automaten unendlich übertrifft. Eine durch menschliche Kunst verfer-

---

[121] Vgl. H. Blumenberg: Paradigmen zu einer Metaphorologie. In: Archiv für Begriffsgeschichte 6 (1960), pp. 7-142, hier: p. 71. Cf. auch A. Meyer: Mechanische und organische Metaphorik politischer Philosophie. In: Archiv für Begriffsgeschichte 13 (1969), pp. 128-199, hier: p. 129.

tigte Maschine ist nämlich nicht in jedem ihrer Teile Maschine. So hat zum Beispiel der Zahn eines Messingrades Teile oder Bruchteile, die für uns nichts Künstliches mehr sind und die nichts mehr an sich haben, was in bezug auf den Gebrauch, zu dem das Rad bestimmt war, etwas Maschinenartiges verrät. Aber die Maschinen der Natur, d.h. die lebendigen Körper, sind noch Maschinen in ihren kleinsten Teilen bis ins Unendliche. Das ist der Unterschied zwischen der Natur und der Technik, d.h. zwischen der göttlichen Kunstfertigkeit und der unsrigen".[122]

Ganz ähnlich sieht es Descartes. Für ihn bürgt die göttliche Urheberschaft gerade für die Perfektion des Produkts. Der natürliche Organismus ist Descartes zufolge "*eine Maschine* [...], die als ein Werk Gottes unvergleichlich besser geordnet ist und bewundernswürdigere Bewegungen in sich hat als irgendeine, welche Menschen haben erfinden können".[123]

Nun zeigen die Zitate noch etwas anderes. Sie zeigen, daß mit der Konzeptualisierung des Organismus als Maschine eine Abkehr von der Teleologie offenbar nicht notwendig verbunden ist. Leibniz spricht von dem "Gebrauch, zu dem das Rad bestimmt war" und sieht nicht in der Materialität oder Physikalität, sondern in der *Funktionalität* der Maschine ihr Definiens. Die Maschine geht in ihrer reinen Materialität nicht auf; sie braucht eine Funktion, um Maschine zu sein. Ihre Elemente müssen zweckmäßig organisiert sein, sie darf nichts Zufälliges oder Dysfunktionales an sich haben. Mit einem Wort: eine Maschine, die ihren Namen verdient, muß Artefakt sein; sie muß bis ins Kleinste zweckmäßig konstruiert sein. Und an dieser Stelle wird ein begrifiches Dilemma des Maschinenmodells des Organischen sichtbar. Mechanistische Modelle sind ja der communis opinio zufolge angetreten, den Rückgriff auf teleologische Elemente in der Beschreibung des Organismus hinfällig zu machen. Nun scheint es so, als müßten die

---

[122] G. W. Leibniz: Monadologie (1720), übers. von H. Glockner, Stuttgart 1979, pp. 28f [§ 64].
[123] R. Descartes: Abhandlung über die Methode des richtigen Verstandesgebrauchs (1637), übers. von Kuno Fischer, Stuttgart 1961, p. 52.

Verwender des Maschinenmodells zur Erklärung der Genese der Funktionalität der Maschine selbst auf teleologische Bestimmungen zurückgreifen, und zwar auf eine *externe* Teleologie, wo doch die Attraktion des Maschinenmodells gerade in der keine äußeren Eingriffe erfordernden *Selbst*bewegung des Mechanismus bestehen sollte.

Nun haben Leibniz und Descartes ihre Version des Mechanismus zweifellos mit der Vorstellung eines göttlichen Werkmeisters verbunden, eines Automatenbauers, eines Uhrmachers oder eines Weltarchitekten - umso schlechter für Leibniz und Descartes, so könnte man aus der Perspektive einer radikaler mechanistischen Philosophie sagen. Die Physikotheologie gehört ja sicher nicht wesentlich zum Maschinenmodell, sondern stellt eher eine Verunreinigung dar. Andere Autoren des 17. Jahrhunderts haben schon auf den göttlichen Konstrukteur verzichtet und sind zu den realen damals bekannten Maschinen übergegangen. So heißt es bei Comenius über die mechanische Uhr: "Was, frage ich, verdient noch Bewunderung, wenn nicht dieses, daß ein an sich lebloses Ding wie das Metall so lebendige, beständige und regelmäßige Bewegungen vollzieht? Wäre dies nicht, bevor es noch erfunden war, für ebenso unmöglich gehalten worden, wie wenn einer behauptet hätte, die Bäume würden gehen und die Steine sprechen können? Nun sind aber unsere Augen Zeugen dieses Geschehens. Welche verborgene Kraft aber bewirkt solches? Keine andere als die offenkundige, hier alles beherrschende *Ordnung*. D.h. die Kraft der richtigen Anordnung aller zusammenwirkenden Teile, richtig in Zahl, Maß und Ordnung, deren jedes seine *vorgeschriebene Aufgabe* hat".[124]

Auch hier ist es die zweckmäßige *Konstruktion* der Maschine, die ihre bewunderungswürdigen Leistungen erklärt. Die Diktion ist dieselbe wie bei Leibniz und Descartes; die Perfektion der maschinalen Funktion stellt das Faszinosum dar, wobei die Charakterisierung der Maschine offenkundig teleologisch ist. Dies ist kein Wunder, denn für die Beschreibung der

---

[124] J. A. Comenius: Große Didaktik (1657), übers. und hrsg. von A. Flitner, Düsseldorf/München 1981, p. 77.

Maschine als einer zweckmäßigen Konstruktion macht es keinen grundsätzlichen Unterschied, ob ein göttlicher oder ein menschlicher Ingenieur bemüht wird. In beiden Fällen wird die zweckmäßige Ordnung der Maschine auf die Intentionen ihres Konstrukteurs zurückgeführt. Der Konstrukteur *entäußert* seine Zwecke und Absichten in das Artefakt, das in seiner teleologischen Struktur von ihm abhängig bleibt.

Wir sind immer noch auf der Suche nach einem radikaleren Maschinenbegriff, in dem die Zweckmäßigkeitsstruktur auf irgendeine Weise in der Maschine selbst verankert ist. Für jemanden, der mit dem Maschinenmodell naturalistische Ambitionen verbindet, ist ja der Rückgriff auf einen göttlichen oder menschlichen Konstrukteur alles andere als attraktiv. Gehen wir also daran, das Maschinenmodell zu naturalisieren! Streifen wir die Eierschalen der Physikotheologie und der technomorphen Analogie ab und lassen die Maschine *natürlich* entstehen! Und in der Tat: Haben wir nicht schon in LaMettrie diesen radikaleren Mechanisten vor uns, der überall dort von der Natur spricht, wo seine Vorläufer in theologische oder technomorphe Rede zurückfallen? Soviel ist richtig, LaMettrie spricht von der Natur. Aber von *welcher* Natur spricht er?

"(D)ie Materie hat nur in den gemeinen Augen jener etwas Verächtliches, die sie in ihren glänzendsten Werken verkennen; und die Natur ist keineswegs eine beschränkte Werkmeisterin. Sie bringt Millionen von Menschen mit mehr Leichtigkeit und Freude hervor, als es einem Uhrmacher Mühe kostet, die komplizierteste Uhr zu machen".[125]

Entgegen der gängigen Rezeption ist LaMettries `Natur´ keinesfalls ein bloßer physischer Mechanismus, sondern, wie Alex Sutter überzeugend beschrieben hat, ein "halb poetisches, halb mythologisches Subjekt", dem u.a. göttliche Attribute beigelegt werden, wenn auch in "leicht ironisch verfremdete[r]" Weise.[126] Die Einstufung von `L'homme machine´ als radikal mechanistisch und materialistisch ist zu

---

[125] J. O. de LaMettrie: L'homme machine - Die Maschine Mensch (1747), übers. und hrsg. von C. Becker, Hamburg 1991, p. 133.
[126] A. Sutter: Göttliche Maschinen. Die Automaten für Lebendiges bei Descartes, Leibniz, LaMettrie und Kant, Frankfurt am Main 1988, p. 141.

einfach. Sie geht zu einem großen Teil auf das Konto von LaMettries Verbalradikalismus, der ihn schon zu Lebzeiten zum enfant terrible der literarischen Öffentlichkeit werden ließ. Tatsächlich ist seine mechanistische Anthropologie stark vitalistisch gefärbt, wobei sich LaMettrie in seinem unbefangenen Eklektizismus wenig Gedanken über die theoretische Konsistenz seines Maschinenmodells macht.[127]

Bei LaMettrie ist der Naturbegriff selbst teleologisch aufgeladen. Und das ist auch kein Wunder. LaMettrie hatte wohl erkannt, daß eine Maschine ohne die Angabe ihrer Funktion unvollständig beschrieben ist, daß also zu einer Minimalbestimmung des Maschinalen ihre zweckmäßige Organisation gehört. Doch welche Modelle standen ihm zur Verfügung, um die innere Zweckmäßigkeit der natürlichen Maschine zu erklären? Was wäre in der Mitte des 18. Jahrhunderts die Alternative gewesen? Tatsächlich mußten die Versuche einer nichtmentalistischen Erklärung einer inneren Finalität der natürlichen Maschine im gesamten Aufklärungsmaterialismus einem Kampf gegen Windmühlenflügel gleichen, weil mindestens bis zu Darwin schlicht kein natürlicher Mechanismus zur Verfügung stand, der als Erklärungsmodell hätte dienen können. Mangels Alternative konnte es gar nicht ausbleiben, daß sich die beanspruchte Naturalisierung der Teleologie selbst wieder im Zeichen einer Teleologisierung der Natur vollzog. So blieb auch dem vermeintlichen Supermaterialisten LaMettrie nichts anderes übrig als eine teleologische Aufladung des Naturbegriffs. Daß wir damit in bezug auf eine Naturalisierung des mechanistischen Modells keinen Schritt weiter sind, sollte einleuchten. Ob für die explanatorisch notwendige teleologische Komponente am Ende eine göttliche Instanz bemüht wird oder ob *die Natur selbst* teleologisch verstanden wird, macht für das Problem der Konsistenz eines naturalistisch ambitionierten Maschinenmodells letztlich keinen Unterschied. Entscheidend ist nicht, wo wir die fragliche Instanz ansiedeln, entscheidend sind die Gründe, aus denen ihre Postulierung nötig wird. Kant

---

[127] Cf. dazu Sutter, a.a.O., pp. 113 ff., der überzeugend nachweist, daß der vielzitierte und nicht ganz so vielgelesene LaMettrie von der philosophischen Tradition meistens falsch rezipiert wurde.

hat dies klar gesehen: "(E)s muß euch da, wo ihr sie (sc. die systematische und zweckmäßige Einheit der Natur - Anm. d. Vf.) wahrnehmt, völlig einerlei sein, zu sagen: Gott hat es weislich so gewollt, oder die Natur hat es also weislich geordnet. Denn die größte systematische und zweckmäßige Einheit, welche eure Vernunft aller Naturforschung als regulatives Prinzip zum Grunde zu legen verlangte, war eben das, was euch berechtigte, die Idee einer höchsten Intelligenz als ein Schema des regulativen Prinzips zum Grunde zu legen".[128]

Der mythologisch-intentionalistische Naturbegriff und die 'Idee einer höchsten Intelligenz' erfüllen bezüglich des Teleologieproblems dieselbe Funktion. Im zweiten Fall ist die Instanz, der man legitimerweise Zwecke zuschreiben kann, lediglich expliziter und offener eingeführt. Für ein naturalistisch ambitioniertes Maschinenmodell ist aber auch ein teleologisch aufgeladener Naturbegriff inakzeptabel, solange er nach der Analogie zielgerichteten menschlichen Handelns verstanden werden muß. Wo die Berechtigung teleologischer Erklärungen *überhaupt* auf dem Spiel steht, sollte man nicht nur den Unterschied zwischen Organismus und Mechanismus, sondern auch den zwischen immanenter und externer Teleologie nicht überschätzen.

Das begriffliche Dilemma des Maschinenmodells des Organismus ist ausgesprochen hartnäckig. Wenn die Maschine nicht ihrerseits schon nach dem Modell des immanent teleologischen Organismus begriffen wird, dann ist die Maschine immer schon das vom Menschen zweckmäßig konstruierte Artefakt; dann aber hat der Mechanismus auf das Konzept menschlicher Handlungsteleologie zurückgegriffen, das überwunden zu haben man ihm eigentlich zuschreibt. Wir *können* von den Fragen nach der Herkunft der Maschine und nach der Legitimität ihrer Funktionszuschreibung nicht einfach abstrahieren. Ein Uhrwerk, das seine Funktion erfüllen soll, muß schließlich hergestellt und aufgezogen werden. LaMettrie und Diderot versuchten diesem Dilemma zu entgehen, indem sie die Uhrenmetapher abwandelten und den

---

[128] I. Kant: Kritik der reinen Vernunft (1781), Weischedel-Werkausgabe Bde. III/IV, Frankfurt am Main 1968, B 727/A 699.

menschlichen Körper als eine Uhr bezeichneten, die "selbst ihre Triebfedern aufzieht".[129] Diese Abwandlung sprengte (jedenfalls damals) die Logik der Uhrenmetapher. Um die lästigen Fragen nach der Genese der Uhr loszuwerden, hätten LaMettrie und Diderot aber darüberhinaus behaupten müssen, daß die Uhr sich selbst konstruiert, denn selbst das *perpetuum mobile* bliebe noch eine zweckmäßig eingerichtete Maschine, die in ihrer reinen Materialität nicht aufgeht. Heute gibt es die Uhr, die selbst ihre Federn aufzieht; auch sie erfordert den Konstrukteur, der den "Selbst"bewegungsmechanismus in den Apparat eingebaut hat. Die Selbstbewegung der Maschine ist immer nur eine relative.

Aber ist die Funktionszuschreibung wirklich notwendig an die Intentionen des Konstrukteurs der Maschine gebunden? Es ist doch möglich, eine Maschine zu einem anderen Zweck als zum intendierten einzusetzen. Kann nicht auch die zweckentfremdete Maschine eine Funktion erfüllen?

Natürlich kann sie es, aber der naturalistische Verwender der Maschinenmetapher kann auch von diesem Zug nicht profitieren. Die menschliche Maschine hat ja nicht nur keinen Konstrukteur, sie hat ebensowenig einen Benutzer. Aus diesem Grunde ist es auch fragwürdig, unser *Gehirn* als eine Maschine anzusehen. Die Funktionszuschreibung kann hier durch keinen Benutzer erfolgen, denn diesen Benutzer gibt es nicht. So bemerkt John Searle: "(I)f we are to suppose that the brain is a digital computer, we are still faced with the question `And who is the user?´"[130] Damit ist dem Mechanisten eine weitere Möglichkeit genommen, die funktionale Charakterisierung der natürlichen Maschine herzuleiten.

Ich fasse zusammen: Unproblematisch ist die Funktion einer Maschine genau dann, wenn sie sich als Zweck oder Absicht dem Konstrukteur, ersatzweise dem Benutzer der Maschine zuschreiben läßt. Wenn die Maschinenmetapher des Menschen nun naturalistische Ambitionen tragen soll, muß der Konstrukteur der menschlichen Maschine in der

---

[129] LaMettrie, op. cit., p. 35. Dieselbe `autopoietische´ Version der Uhrenmetapher findet sich bei Diderot (zit. bei Meyer, op. cit., p. 172).
[130] J. Searle: "Is the Brain a Digital Computer?". In: Proceedings and Addresses of the American Philosophical Association 64/3 (1990), pp. 21-37, hier: p. 29.

Versenkung verschwinden. Damit wird aber fragwürdig, was die funktionale Charakterisierung der Maschine noch legitimieren soll. Es entsteht die Notwendigkeit, das Telos der Maschine möglichst unauffällig im Maschinenbegriff selbst zu verstecken. So kommt es denn unter der Hand zur Postulierung von *homunculi*, von `Gespenstern in der Maschine´, denen zu Recht der Spott Gilbert Ryles gilt. Homunculi sind explanatorisch zirkulär, wie in der Philosophie der Psychologie vielfach demonstriert worden ist. Die Funktion eines psychischen Apparates in Teilaufgaben aufzuspalten, zu deren Abarbeitung erneut Instanzen mit intentionalen Zuständen erforderlich sind, erklärt nichts. - Leider ist der homunculus nicht so tot, wie man glauben mag. Er ersteht heute allerorten wieder auf, nicht nur bei Popper und Eccles, sondern auch in der `computational theory of vision´ sowie bei verschiedenen Autoren, die mit dem Computermodell des Geistes arbeiten. Irritierenderweise gibt es im Bereich der KI Autoren, die die Einführung von homunculi offensiv rechtfertigen und einen `homunkularen Funktionalismus´ (W. Lycan) vertreten. In der Regel wird allerdings zugleich der Anspruch erhoben, daß man homunkulare Charakterisierungen kognitiver Prozesse grundsätzlich durch nichthomunkulare Beschreibungen ersetzen kann.[131]

Der Doppelcharakter der Maschine von Physikalität und Zweckmäßigkeit läßt sich auch in den Begriff des Mechanischen selbst verlagern, wofür nicht zuletzt die etymologische Verbindung von `Maschine´ und `Mechanik´ spricht. Mechanik - `ars mechanica´ - war ursprünglich nicht Wissenschaft von der Natur, sondern anwendungsorientierte Ingenieurswissenschaft, nämlich eine Theorie zusammengesetzter Werkzeuge. In Zedlers `Universal-Lexikon´ von 1739 heißt es unter dem Eintrag `Mechanismus´: "Eigentlich geht dieses Wort auf die durch Kunst verfertigte Maschinen, welches nachgehends auf die natürlichen Dinge gezogen worden".[132] Wenn wir auf diesen ursprünglichen Mechanismusbegriff rekurrieren, ist das teleologische Element noch tiefer im

---
[131] Cf. G. Keil: Kritik des Naturalismus, Berlin/New York 1993, pp. 166 ff.
[132] J. H. Zedler: Großes vollständiges Universal-Lexikon aller Wissenschaften und Künste, Bd. 20, Halle/Leipzig 1739, sp. 23.

Begriff des Mechanischen selbst verankert. Es gäbe dann keinen Mechanismus, der nicht Maschine ist, was natürlich Konsequenzen für den Naturbegriff hat. Die Kantische Rede vom ʼNaturmechanismusʼ hätte dann ebenso wie die Rede von der Zweckmäßigkeit der Natur keinen konstitutiven Charakter mehr, sie müßte zu einer bloß regulativen Bestimmung herabgestuft werden.

Für die mechanistische Philosophie ist es dagegen charakteristisch, in der Verwendung des Maschinenbegriffs das Ableitungsverhältnis von *Physis* und *Techne* gerade umzukehren. So behauptet Hobbes, daß der Mensch in der Konstruktion von Maschinen die Natur nachahme: "*Nature*, the art whereby God hath made and governs the world, is by the art of man, as in many other things, so in this also imitated, that it can make an artificial animal. For seeing life is but a motion of limbs, the beginning whereof is in some principal part within; why may we not say, that all *automata* (engines that move themselves by springs and wheels as doth watch) have an artificial life? For what is the *heart*, but a *spring*; and the *nerves*, but so many *strings*; and the *joints*, but so many *wheels*, giving motion to the whole body, such as was intended by the artificer?".[133]

Die menschlich produzierten Artefakte kann Hobbes deshalb als Imitation der Natur ansehen, weil er den natürlichen Organismus selbst schon als Maschine mit ʼwheelsʼ und ʼspringsʼ auffaßt. In dieser Auffassung des Organismus ist klar erkennbar die teleologische Charakterisierung der Natur schon vorausgesetzt, die dann in einer Rückprojektion zur Begründung der Imitationsthese verwendet wird. Was hier geschieht, ist also nicht eine Naturalisierung der Teleologie, sondern geradezu das Gegenteil. Hobbes' ʼFehlerʼ besteht darin, daß er den Maschinenbegriff schon als unproblematisch voraussetzt.

Doch sollten wir uns fragen, welcher Naturbegriff überhaupt noch übrigbleibt, wenn wir die Rede vom Naturmechanismus als bloß regulativ, weil dem technomorphen Modell verhaftet ansehen. Sollten wir nicht den

---

[133] Th. Hobbes: Leviathan, ed. by W. Molesworth (= The English Works of Th. H., Vol. III), London 1839, p. ix.

Mechanismusbegriff schon deshalb vom Maschinenbegriff abkoppeln und ihn neutraler verwenden, weil in der neuzeitlichen Naturwissenschaft Mechanik und Physik ununterscheidbar werden? So hat Dijksterhus behauptet, daß das `mechanistische Weltbild´ und das Maschinenmodell eben *aufgrund* des teleologischen Moments des Maschinenbegriffs wenig miteinander zu tun hätten.[134]

Die Frage nach den Implikationen des mechanistischen Naturbegriffs hat zweifellos eine wissenschaftsgeschichtliche Dimension. Solange die aristotelische Unterscheidung zwischen natürlichen und erzwungenen Bewegungen intakt war, konnten Mechanik und Physik in dieser Hinsicht voneinander abgegrenzt werden. Die physikalischen Gesetze waren eben die, welchen die Körper ohne künstlichen Eingriff folgten. In der neuzeitlichen Naturwissenschaft gibt es aber spätestens seit Newtons Formulierung des Trägheitsprinzips das aristotelische Prinzip der `Bewegung in sich selbst´ nicht mehr. Auch setzt sich im Gefolge von Galilei und Bacon die Auffassung durch, daß die Natur ihre Regelmäßigkeit und ihre Bewegungsgesetze nicht ohne technische Eingriffe erkennen läßt. Man muß der Natur ihre Gesetze durch aktive *Experimente* abluchsen. Damit bricht die Differenz von natürlichen und erzwungenen Bewegungen vollends zusammen, so daß Descartes sagen kann: "(E)s gibt in der Mechanik keine Gesetze, die nicht auch in der Physik gälten, von der sie nur ein Teil oder eine Unterart ist (Zusatz: so daß alle Dinge, die künstlich sind, damit auch natürlich sind), und es ist daher der aus diesen und jenen Rädern zusammengesetzten Uhr ebenso natürlich, die Stunden anzuzeigen, als es dem aus diesem oder jenem Samen aufgewachsenen Baum natürlich ist, diese Früchte zu tragen".[135] Die "*Regeln der Mechanik* [sind] *mit den Gesetzen der Natur identisch*".[136]

Nun gibt es zwei Möglichkeiten: entweder wir schließen uns dieser Interpretation an. In diesem Falle ist die

---

[134] E. Dijksterhus: Die Mechanisierung des Weltbildes, Berlin/Göttingen/Heidelberg 1956, pp. 551 et passim.
[135] R. Descartes: Die Prinzipen der Philosophie (1644), übers. von A. Buchenau, Hamburg 1965, pp. 245 f. [§ 203].
[136] Descartes, Abhandlung, op. cit., p. 51.

Maschinenmetapher des Organischen in der neuzeitlichen Naturwissenschaft merkwürdig ortlos. Wenn infolge des Zusammenbruchs der aristotelischen Unterscheidung von natürlichen und technisch induzierten Bewegungen die Bereiche von *Physis* und *Techne* zusammenfallen, dann kann Technisches auch nicht mehr in heuristisch fruchtbarer Weise als Modell für Natürliches fungieren - weil es keine Bewegungsgesetze mehr gibt, die in beiden Sphären verschieden wären. Die Maschinenmetapher wäre dann durch Wörtlichkeit trivial geworden.

Oder aber wir schließen uns dieser Interpretation nicht an, weil wir beispielsweise der Überzeugung sind, daß der Mensch und möglicherweise auch andere höhere Organismen über Fähigkeiten der *absichtlichen technischen Manipulation* der Natur verfügen, für die es im Rest der Natur kein Analogon gibt. Wir erhalten also den Unterschied zwischen technischem Handeln und Naturkausalität aufrecht und schreiben uns, den Technikern, die Fähigkeit zu, eine Handlung "von selbst zu beginnen" (Kant). In diesem zweiten Fall sieht es aber noch schlechter aus für die Maschinenmetapher. Da nämlich die Maschine eindeutig in den Kontext des technischen Handelns gehört, ist sie nicht dazu geeignet, in der Erklärung von Naturvorgängen den Rückgriff auf teleologische Elemente explanatorisch überflüssig zu machen. Im Gegenteil, wo sie es versucht, handelt sie sich das homunculus-Problem ein, das sie bis heute nicht gelöst hat.

Eine dritte Möglichkeit würde sich eröffnen, wenn die Mechanisten von anderer Seite Hilfe bekämen. Das Maschinenmodell mag in bezug auf das Teleologieproblem eine *petitio principii* sein, aber es könnte ja eine vom Maschinenbegriff unabhängige Naturalisierung der Teleologie gelingen. Das Projekt, den Begriff der Zweckmäßigkeit oder der Zielgerichtetheit ohne Rückgriff auf intentionale Steuerungsinstanzen in nichtmentalen Naturprozessen zu verankern, ist hochaktuell; nachdem die Kybernetiker der Jahrhundertmitte das Thema wiederentdeckt haben, spricht man heute in der Wissenschaftstheorie bereits von einer neuen Teleologiedebatte. An anderer Stelle habe ich argumentiert, daß dieses Projekt bis heute erfolglos geblieben ist.[137] Man kann m.e. zeigen, daß bei allen vorliegenden Versuchen einer nichtmentalistischen Rekonstruktion der Naturteleologie an irgendeiner, meist gut versteckten Stelle doch wieder auf Steuerungsinstanzen zurückgegriffen wird, die nach der Analogie menschlicher Handlungssubjekte konzipiert sind.

Die Maschinenmetapher ist deshalb für diejenigen Mechanisten, die mit ihr naturalistische Ambitionen verbinden, nicht so attraktiv, wie man immer geglaubt hat. Ein mechanistisches Modell, das in Wirklichkeit ein *technizistisches* ist, muß in Abwesenheit einer unabhängigen nichtmentalistischen Rekonstruktion des intentionalen Handelns eher als anthropomorph gelten denn als naturalistisch. Im Rahmen einer Metaphysik, in der man noch bereit ist, die Stelle des großen Maschinenbauers zu besetzen, stellt sich dieses Problem nicht. Die frühen Verwender des Maschinenmodells waren auch keine Naturalisten im modernen Sinne; insofern ist der dezidierte Antiteleologismus des Maschinenmodells zumindest teilweise eine Projektion späterer Jahrhunderte. Leibniz und Descartes waren zudem durch ihren starken Rationalismus vor einer naturalistischen Interpretation des Maschinenmodells geschützt. Für LaMettrie und Hobbes gilt dies nicht mehr. Bei ihnen deutet sich ein Selbstmißverständnis des Maschinenmodells an, das bis heute nicht überwunden ist. Die Zweckmäßigkeitsstruktur der Maschine ist für diejenigen Proponenten des Maschinen-, heute des Computermodells, die damit naturalistische Ambitionen verbinden, zum blinden Fleck geworden, hinter dem sich die Proliferation unanalysierter teleologischer Erklärungselemente verbirgt. Die zeitgenössischen Proponenten des Maschinenmodells leiden in ihrer Mehrheit an einem *naturalistischen Selbstmißverständnis*.

---

[137] Cf. Keil, op. cit., pp. 315 ff.

Der Geist als Maschine - Herbarts Grundlegung der naturwissenschaftlichen Psychologie

Klaus Sachs-Hombach[*]

Summary

Herbart hat zu Beginn des 19. Jahrhunderts als einer der ersten die Konzeption einer naturwissenschaftlichen Psychologie entwickelt. In ihr übertrug er mechanistische Modelle aus der Physik in die Psychologie und entwarf so eine Mechanik der Vorstellungen. Seine Theorie hat in dem gegenwärtig erfolgreichen Computermodell des Geistes einen Nachfolger gefunden. Die historische Analyse zeigt, daß dieses Modell nicht nur Herbarts Grundidee einer Mechanik geerbt hat, sondern ebenfalls die wesentlichen Einwände sowohl materialistischer als auch ganzheitlicher Positionen.

In the beginning of the 19th century, Herbart was one of the first who developed the conception of psychology as a natural science by transferring mechanical models from physics to psychology. Using this method, he designed a mental mechanics, which can be seen as a predecessor of the currently successful computer model of the mind. Historical analysis shows that this computer model inherited the

---

[*] Geb. 1957, Promotion 1990 an der Universität Münster. Wissenschaftlicher Assistent an der Technischen Universität `Otto von Guericke´ Magdeburg. Z.Zt. Forschungstätigkeit am Massachussetts Institute of Technology in Cambridge, MA/USA. Veröffentlichungen: Philosophische Psychologie im 19. Jahrhundert. Ihre Entstehung und Problemgeschichte, Freiburg/München 1993; Aufsätze zur Geschichte der Psychologie und zur Philosophie des Geistes: Blick auf die Geschichte der Bewußtseinstheorie - Zum Verhältnis von Philosophie und Psychologie im Lichte der Subjektivitätsproblematik, 1991; Die Bildhaftigkeit des Kognitiven, 1993.

fundamental idea of mechanical construction and also the foremost objections raised by both materialistic and holistic positions.

1. Einleitung

Naturalistische Erklärungen des Geistes lassen sich bereits in der Antike finden und sind im Laufe der Geschichte immer wieder entwickelt worden. Sie hatten aber - von Demokrit bis Lamettrie - nie zu einer wirklich wissenschaftlichen Psychologie geführt, sondern blieben programmatische Entwürfe. Dagegen zeichnete sich in der ersten ausgearbeiteten Psychologie, die mit dem Anspruch der Naturwissenschaftlichkeit auftritt, eine Ablehnung naturalistischer Erklärungen ab. Der naturwissenschaftliche Anspruch ergab sich hier aus einer Übernahme mechanistischer Modelle. Sie entstammen der Physik, wurden aber nicht materialistisch gedeutet. Für den Geist sollte eine Mechanik sui generis gelten.

Der Beginn dieser naturwissenschaftlichen Psychologie läßt sich auf das frühe 19. Jahrhundert datieren.[138] Als maßgeblicher Begründer kann sicherlich Johann F. Herbart gelten. In seiner 1824 erschienenen `Psychologie als Wissenschaft´ beklagt er den Zustand der zeitgenössischen Psychologie, die zu dieser Zeit weitgehend dem Wolffschen Paradigma der Vermögenspsychologie verpflichtet war, und fordert, daß Psychologie, wolle sie den derzeitigen wissenschaftlichen Standards genügen, ihre empirischen Erklärungen in mathematischen Modellen formulieren müsse. Dies entspricht formal dem Verfahren der Physik, die durch ihre Erfolge zur paradigmatischen Wissenschaft aufgestiegen war. Dementsprechend beansprucht Herbart mit seinem Entwurf, "eine Seelenforschung herbeyzuführen, welche der Naturforschung gleiche"[139].

---

[138] Cf. hierzu Pongratz, Ludwig J.: Problemgeschichte der Psychologie, 2. Aufl. München 1984 oder Sachs-Hombach, Klaus: Blick auf die Geschichte der Bewußtseinstheorie - Zum Verhältnis von Philosophie und Psychologie im Lichte der Subjektivitätsproblematik. In: Wissenschaftliche Zeitschrift der TU Magdeburg 35, Heft 6, 1991, pp. 62-66 und ders.: Philosophische Psychologie im 19. Jahrhundert. Ihre Entstehung und Geschichte, Freiburg/München 1993. Als knapper Überblick über die Psychologiegeschichte eignet sich ebenfalls Hehlman, Wilhelm: Geschichte der Psychologie, Stuttgart 1963.
[139] Herbart, Johann Friedrich: Psychologie als Wissenschaft. Neu gegründet auf Erfahrung, Metaphysik und Mathematik. Erster und zweiter Teil (1824). In:

Obwohl sich das Herbartsche Modell des Geistes als falsch erwiesen hat, lieferte es doch den entscheidenden Anstoß zu einer wissenschaftlichen Psychologie. In ihren unterschiedlichen Gestalten schwankte diese immer zwischen den beiden extremen Positionen, nach denen Psychologie entweder keine Wissenschaft im strengen Sinne ist oder aber auf materialistische Prinzipien zurückgeführt werden soll. Gegenwärtig prominent ist die funktionalistische Psychologie mit ihrem Computermodell des Geistes, das den Herbartschen Gedanken einer psychischen Mechanik aufnimmt und so die Wissenschaftlichkeit in einem antireduktionistischen Programm sichert. Es verwundert nicht, daß die Einwände gegen dieses Konzept den Angriffen gegen Herbart analog sind. Der Versuch, den Geist als mechanische Apparatur zu deuten, ist offensichtlich mit einer typischen inneren Spannung belastet.

Um die heutigen Auseinandersetzungen besser zu verstehen, ist es lehrreich, sich diese Spannung historisch zu verdeutlichen. Ich werde daher im folgenden den Aufstieg der Herbartschen Psychologiekonzeption (3.), ihren Verfall (4.) und schließlich ihren funktionalistischen Neubeginn (5.) skizzieren. Ich beginne mit einigen allgemeinen Voraussetzungen (2.), auf die Herbarts Mechanik des Geistes aufbaut.

2. Wissenschaftshistorische Voraussetzungen

Herbarts Psychologie wäre nicht möglich gewesen ohne die vorhergehende Entwicklung einer modernen Methodenrationalität. Um seine Psychologie zur eigenständigen Wissenschaft zu erheben, konnte er sich auf einen Kanon von wissenschaftstheoretischen Voraussetzungen beziehen, die zu seiner Zeit in der Physik paradigmatisch realisiert und von der Philosophie reflektiert und begründet waren.

Sämtliche Werke, hg. von Karl Kehrbach, Langensalza 1887-1912, Bd. V, pp. 177-402 und Bd. VI, pp. 1-338, hier p. 185.

2.1 Das Newtonsche Paradigma

Die Physik hatte sich im späten 18. Jahrhundert sicherlich in der Einschätzung vieler Forscher als strenge Wissenschaft etabliert. Ihre Erfolge beruhten zum einen auf dem empirisch-experimentellen Verfahren, zum anderen auf einigen theoretischen Grundannahmen, die sich als Elementarisierung und Quantifizierung bezeichnen lassen. Komplexe Gestalten und qualitative Eigenschaften sollten diesen Annahmen zufolge durch meßbare und berechenbare Elementargrößen erklärt werden können.
Die Newtonsche Mechanik illustriert diesen Übergang exemplarisch. Sie zeichnet sich durch den Verzicht auf metaphysische Bestimmungen im Sinne von Wesensaussagen aus: Letzte Ursprünge sind wissenschaftlich nicht erheblich. Der zentrale Begriff der Bewegung wird daher als Funktionskomplex von Massewirkungen definiert, unter der Voraussetzung der Konstanten des Raumes, der Zeit und der Materie ersetzt die Newtonsche Mechanik metaphysische Aussagen durch das Prinzip lückenloser Kausalität und der Annahme einer Trägheit der Materie. Es ergibt sich: "Jeder Körper beharrt in seinem Zustande der Ruhe oder gleichförmigen geradlinigen Bewegung, wenn er nicht durch einwirkende Kräfte gezwungen wird, seinen Zustand zu ändern."[140] Bewegung ist kein intrinsisches Vermögen mehr, sondern Resultat rein mechanischer Gesetze.

2.2 Kantische Skepsis

Kant hat den Erfolg der Newtonschen Physik in seinen ´Metaphysischen Anfangsgründen der Naturwissenschaft´ reflektiert. Ihre besondere Stellung schlägt sich in seiner Auffassung nieder, daß die Physik ´reine´ Wissenschaft enthalte, während die Psychologie dagegen nur Naturbeschreibung der Seele sei. Er nennt hierfür zwei Gründe. Ein prinzipieller Grund ergibt sich aus der Möglichkeit,

---
[140] Newton, Isaak: Mathematische Prinzipien der Naturlehre (1687), hg. von J. Ch. Wolfers, Darmstadt 1963, p. 32.

physikalische Grundgesetzte mathematisch zu formulieren.[141] Kant behauptet, daß dies für die allgemeinsten Gesetze der Physik a priori geleistet werden könne, denn er nimmt an, daß die Konstruktion der Grundbegriffe, hier des Begriffs der Materie, nichts anderes ist als ihre apriorische Anschauung.[142] Für die Psychologie schließt Kant diesen Weg aus, da sich eine reine Anschauung hier höchstens auf ein Gesetz der Stetigkeit beziehen könne, womit lediglich eine Dimension, die Zeit, gegeben wäre, was zur mathematischen Formulierung nicht ausreiche.

Als zweiten Grund gibt Kant die Unmöglichkeit experimenteller Forschung an. Systematisierung könne in der Psychologie immer nur gedanklich geschehen, da keine Elemente zur Konservierung oder experimentellen Verknüpfung zur Verfügung stehen. Zudem weise die psychologische Beobachtung starke Mängel auf: Sie manipuliere ihren Gegenstand. "Sie kann daher", schließt Kant, "niemals etwas mehr als eine historische und, als solche, so viel möglich, systematische Naturlehre des inneren Sinnes, d. i. eine Naturbeschreibung der Seele, aber nicht Seelenwissenschaft, ja nicht einmal psychologische Experimentallehre werden."[143]

3. Ein Newton der Psychologie

Herbart übernimmt die Kantische Wissenschaftseinteilung, bestreitet aber Kants Einschätzung der Psychologie, denn er schließt zwar die Möglichkeit psychologischer

---

[141] Kant schreibt, daß eine Naturlehre "nur so viel eigentliche Wissenschaft enthalte, als Mathematik in ihr angewandt werden kann"; cf. Kant: Metaphysische Anfangsgründe der Naturwissenschaft (1786). In: Gesammelte Schriften, hg. von der Königl. Preußischen Akademie der Wissenschaften, Bd. IV, Berlin 1911, pp. 465-565, p. 470.
[142] Unter einer a priori Erkenntnis versteht Kant eine Erkenntnis aus der bloßen Möglichkeit. Es geht also lediglich um logische Stimmigkeit, die für Gegenstände überhaupt gilt. Bei bestimmten Naturdingen muß außer der Möglichkeit des Gedankens die Möglichkeit des Dinges berücksichtigt werden. Hier kommt die Konstruktion des Begriffs in der reinen Anschauung ins Spiel, was nichts anderes als seine mathematische Darstellung ist.
[143] Kant, Immanuel, op. cit. 1786, p. 471.

Experimente aus und teilt zudem die Skepsis hinsichtlich der introspektiven Methode, im Unterschied zu Kant hält er aber eine Mathematisierung der Psychologie für möglich.

3.1 Herbarts Transferleistung

Herbart geht davon aus, daß unter Kantischen Prämissen eine wissenschaftliche Psychologie möglich ist, wenn sich mathematische Gesetze formulieren lassen. Denn die mathematische Modellbildung entspricht dem Bereich `reiner Prinzipien`, die bei Kant die `eigentliche` Wissenschaft verbürgen. Freilich bleibt selbst dann noch die empirische Überprüfung sehr viel schwieriger, da experimentelle Verfahren fehlen. Dies vernachlässigt Herbart aber, da er bereits unsere mangelhafte Selbsterfahrung für zureichend hält, um die allgemein formulierten Theorien zu bestätigen.

Wie gelingt aber die mathematische Modellbildung im Bereich des Psychischen? Zunächst nimmt Herbart an, daß ein theoretischer Rahmen auf Grund der mangelhaften Erfahrungsbasis nicht induktiv gewonnen werden kann. Seine Methode der Beziehung soll diesen Mangel durch spekulative Ergänzungen kompensieren. Insbesondere ist dies erforderlich und auch aussichtsreich, da die psychologischen Grundbegriffe der Seele und der Bewegung Widersprüche aufweisen. Ihre theoretische Klärung anhand philosophischer Ergänzungen liefert einen Rahmen, den Herbart für "ganz eigentlich Synthesis a priori"[144] hält.

Mit diesem an Kant angelehnten Gerüst beginnt Herbart eine mathematische Konstruktion der Grundbegriffe. Ihre Möglichkeit begründet er, indem er auf die quantitativen Bestimmungen des Psychischen, vor allem Intensität und Dauer, hinweist.[145] Diese liefern neben der zeitlichen Dimension die nach Kant zur mathematischen Formulierung erfor-derliche zweite Dimension. Bei der Konstruktion der

---

[144] Herbart, op. cit. 1824, p. 233.
[145] Cf. seinen Aufsatz `Über die Möglichkeit und Notwendigkeit, Mathematik auf die Psychologie anzuwenden` (1822). In: Sämtliche Werke, hg. von Karl Kehrbach, Langensalza 1887-1912, Bd. V, pp. 91-122.

Begriffe soll nicht erheblich sein, was vorgestellt wird. Die Vorstellungen werden zu atomaren Einheiten, deren Zusammenhang Prozeß und Aufbau des Geistes bestimmt. Auf Grund dieses Transfers physikalischer Annahmen, ließe sich Herbarts Konzeption als erster Versuch ansehen, das Programm eines `Newton der Psychologie´ zu verwirklichen.[146] Die psychische Gesetzlichkeit hat, schreibt Herbart, "mit dem sonst ganz Fremdartigen, den Gesetzen des Stoßes und Druckes, immer noch mehr Ähnlichkeit, als mit den Wundern der vorgeblich unbegreiflichen Freiheit"[147].

3.2 Die Denkmaschine

Das Herbartsche Modell des Geistes ist ein mechanistisches Modell. "Die Gesetzmäßigkeit im menschlichen Geiste", erklärt Herbart, "gleicht vollkommen der im Sternenhimmel."[148] Um diese Analogie plausibel zu machen, geht er von einem Elementarismus aus. Als kleinste Einheiten gelten hierbei die sinnlichen Empfindungen, die als Vorstellungsbilder der Dinge gedeutet werden und den Atomen in der Physik entsprechen. Sie erzeugen ein Kräftefeld, indem sie einander widerstehen. Da die Kapazität, bewußte Vorstellungen zu haben, begrenzt ist, stehen die Vorstellungen in einem Verdrängungsprozeß. Er läßt sich berechnen, kennt man die Stärke der einzelnen Vorstellung, die direkt von der Reizstärke abhängig sein soll, und den Grad der Gegensätzlichkeit, die als fundamentalste Relation der Vorstellung gilt.

Weil die Vorstellungen selbst keine intrinsischen Kräfte mehr sind, kann Herbart nun eine allgemeine Mechanik der Vorstellungen entwerfen. Diese beschreibt die `Bewegung´ der Vorstellungen: ihre Verdrängung, Verschmelzung oder Assoziation. Die Dynamik, die sich hier ergibt, bleibt eine rein mechanische, keine Synthesis als einheitsstiftendes Vermögen

---

[146] Hier wirkt die Kantische Metapher vom `Newton des Grashalms´.
[147] Herbart, op. cit. 1822, p. 100.
[148] Herbart, Johann Friedrich: Lehrbuch der Psychologie (1816). In: Sämtliche Werke, hg. von Karl Kehrbach, Langensalza 1887-1912, Bd. IV, pp. 295-436, hier p. 373.

ist nötig. Ihr Ziel besteht darin, die aufgenommenen Reize zu verarbeiten und die Gesamtspannung möglichst gering zu halten. Um Herbarts Modell begreiflich zu finden, muß man sich die metaphysischen Grundannahmen vergegenwärtigen. Herbart postuliert die Existenz einfacher Substanzen, deren einziges `Streben´ die eigene Selbsterhaltung und Identitätssicherung ist. Auch das vorstellende Subjekt ist eine einfache Substanz, eine Seele. Im Unterschied zu rein materiellen Substanzen kann die Seele ihre Identität aber nicht durch Beharren sichern. Sie reagiert, durch innere Reizbarkeit gezwungen, mit Aktivität, was die Erzeugung einer Vielfalt von Vorstellungen zur Folge hat. Um diese Vielfalt zu beherschen, weicht die Seele auf eine höhere Ebene aus: Sie rettet ihre Identität, indem sie das empirische Selbstbewußtsein erzeugt. Das Prinzip der Trägheit der Materie übertragend, versteht Herbart also den Geist als eine Apparatur, deren einzige Aufgabe darin besteht, die anfallende Erregung abzubauen. Subjektivität ist passive Reizverarbeitung: Reduktion innerer Spannung und Ausgleich heterogener Reizeinflüsse.

4. Das Schicksal der Herbartschen Psychologie

Das Herbartsche Modell des Geistes hat die Psychologie des 19. Jahrhunderts maßgeblich bestimmt. Sicherlich wirkten hierbei die metaphysischen Überzeugungen noch nachhaltiger als die eigentlich psychologischen Theorien, da sie unbestimmt genug waren, um nicht widerlegt werden zu können. Sie dienten als regulatives Selbstdeutungsmodell. Die wissenschaftlichen Ansätze fielen dagegen bald vernichtender Kritik zum Opfer.

4.1 Methodologisch-experimentelle Kritik

Es kann zwischen methodologisch-experimenteller, physiologisch-materialistischer und ganzheitlich-hermeneutischer Kritik unterschieden werden. Eine methodologische Kritik an Herbart findet sich bereits bei den Herbartschülern selbst.[149] Sie erkennen an, daß zum einen die psychischen Elemente nicht kontrolliert untersucht werden können, zum anderen die gesamte mathematische Psychologie keine Messungen zur Verfügung hat. Sie bestreiten aber eine prinzipielle Unvereinbarkeit zwischen Messen und Empfinden. Trotz des Aufgebens zentraler Teile der Herbartschen Theorie wird daher an der Möglichkeit einer mechanistischen Bewußtseinstheorie festgehalten.

Die methodologischen Einwände erhalten eine neue Qualität mit dem Entstehen einer experimentellen Psychologie bei Wilhelm Wundt. In ihrem Licht erscheinen die Herbartschen Modelle als pure Spekulationen. Wundt entwickelte als erster experimentelle Geräte, um Aufmerksamkeitsprozesse kontrolliert zu untersuchen. Diese experimentellen Arbeiten führten zu einer Verlagerung der bewußtseinstheoretischen Grundannahmen, das mechanistische Modell wurde mehr und mehr in eine voluntaristische Theorie umgeformt.

Bereits die Herbartianer hatten energetische Elemente in ihre Theorie aufgenommen. Mit Wundt findet darüber hinaus die Schopenhauersche Philosophie eine empirische Ausarbeitung, die Willensprozesse als fundamentale Schicht des Geistes ansieht. Wundt geht es um kausale Erklärung, er fordert eine "Ableitung complexerer psychischer Vorgänge aus einfacheren"[150]. Die Wissenschaft, auf die er sich beruft, ist nun nicht mehr die Physik, sondern die Chemie, die Form der Bewußtseinsinhalte entspricht in ihrem Aufbau einer "chemischen Verbindung"[151]. Ganz wie Herbart hält Wundt aber den Bereich des Geistes dennoch für einen eigenständigen Bereich. Der Psychologie geht es um die "rein subjective Form, in der unser Bewußtsein auf bestimmte Nervenprozesse reagiert"[152].

---

[149] Die bekannten unmittelbaren Herbartschüler sind Drobisch und Waitz. Cf. zu diesen Zusammenhängen Sachs-Hombach, Klaus: Philosophische Psychologie im 19. Jahrhundert. op. cit.
[150] Wundt, Wilhelm: Grundriss der Psychologie (1896), Leipzig ^{5}1902, p. 31.
[151] Wundt, op. cit., p. 36.
[152] Wundt, Wilhelm: Grundzüge der physiologischen Psychologie (1874), Leipzig, p. 353.

4.2 Physiologisch-materialistische Kritik

Eine radikalere Form der Kritik entstand mit der Weiterentwicklung physiologischer Forschungen, die zunächst primär an den Wahrnehmungsorganen ansetzten. Hielt selbst Wundt in Übereinstimmung mit Herbart an introspektiven Verfahren fest, forderte diese Form der Kritik, sich ausschließlich an meßbaren Daten zu orientieren. Bekannt geworden ist in diesem Zusammenhang Albert Langes Programm einer `Psychologie ohne Seele´, in der er die Introspektion als unwissenschaftliches Verfahren betrachtet. Es gibt nach Lange nur eine wissenschaftliche Methode. Er nennt sie im Bereich der Psychologie die somatische Methode und ist überzeugt, daß sie die psychischen Prozesse befriedigend erklären kann: "Das Zusammenwirken sehr vieler und einzeln genommen außerordentlich schwacher Nervenimpulse muß uns den Schlüssel geben zum Verständnis des Denkens, und die Form dieses Zusammenwirkens ist das Charakteristische jeder einzelnen Funktion."[153] Für den "Mechanismus des Denkens" gelten daher "physische Bedingungen".[154]

Als besonderen Grund der Schwierigkeit, das Psychische durch einen inneren Kausalzusammenhang zu erfassen, gibt Lange das `Gesetz der Relativität´ an. Empfindungsstärken richten sich nach dem Gesamtzusammenhang des Mentalen, daher kann es, folgert Lange, keine psychischen Elemente geben, die konstant sind. Zudem spielen Wertzusammenhänge eine entscheidende Rolle. Es gibt, grundsätzlich gesehen, kein Gesetz der "Erhaltung des Bewußtseins"[155]. Während Wundt genau diesen Bereich der Relativität und Werthaftigkeit zum Thema seiner Psychologie macht und die Herbartsche

---

[153] Lange, Friedrich Albert: Geschichte des Materialismus und Kritik seiner Bedeutung in der Gegenwart (1866), 2 Bde., hg. von D.U. Ellissen, Leipzig 1905, p. 467.
[154] Lange, op. cit., p. 529. Lange hat eine ausführliche Kritik der Herbartschen Psychologie vorgelegt, in der er die Herbartsche `Mechanik der Vorstellungen´ psychologieimmanent kritisiert. Cf. Lange, Friedrich Albert: Die Grundlegung der mathematischen Psychologie, Duisburg 1865.
[155] Lange, op. cit. 1866, p. 497.

Psychologie entsprechend umformt, liefert er bei Lange die Begründung, um die gesamte Psychologie auf eine `Mechanik der Atome´ zurückzuführen. Langes Kritik beruft sich auf Fechners Psychophysik. Fechner erforschte experimentell den Zusammenhang von psychologischen und physikalischen Prozessen. Es gelang ihm, ein mathematisches Maßprinzip zu formulieren, das Weber-Fechnersche Gesetz, das die physikalischen Reizstärken mit den Empfindungsintensitäten korreliert. Diese Arbeiten lieferten den Ausgang einer mathematischen Psychologie, die, anders als bei Herbart, der Messung und damit der Überprüfung zugänglich war. Mit Anspielung auf die Metapher vom Newton der Psychologie erklärt Fechner, daß sein Maßprinzip "für das Feld der Beziehungen von Leib und Seele eine ebenso wichtige, allgemeine, fundamentale Bedeutung gewinnen wird, wie das Gravitationsgesetz für das Feld der himmlischen Bewegungen"[156].

4.3 Ganzheitlich-hermeneutische Kritik

Eine dritte Form der Kritik an Herbarts Modell ließe sich unter dem Titel der ganzheitlich-hermeneutischen Betrachtungsweise zusammenfassen. Sie wurde zu Zeiten Herbarts von den Vertretern der Romantik erhoben. Repräsentativ ist die romantische Psychologie von Carus in seinem Hauptwerk Psyche (1846), das eine entwicklungsgeschichtliche Strukturanalyse des Geistes unternimmt. Die Romantik wollte primär zeigen, daß mechanistische Modelle prinzipiell unzulänglich bleiben.[157] Ihre Kritik ging dahin, daß der Geist als besonderer Zusammenhang gesehen werden muß, in dem die mechanischen Prozesse eingebunden sind. Der Geist besitze eine Form der Einheit, die am ehesten noch als

---

[156] Fechner, Gustav Theodor: Elemente der Psychophysik (1860), 1. Bd., Reprint der 1. Auflage, Amsterdam 1968, p. 68.
[157] Eine ganzheitliche Kritik muß nicht die experimentellen oder physiologischen Unternehmungen ablehnen. Tatsächlich war die Romantik sehr physiologisch orientiert. Sie betrachtete freilich den Naturbegriff selbst nicht mechanistisch. Cf. Carus, Carl Gustav: Psyche. Zur Entwicklungsgeschichte der Seele, Pforzheim 1846.

organische Entwicklung zu begreifen sei. Folglich lieferte für die romantische Psychologie die Biologie das Vorbild.

Es ist hier nicht entscheidend, daß die Romantik ihre Auffassungen aus einem Seelenbegriff in aristotelischer Fassung herleitete, denn auch Herbart hatte auf den Seelenbegriff nicht verzichtet. Wichtiger erscheint, daß Psychologie die phänomenale Wirklichkeit erfassen soll. Dies enthält einen Naturalisierungsvorwurf gegen die mechanistische Psychologie. Ein Verständnis des Geistes soll erst durch seine Geschichte möglich werden: "Anstatt mit Betrachtung und Spaltung des völlig entwickelten geistigen Organismus ... zu beginnen", fordert Carus, "den Anfang wirklich am Anfang zu machen, zuerst die ersten dunklen, dumpfen, unbestimmten Regungen der Geisterwelt in unserem Inneren aufzusuchen."[158] Es geht daher um die Aufarbeitung unbewußter und elementarer Determinanten. Die Seele ist nicht durch ein mechanistisches Prinzip bestimmt, sondern sinn- und zweckhaft organisiert und eingebunden in die jeweilige Lebensgeschichte. Hierbei gilt das Gefühl als Fundament des Bewußtseins.

Freilich konnte die Romantik keine überzeugenden wissenschaftlichen Alternativen zur Verfügung stellen. Sie bereitete aber entgegen methodenmonistischen Ansprüchen das Entstehen einer eigenständigen, geisteswissenschaftlich-hermeneutischen Methode vor. Während ihre psychologischen Modelle bald in Vergessenheit gerieten, blieben die metaphysischen Grundannahmen und der ganzheitliche Ansatz wirksam, wie die im 19. Jahrhundert zunehmende Bedeutung des Geschichtsbegriffes in den Sozialwissenschaften zeigt. Das romantische Modell scheint als regulatives Instrument dienen zu können, indem es die wissenschaftlichen Theorien mit unseren alltäglichen Selbstzuschreibungen konfrontiert. Unseren Intuitionen zufolge sind wir keine Maschinen, sondern wesentlich wertende und fühlende Wesen, nicht passiv, sondern kreativ und auf Kommunikation angelegt.

---

[158] Carus: Vorlesungen über die Psychologie 1831, neu hg. von F. Arnold, Darmstadt 1958, p. 24.

5. Neuanfänge

Zu Beginn des 20. Jahrhunderts gerieten die mentalistischen Konzeptionen des Geistes in eine Krise, der Bewußtseinsbegriff wurde durch den Begriff des Verhaltens abgelöst. Diese Bewegung, als Behaviorismus bekannt, erklärte, daß wissenschaftliche Begriffe operationalisierbar sein müssen und mentale Begriffe nur operationalisierbar sind, wenn sie beobachtbares Verhalten beschreiben. Jeder Bezug auf Mentales, das nicht als Verhalten erscheint, mache die Psychologie dagegen unwissenschaftlich.

5.1 Das funktionalistische Paradigma

Zwei Strategien lassen sich hier unterscheiden. Im Umkreis des logischen Positivismus, z.b. bei Hempel oder Smart, wurden mentale Begriffe verifikationistisch gedeutet. Da die Bedeutung von Begriffen der Methode der Überprüfung entspreche, komme mentalen Begriffen ein Wahrheitswert nur zu, wenn sie sich auf materielle Vorgänge zurückführen ließen. Neben dieser epistemologischen Ablehnung mentaler Begriffe hat der Behaviorismus im engeren Sinne, vor allem bei Skinner, eingeräumt, daß es mentale Eigenschaften und Prozesse unabhängig vom Verhalten geben könne, die sich mitunter einer Übersetzung in physikalische Begriffe widersetzen. Ihre Anerkennung wird aber methodisch abgelehnt, da sonst der wissenschaftliche Status der Psychologie gefährdet wäre.

Der Funktionalismus hat diese Doktrin erfolgreich bekämpft. Chomsky zeigte für den sprachwissenschaftlichen Bereich, daß Verhalten nicht hinreichend durch Reiz und Reaktion erklärt werden kann.[159] Es gibt innere Prozesse und

---

[159] Chomsky kritisiert den Behaviorismus durch den Hinweis auf die menschliche Sprachkompetenz und Sprachproduktivität. Um zu erklären, daß wir unendlich viele neue Sätze generieren und nie gehörte Sätze verstehen können, muß ein inneres Regelsystem angenommen werden. Dies kann als mentale Ausstattung gelten. Cf. Chomsky, Noam: A Review of B.F. Skinner's `Verbal Behavior´. In: Language 35, No. 1, 1959, pp. 26-58.

Prinzipien, die auf jeden Fall sprachliches Verhalten steuern und deren Kenntnis nötig ist, um solches Verhalten befriedigend zu beschreiben. Damit erhielt der Begriff des Mentalen erneut eine zentrale Stellung in der Psychologie.[160]
Putnam lieferte eine Widerlegung im epistemologischen Bereich. Seine Argumente gegen den Behaviorismus stützten sich auf logische Überlegungen. Er zeigte die begriffliche Möglichkeit auf, daß mentale Prozesse (prominentes Beispiel sind Schmerzzustände) nicht in der üblichen Form geäußert werden müssen. Zudem ist die übliche Form (Schrei, Zurückschrecken) nicht notwendig Zeichen von Schmerz. Die Zuschreibung von mentalen Zuständen muß daher im Kontext von weiteren Überzeugungen und Wünschen erfolgen.[161]
Eine Kritik des logischen Positivismus findet sich auch in Fodors Verteidigung der Einzelwissenschaften gegen das Konzept der Einheitswissenschaft. Zentral ist hierbei der Begriff der natürlichen Art.[162] Wir fassen in unseren speziellen Wissenschaften Phänomene in bestimmten, uns natürlich erscheinenden Klassen zusammen. Physikalisch sind diese Klassen sehr heterogen realisiert. Dieses Problem der multiplen Realisierung führt dazu, daß wir in einer Einheitswissenschaft auf unsere üblichen Einteilungen in natürliche Arten verzichten müßten, ohne einen Ersatz auf fundamentaler Ebene zu erhalten. Selbst wenn angenommen wird, daß Geistiges letztlich eine ausschließlich materielle Grundlage besitzt, bleibt eine Psychologie in intentionalen Begriffen unverzichtbar.

---

[160] Zur Entstehungsgeschichte dieses erneut mentalen Paradigmas in der Erforschung des Geistes cf. Gardner, Howard: The Mind's New Science. A History of the Cognitive Revolution, New York 1985.
[161] Putnam entwirft in seinem Aufsatz `Brains and Behavior' (1963). In: Philosophical Papers 2, 1975, pp. 25-41 das Gedankenexperiment einer Gemeinschaft von Super-Spartanern, die jedes Schmerzverhalten unterdrücken. Hier ist die Übersetzbarkeit von Schmerz in Schmerzverhalten nicht möglich und deshalb scheitert der logische Positivismus mit seiner Theorie. In `Philosophy and our Mental Life' (1973). In: Philosophical Papers 2, 1975, pp. 291-303 begründet Putnam die Eigenständigkeit mentaler Begriffe wissenschaftstheoretisch.
[162] Cf. Fodor, Jerry: The Language of Thought, Hassocks/Sussex 1975, pp. 9-26. Er unterscheidet zwischen `type identity' und `token identity' und widerlegt die erste Form der Identität. Er bestreitet also nicht, daß konkrete Ereignisse (token) mit physikalischen Ereignissen korreliert werden können, sondern daß dies mit Arten, z.B. Schmerzzuständen allgemein, möglich ist.

Den Kerngedanken des Funktionalismus liefert die Annahme, daß mentale Zustände funktionale Zustände sind. Ihr wesentliches Merkmal besteht danach in ihrer kausalen Funktion. Schmerz z.B. steht im Zusammenhang mit bestimmten Ursachen, die ihn hervorrufen, und mit bestimmten Wirkungen, die er bedingt. Die Wirkungen finden sich sowohl im Bereich des Mentalen als auch im Bereich des Verhaltens. Ganz in Übereinstimmung mit dem Behaviorismus geht es nicht um eine Bestimmung intrinsischer Qualitäten, im Unterschied zu ihm werden aber mentale Zustände und ihre Korrelation mit anderen mentalen Zuständen berücksichtigt. Schmerz läßt sich nicht befriedigend verstehen, wenn er nicht mit bestimmten Überzeugungen und Wünschen in Zusammenhang gesehen wird. Der Funktionalismus kann deshalb als Erweiterung der behavioristischen Erklärungen um mentale Zustände gelten.

Ein immer wieder betontes Merkmal des Funktionalismus ist seine ontologische Neutralität. Es spielt keine Rolle, wie ein psychischer Prozeß materiell realisiert wird. Wichtig ist für seine wissenschaftliche Beschreibung allein die funktionale Bestimmung, die abstrakter als die physikalische Beschreibung ist. In diesem Zusammenhang entwickelte Putnam den Gedanken des Turing-Maschinen-Funktionalismus, der das kognitionswissenschaftliche Computermodell des Geistes entscheidend geprägt hat.[163]

5.2 Der Geist als Computer

Der Funktionalismus hat in Opposition zum Behaviorismus eine Psychologie des Mentalen erneuert. Diese läßt sich als Nachfolger des Herbartschen Ansatzes sehen, insofern sie auf Wissenschaftlichkeit und kausal-mechanischer Ableitung beharrt und dabei zugleich sowohl phäno-

---

[163] Putnam hat seine Ansichten zum Turing-Maschinen-Funktionalismus mittlerweile widerrufen.

menologisch-ganzheitliche Erweiterungen als auch physikalische Reduktionen ablehnt. Ihr Erfolg ergibt sich, weil sie, anders als Herbart, Introspektion durch streng experimentelle Verfahren ersetzt.

Dies wurde durch eine Aufnahme des Gedankens der Turingmaschine ermöglicht, deren Übertragung auf das Psychische zum Computermodell des Geistes führte.[164] Die Grundidee besteht darin, daß der menschliche Geist als ein Programm gilt, das ganz analog dem Computerprogramm in einer Hardware, dem Gehirn, implementiert ist. Wie der Computer berechnet unser kognitives System die jeweiligen Inputs und produziert einen entsprechenden Output nach den vorgegebenen Regeln des Programms. Ein solcher Informationsverarbeitungsprozeß beruht auf symbolartigen Repräsentationen.

Das Computermodell des Geistes entstand durch eine Übertragung der Analysen des menschlichen Rechnens und seine Zergliederung in Unterroutinen. Diese Analysen hatte Turing geleistet. Sie führten zur sogenannten Turingmaschine, die gedacht ist als eine Aufschlüsselung jedes beliebigen Rechenvorganges in elementare Operationen und daher als formales Äquivalent solcher Vorgänge gilt. Turings funktionale Analyse lieferte einerseits die Voraussetzung zum Bau moderner Rechner, hatte aber andererseits zur Folge, daß der Geist selbst nun als Turingmaschine betrachtet wurde. Denn seine Analyse erlaubte, nicht nur bei Rechenprozessen, sondern bei kognitiven Prozessen im allgemeinen von subjektiven Qualitäten abzusehen. Nach dem so entstandenen Begriff der Intelligenz besitzen Computer kognitive Zustände, und menschliche Kognitionen sind wesentlich maschinenartige Vorgänge.

Mit der Weiterentwicklung der Künstlichen Intelligenz gewinnt das Computermodell für die Psychologie zunehmende

---

[164] Eine genauere Darstellung der Entstehung und inneren Systematik des Computermodells des Geistes findet sich unter anderem bei Block, Ned: The Computer Model of the Mind. In: D.N. Osherson and E.E. Smith: Thinking. An Invitation to Cognitive Science, Cambridge/MA 1990, pp. 247-289 und bei Krämer, Sybille: Denken als Rechenprozedur: Zur Genese eines kognitionswissenschaftlichen Paradigmas. In: Kognitionswissenschaft 2, 1991, pp. 1-10.

Bedeutung. Fodor hat wohl die bekannteste Ausarbeitung eines Computermodells des Geistes geliefert.[165] Seine Language-of-Thought-Hypothese besagt, daß kognitive Prozesse elementare Rechenprozeduren sind, die in einer im Gehirn fest installierten logischen Sprache ausgeführt werden. Die Abfolge der mentalen Zustände ist hierbei durch Ableitungen aus einer unbewußten Wissensstruktur festgelegt.

Fodor verbindet in seinem Modell die Bereiche der Computertheorie und der Alltagspsychologie. Die Alltagspsychologie liefert den Ausgangspunkt, indem sie unsere übliche intentionale Beschreibungspraxis aufnimmt. Mit Hilfe der Computertheorie sollen dann die Probleme kausaler Verursachung erklärt werden, die sich traditionell aus dem fundamentalen Unterschied zwischen den sinnhaften Vorgängen unseres Geistes und den kausalen Prozessen unseres Gehirns ergeben. Dies gelingt, da der Computer paradigmatisch veranschaulicht, wie physikalische, syntaktische und semantische Elemente aufeinander bezogen und in einer eindeutigen Beziehung zueinander stehen können. Die erstaunlich komplexen Phänomene bewußter Äußerungen erscheinen nun aufgegliedert in immer feinere und für sich genommen weniger intelligente Elemente, bis schließlich eine Ebene rein mechanischer Funktionen erreicht ist.

Von ihrem praktischen Nutzen abgesehen, können Computer in der Psychologie zwei Funktionen besitzen. Sie dienen entweder als regulatives Modell. Dies ist nach Searl die schwache Auffassung der Künstlichen Intelligenz, die zum Kognitivismus führt. Nach ihr ist Denken Informationsverarbeitung, die wahrscheinlich auf einer Manipulation rein syntaktisch unterschiedener Symbole gründet. Da sich bei Computern genau dies finden läßt, ist die Suche nach zugrundeliegenden `Programmen´ des Geistes heuristisch erfolgversprechend. Eine starke Auffassung der Künstlichen Intelligenz nimmt an, daß der Geist tatsächlich ein Computer ist und wie ein Computer arbeitet. In diesem Sinne ließe sich ein empirisches Kriterium zur Überprüfung der Theorien angeben: Ein psychologisches Gesetz ist nur dann als bewiesen

---

[165] Fodor, loc. cit.

anzusehen, wenn es gelingt, die zu erklärenden Phänomene im Computer zu simulieren.[166]

5.3 Offene Fragen

Trotz der Attraktivität, die das Computermodell des Geistes besitzt, sind zahlreiche Einwände gegen es erhoben worden. Freilich lassen sich hier in erster Linie keine methodologischen Kritiken nennen. Methodisch ist das Computermodell auf der Höhe der Zeit. Die Kritik kommt vielmehr von neurophysiologischen und hermeneutischen Positionen.

Als neurophysiologische Kritik kann eine Position gelten, die es für erfolgversprechender hält, eine wissenschaftliche Erklärung des Geistes in neurophysiologische Begriffe zu fassen. Der Konnektionismus ist eine solche Position, die prominent geworden ist.[167] Er bestreitet die Repräsentationstheorie, nach der es eine eigenständige und erschöpfende Beschreibung des Geistes in Begriffen symbolischer Informationsverarbeitung gibt, mit dem Hinweis auf die begrenzte Anwendbarkeit sequentieller Mechanismen. Zudem scheint unser kognitives System weniger störungsanfällig zu sein, als klassische Symbolstrukturen erwarten lassen. Eine bessere Erklärung sollen Netzwerkstrukturen auf neurophysiologischer Ebene bieten.

Ein solches `subsymbolisches Paradigma´ versucht, die Idee der Selbstorganisation aufnehmend, das Gehirn als übergreifenden Zusammenhang neuronaler Elemente zu deuten, das Information speichert durch die jeweilige Ausprägung der Aktivität zwischen den einzelnen Elementen.

---

[166] Zur Unterscheidung und Kritik der starken und schwachen Version der Künstlichen Intelligenz siehe Searl, John: Mind, Brain and Science (1984). Dtsch.: Geist, Hirn und Wissenschaft, Frankfurt/M. 1986, p. 27 und 41.
[167] Einen guten Überblick zum Konnektionismus liefert Bechtel, William: Connectionism and the Philosophy of Mind: An Overview. In: W. Lycan: Mind and Cognition, A Reader, Cambridge/MA 1990, pp. 252-273. Cf. ebenfalls Rumelhart, David: The Architecture of Mind: A Connectionist Approach. In: Posner, Michael (Ed.): Foundations in Cognitive Science, Cambridge/MA 1989, pp. 133-159 und Varela, J.: Kognitionswissenschaft - Kognitionstechnik. Eine Skizze aktueller Perspektiven, Frankfurt/M. 1990, pp. 54 ff.

Das Besondere menschlicher Kognition ist nicht, oder zumindest nicht ausschließlich, ein leistungsstarkes Programm, sondern eine neuronale Form der Informationsverarbeitung.

Eine eher ganzheitliche Kritik des Computermodells hat Searl vorgelegt. Er weist auf die Bereiche des Bewußtseins, der Intentionalität und der Subjektivität hin, in denen das Computermodell völlig unzulänglich sei, und bestreitet insbesondere die Symbolverarbeitungsthese, nach der unser kognitives System eine syntaktische Maschine ist, die eine semantische Maschine antreibt.[168] Searl hält den Gedanken für unverständlich, daß aus der Manipulation bedeutungsleerer Symbole das Phänomen des Verstehens entstehen kann.

Bereits bei Dreyfus[169] und neuerdings bei Winograd und Flores[170] finden sich grundlegende Einwände gegen das Computermodell. Ihre Kritik entwickelt sich aus einer kritischen Sicht der Forschung zur Künstlichen Intelligenz. An hermeneutischen Modellen orientiert, betonen sie die besonderen Leistungen des Alltagsverstandes. Alltagswissen als unmittelbares Handlungswissen ist dem diskursiven Regelwissen vorgeschaltet. Ganz wesentlich sind hier `Unschärfen´. Randbewußtsein, Ambigiutätstoleranz, Kontextualität und praktische Einstellung liefern die Titel, mit denen die spezifisch subjektive Fähigkeit, Wesentliches zu bestimmen, erklärt werden soll.

---

[168] Die Frage nach dem Zusammenhang von Syntax und Semantik ist eine der zentral diskutierten in den Kognitionswissenschaften. Searl behauptet, daß Bedeutung Bewußtsein einschließt. Er hat das in seinem Beispiel des `chinesischen Zimmers´ illustriert. Jemand, der in einem Zimmer isoliert auf die Hereingabe chinesischer Schriftzeichen nach genau festgelegten Regeln andere chinesische Schriftzeichen herausreicht, verstehe damit noch kein Chinesisch. Es ist eingewendet worden, daß die `zentrale Verarbeitungseinheit´ die fremde Sprache nicht verstehen mag, das System insgesamt aber sehr wohl. Cf. zu dieser Diskussion Block, op. cit. Mir scheint die allgemeine Auffassung zu einer Anerkennung der These zu tendieren, daß sich semantische Unterschiede auf syntaktische Unterschiede zurückführen lassen. Vielleicht trifft dies aber nur für bestimmte Bereiche der Bedeutungsphänomene zu.
[169] Dreyfus, Hubert L.: What Computers can't do - The Limits of Artificial Intelligence, New York 1972.
[170] Winograd, Terry/Flores, Fernando: Understanding Computers and Cognition, Norwood/N.J. 1986.

Es ist nicht abzusehen, ob dem zeitgenössischen mechanistischen Modell des Geistes, das als Computermodell seinen Ruhm erlangt hat, das gleiche Schicksal beschieden sein wird wie dem Modell Herbarts. Sicherlich werden Erfolge der neurophysiologischen Grundlagen zumindest entscheidende Einschränkungen seines Geltungsanspruchs zur Folge haben. Der ganzheitliche, hermeneutische Ansatz scheint ebenfalls nicht folgenlos zu bleiben. So resümiert Varela, daß "kognitive Fähigkeiten untrennbar mit einer Lebensgeschichte verflochten sind, wie ein Weg, der als solcher nicht existiert, sondern durch den Prozeß des Geistes erst entsteht"[171]. Dies ließe sich vielleicht die Permanenz der Romantik nennen.

---

[171] Varela, op. cit., p. 110.

Dynamische Modelle als physikalische Erkenntnismittel

Hartmut Hecht[*]
Dieter Suisky[**]

Summary

In dem Text werden Modelle hinsichtlich ihrer Funktion im physikalischen Theorienbildungsprozeß in verschiedenen historischen Perioden untersucht. Es wird gezeigt, daß ihre Bedeutung als Kontinuitätsform der Wissenschaftsentwicklung zugleich Erkenntnisbedingung neu entstehender Theorien thematisiert. Diese spezifische erkenntnistheoretische Funktion von Modellen ist, wie die Analyse des Dialogs zwischen Leibniz und Newton sowie des Sommerfeldschen Atommodells ergibt, von der besonderen physikalischen Problemlage weitgehend unabhängig.

---

[*] Jahrgang 1949. Von 1967 bis 1972 Physikstudium an der Humboldt-Universität zu Berlin, Anschließend Forschungsstudium der Philosophie und Promotion zum Dr. phil. Am philosophischen Institut der Ernst-Moritz-Arndt Universität Assistent und Oberassistent mit den Arbeitsschwerpunkten Naturphilosophie, Philosophie der Physik und Erkenntnistheorie. Habilitation 1984. Von 1984 bis zur Schließung der Berliner Akademie der Wissenschaften Mitarbeiter der Leibniz-Forschungsstelle des Zentralinstituts für Philosophie. Herausgeber des Studienbandes zur philosophischen Methodendiskussion des 17. Jahrhunderts `Gottfried Wilhelm Leibniz im philosophischen Diskurs über Geometrie und Erfahrung´, Berlin 1991. Autor der Leibniz-Biographie `Gottfried Wilhelm Leibniz. Mathematik und Naturwissenschaften im Paradigma der Metaphysik´ mit thematischen Schwerpunkten (Stuttgart/Leipzig 1992).
[**] Jahrgang 1940. Von 1958 bis 1964 Physikstudium an der Martin-Luther-Universität Halle Wittenberg. Nach der Aspirantur 1971 Promotion zum Dr. phil. mit einer Arbeit zu philosophischen Problemen der Naturwissenschaften an der Humboldt-Universität zu Berlin. 1981 ebendort Promotion zum Dr. rer. nat. im Bereich Theoretische Halbleiterphysik. Seit 1972 wissenschaftlicher Mitarbeiter am Fachbereich Physik der Humboldt-Universität. Forschungs- und Arbeitsaufenthalte 1980-81 und 1983-84 an der Moskauer Staatlichen Universität und 1989 an der Universität São Paulo.

In the paper the role of models in the process of formation of physical theories appearing in different historical periods will be discussed. It will be shown, that their philosophical significance is determined by their function, which ensures the continuity of the scientific evolution and determines simultaniously the conditions for the creation of new theories. We demonstrate this in the dialogue between Leibniz and Newton and the atom-model of Bohr and Sommerfeld, which specific epistemological function as models seems to be very similar and independent of the special topic of the physical theory.

1. Leibniz zwischen Descartes und Newton

Bei Descartes und namentlich in der cartesischen Schule der Naturphilosophie liegt eine physikalische Erklärung dann vor, wenn es gelingt, für den in Rede stehenden Sachverhalt die Konstruktion eines mechanischen Modells zu liefern. Auf diese Weise wissenschaftstheoretisch legitimierte physikalische Theorien sind in der Geschichte der Wissenschaften und der Philosophie allgemein als Äthertheorien bekannt. Sie nehmen in bezug auf eine physikalische Erklärung vor allem zwei Funktionen wahr. Äthertheorien begründen den Zusammenhang von Mathematik und Naturerkenntnis, d.h. sie explizieren die durchaus nicht selbstverständliche Einsicht der modernen Naturforschung, daß, um mit Galilei zu reden, das Buch der Natur in mathematischer Sprache abgefaßt ist, als dessen Schriftzüge man Kreise, Dreiecke und andere geometrische Figuren anzusehen hat. Und sie realisieren die ontologischen, also metaphysischen und mithin transzendenten Bestimmungen der Welt, d. h. sie machen die Natur in ihren Erscheinungen entschlüsselbar.

In dem Begriff des mechanischen Modells begegnen sich somit zwei Theorien, die Geometrie und die Metaphysik. Das Modell ist mechanisch, weil die Mechanik als geometrisch ausschöpfbar postuliert wird. Wesentlich Modell aber ist es über eine philosophische Theorie, für deren ontologische Entitäten es eine phänomenologische Darstellung liefert. Wenn daher die physikalische Erklärung in der Konstruktion solcher Modelle besteht, so ist die Wahrheit und Gewißheit der Physik auf ihre metaphysischen und geometrischen Grundlagen zurückgeführt. Descartes' körperliche Substanz, die res extensa, ist in dieser Weise konzipiert. Die Physik ist damit in der cartesischen Tradition nicht nur Teil einer Wissenschaft vom Weltganzen, sie spiegelt vielmehr dieses Ganze der Welt in besonderer, nämlich phänomenologischer Perspektive. Der junge Leibniz hat die spezifischen Grenzen des cartesischen Ansatzes bereits zu benennen gewußt. Er wußte allerdings auch um das Erklärungspotential dieser Form von Naturphilosophie. In einer frühen und ganz eigenständigen philosophischen Arbeit mit dem Titel "Theoria motus abstracti" kritisierte er Descartes' Substanzbegriff, indem er nicht die res extensa, sondern das Problem der Bewegung ins Zentrum rückt. Wenn man dies tut, so Leibniz, ergeben sich ganz neue Einsichten in bezug auf eine metaphysische Grundlegung der Physik. Es läßt sich dann nämlich zeigen, daß Descartes' ontologische Entitäten zu kurz greifen, indem sie voraussetzen, was erst noch abgeleitet werden muß. Nicht die körperliche Substanz ist die adäquate metaphysische Basis, von der aus sich die Brücke zur Physik schlagen läßt, sondern die Bewegung. Aus ihren Bestimmungsstücken und insbesondere unter Zuhilfenahme des conatus, des, modern gesprochen, infinitesimalen Moments der Bewegung, läßt sich definieren, was man unter einem Körper zu verstehen hat. Mit der Klärung des Bewegungsproblems will Leibniz daher das Tor zur wahren Metaphysik aufstoßen.

Allerdings ist dieses Hinausgehen über Descartes, der Versuch, den rationalen Kern der cartesischen Philosopheme herauszuschälen, eher eine Kritik, die diesen Denkansatz selbst weiter auszuschreiten gedenkt. Denn auch Leibniz entwirft auf der Grundlage seiner Theorie der abstrakten Bewegung eine Ätherhypothese vom Weltganzen, die rein mechanisch, und das bedeutet durch Zug und Stoß, alle bekannten physikalischen Phänomene von der Gravitation über die Elastizität bis hin zu chemischen Reaktionen erklären soll. Dafür wird das gesamte Universum als von subtiler Materie erfüllt betrachtet, die in der Umgebung unseres Planetensystems durch eine doppelte, von der Sonne ausgehende Bewegung (Eigendrehung und Ausstrahlung subtiler Materie), in eine Kreisbewegung (Wirbel) versetzt wird.

Und da weder bei Leibniz noch bei Descartes die Schwere eine dem Körper inhärente oder primäre Eigenschaft ist, muß sie durch eine mechanische Konstruktion eingeführt werden. Diesbezüglich stellt Leibniz folgende Überlegungen an: Der Äther führt im Zusammenhang mit der Rotation der Erde um ihre eigene Achse eine Zirkulationsbewegung aus, für die jeder Körper aufgrund seiner körnigen Struktur ein Hindernis darstellt. Da nun aber die radiale Komponente der Geschwindigkeit mit der Entfernung vom Zentrum wächst, der Äther jedoch eine homogene Bewegung ausführt, kann die Störung nur aufgehoben werden, indem der Körper auf das Zentrum hin abgedrängt wird, denn die Kraft wird als proportional zur Geschwindigkeit angenommen. Diese rein mechanisch verursachte Tendenz zum Erdmittelpunkt hin macht sich dann als Gewicht oder spezifische Schwere bemerkbar[172].

Die Argumentation ist hier noch ganz cartesianisch. Und doch wird mit der Elastizität bereits ein Thema angeschlagen, das die Selbstkonsistenz des Universums zu erklären gestattet, was Leibniz zu der Bemerkung veranlaßt, Descartes hätte bei der Einführung seines Bewegungsmaßes mv^2 nicht bei einem Wunder Zuflucht suchen müssen, wenn er die Natur der Elastizität bedacht hätte.

Hier deutet sich denn auch schon die Tendenz an, in der Leibniz seine Gedanken vorantreiben wird. Die Natur der Elastizität führt ihn über das Bewegungsmaß mv^2, das an Überlegungen zu Stoßgesetzen gewonnen wird[173], und die Monade, seinem nun nicht mehr cartesischen Substanzbegriff, zu einer neuen Form mechanischer Modelle, den dynamischen Modellen.

Die hauptsächlichen Kennzeichen der Monade sind ihre Individualität und selbstschöpferische Aktivität. Im Gegensatz zur res extensa wird hier der Körper nicht durch die Eigenschaft der Ausdehnung wesentlich bestimmt, sondern durch Kraft und Aktivität. Kräfte, die in der Ätherphysik nur den Ablauf des Mechanismus äußerlich regeln, werden nun zum Charakteristikum der Substanzen selbst, zu dem, was an Substanzen und Körpern real ist. Leibniz wird so zum Stammvater der Dynamik, ja er führt diesen Begriff in die Wissenschaftssprache ein und meint damit die Wissenschaft von den Kräften und namentlich von denen der körperlichen Naturen.

---

[172] H. Hecht: Gottfried Wilhelm Leibniz. Mathematik und Naturwissenschaften im Paradigma der Metaphysik, Stuttgart/Leipzig 1992, pp. 23-29.
[173] H. Hecht: Leibniz' Kategorie des Maßes, in: Gottfried Wilhelm Leibniz im philosophischen Diskurs über Geometrie und Erfahrung, hg. von H. Hecht, Berlin 1991.

Einen Sachverhalt dynamisch erklären heißt daher, nicht nur Grundbegriffe wie Körper, Raum und Zeit als in ursprünglichen Kräften begründet zu definieren, es heißt vor allem, jene mechanischen Wechselwirkungen der Körper, die den Äthertheorien ihr unverwechselbares Gepräge geben als durch wesentliche und nicht äußerliche Kräfte vermittelt zu reformulieren. Um dies zu leisten, unterscheidet Leibniz primitive, vires primitivae, von derivativen Kräften, den vires derivativae. Die primitiven Kräfte erklären, inwiefern jede besondere, physikalisch signifikante Kraft real ist. Sie stellen somit den Zusammenhang der derivativen, der physikalisch relevanten Kräfte mit den Aktivitäten der Monade her. Durch sie allein läßt sich eine physikalische Erkenntnis als wahr ausweisen. Sie sind es daher, die im Modell der derivativen Kräfte zur Erscheinung gebracht werden. Um Physik zu treiben, hat man sich an die derivativen Kräfte zu halten. Auf ihrer Grundlage konstruierte dynamische Modelle habe jedoch nur dann einen Erklärungswert, wenn sie prinzipiell als in den vires primitivae fundiert ausgewiesen sind.

Es scheint nun zunächst nur eine Frage von rein akademischem Interesse zu sein, ob man zur Erklärung der Phänomene dynamische oder im engeren Sinne mechanische Modelle heranzieht, denn die Modellmethode soll auch in diesem Falle die beiden Grundfunktionen, nämlich Wahrheit und Gewißheit durch Metaphysik und Mathematik gewährleisten. So betrachtet, wird hier noch ganz traditionell gedacht. Der klassische Leibniz-Satz, der dies dokumentiert, lautet: "Physica per Geometriam Arithmeticae per Dynamicen Metaphysicae subordinatur"[174]. Um den Unterschied zu verstehen, muß man mehr ins Detail gehen und sich die Lösung eines speziellen Bewegungsproblems, etwa desjenigen der Planetenbewegung ansehen.

Leibniz entwirft seine Theorie, nachdem er durch eine Rezension in den Acta Eruditorum von Newtons "Philosophiae naturalis Pincipia mathematica" Kenntnis erlangt hat als "Tentamen de motuum coelestium causis". Er will also, wie schon der Titel ausweist, die Ursachen der planetarischen

---
[174] G. W. Leibniz: Mathematische Schriften, hrsg. von C. I. Gerhardt, Bd. 6, Hildesheim/New York 1971, p. 104.

Bewegungen aufklären. Kepler, meinte er, habe mit seinen Gesetzen nicht nur die empirischen Voraussetzungen für eine physikalische Erklärung formuliert, man finde bei ihm auch einen Zugang zur Begründung der Notwendigkeit dieser drei Gesetze, die er allerdings nicht vollständig ausführen konnte, da zu seiner Zeit die Bewegungslehre noch nicht so weit entwickelt und die Infinitesimalrechnung unbekannt war. Zudem habe Kepler die Planeten als intelligente Wesen angenommen, deren Wechselwirkung ihm eine Art Sympathie zu sein schien. Diese Form von Fernwirkung widersprach indessen den physikalischen Erklärungsprinzipien Leibnizens, d. h. der Deutung der Phänomene als dynamische Mechanismen.

Sie setzen sich aber auch ebenso klar von Descartes ab, denn über diesen hinausgehend will Leibniz die Attraktion nach dem $1/r^2$ - Gesetz und die Keplerschen Gesetze ableiten. Sein Ziel ist es also, die aus empirischen Fakten erschlossene und geometrisch formulierte Kepler-Theorie durch die Konstruktion eines dynamischen Wirbels, d. h. eines Modells so zu physikalisieren, daß mit den empirischen Gegebenheiten zugleich deren geometrische Darstellung als wahr erkannt werden kann. Zu diesem Zweck zerlegt er die elliptische Bewegung der Planeten in zwei Komponenten, eine durch den vorausgesetzten Wirbel bewirkte transversale und eine radiale Komponente. Diese Bewegung wird durch zwei gleich große, jedoch entgegengesetzte Kräfte, die Gravitation und die Zentrifugalkraft erzeugt gedacht. Leibniz setzt die Wirbelbewegung als eine harmonische an und kann damit über die Gültigkeit des 2. Keplerschen Gesetzes, des Flächensatzes verfügen, der in Polarkoordinaten lautet:

$$r^2 \cdot d\Phi/dt = const.$$

Danach berechnet er den Term für die Zentrifugalkraft und er kann im Anschluß daran das $1/r^2$ - Kraftgesetz der Gravitation herleiten[175].

---

[175] E. J. Aiton: Gottfried Wilhelm Leibniz. Eine Biografie, Frankfurt a. M./Leipzig 1991, pp. 225-231.

Der Gegensatz dieses Verfahrens zu Descartes ist evident. Bei diesem findet sich weder der Versuch, die Ursachen der Bewegung auf das Wirken von mathematisch berechenbaren Gravitations- und Zentrifugalkräften zurückzuführen, noch ist der Wirbel, von dem bei Leibniz die Rede ist, ein Ätherwirbel. Leibniz' dynamische Naturphilosophie nimmt ja die gesamte Körperwelt als in dem Wirken von Kräften begründet an und thematisiert insbesondere die Elastizität als Strukturprinzip der Materie[176]. Damit aber ist der Äther als subtile Materie nach der Art von Korpuskeln als Erklärungsprinzip ausgeschlossen. Und trotz alledem ist die Abweichung von Descartes die kleinstmögliche.

Wir machen uns dies an einer Schwierigkeit klar, der sich Leibniz in seiner Theorie der Planetenbewegung gegenübersieht. Er bleibt nämlich die Ableitung des 3. Keplerschen Gesetzes schuldig. Der Grund dafür liegt in den Prinzipien seiner Dynamik und tritt in Leibniz' Diskussion der Zerlegungsmöglichkeiten von Keplerellipsen in Komponenten der Bahnkurve markant in Erscheinung (Fig. 1). Leibniz gesteht zwei mögliche Varianten zu:

1. inertial (M_2L) - gravitativ (LM_3)
2. transversal (T_2M_3) - radial (M_2T_2).

---

[176] Cf. H. Breger: Elastizität als Strukturprinzip der Materie bei Leibniz, in: Studia Leibnitiana, Sonderheft 13 Stuttgart (1984).

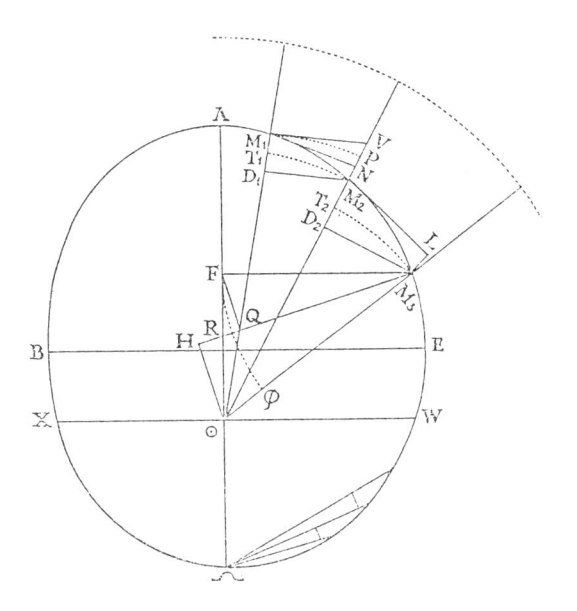

Figur 1

Die erste Zerlegungsmöglichkeit ist für ihn jedoch nicht real, da in diesem Falle, wie er ausführt, die Auslenkung aus der Inertialbewegung allein durch das Angreifen einer instantan wirkenden Gravitationskraft erklärt wird, während man doch auch die Zentrifugalkraft berücksichtigen müsse. Leibniz sieht also nicht, daß die zentrifugale Tendenz bei Newton nichts anderes als das Trägheitsphänomen selbst ist, das als Widerstand gegen die zentripetale Attraktion in Erscheinung tritt. Der Grund dafür ist, daß bei Leibniz sämtliche Bewegungen durch Kräfte erzeugt werden, bei Newton jedoch nur die Abweichungen vom Normzustand der Bewegung. Leibniz muß daher die Gravitation und die Zentrifugalkraft separat in einem dynamischen Modell erzeugen. Bei Newton handelt es sich um zwei Seiten eines Zusammenhangs, die es zudem ermöglichen, die Kepler-Gesetze in ihrer Gesamtheit aus der Gravitationshypothese herzuleiten.

Wir stoßen hier auf einen bemerkenswerten Punkt in der Wissenschaftsgeschichte. Leibniz verfolgte mit seinen dynamischen Modellen der Planetenbewegung das Ziel, die objektive Bedeutung mathematischer Aussagen über die Naturwirklichkeit zu begründen. Er schuf dafür eine spezielle naturphilosophische Theorie, die Dynamik, in der die Konstituentien der Modelle definiert wurden. Die Modellmethode selbst erfüllte dabei die Funktion, eine metaphysische Theorie vom Weltganzen so zu spezifizieren, daß auch Aussagen über Teilbereiche der Welt als wahr, d. h. objektiv und allgemeinnotwendig anerkannt werden konnten. Genauer gesagt: Die physikalischen Aussagen erscheinen als Modelle über primitive Kräfte und folglich als perspektivische Darstellungen des Weltganzen, woraus sie letztlich ihren Wahrheitsanspruch herleiten.

Die Leibnizschen Modelle sind nun aber keine streng mechanischen mehr. Sie versuchen vielmehr den Übergang der Physik zur Dynamik dadurch philosophisch zu legitimieren, daß sie traditionell Modelle als eigentümliche Vermittlungsformen zu den metaphysischen Grundlagen der Welt konstruieren, die nun aber den neuen dynamischen Charakter der Physik transportieren müssen. Sie sind daher hinsichtlich des Erklärungsproblems in der Naturforschung als historische Zwitterwesen anzusehen. Denn Modelle dieser Art übernehmen im 17. bzw. 18. Jahrhundert eine Hilfsfunktion für die Integration neuer Entwicklungen (z. B. der Keplerbewegungen) in ein bereits existierendes theoretisches System (Metaphysik), das dabei weitgehend, d. h. in bezug auf seinen globalen Erklärungsanspruch unangetastet bleiben soll. Das Modell erscheint hier als Objektivierung theoretischer Aussagen, die durch ein besonderes Konstruktionsverfahren empirisch zugänglich werden. Dynamische Modelle sind, wenn man so will, als Versuch anzusehen, eine `klassische´ Form der Physik, die Äthertheorien, so `umzuschreiben´, daß neue, durch die alten Theorien nicht abgedeckte Forschungsresultate wie die Keplerschen Gesetze integriert werden können.

Leibniz' Schwierigkeiten mit eben diesen Gesetzen zeigen, daß sich über die Modellmethode die physikalische Dynamik jedoch nicht konsistent metaphysisch legitimieren ließ. Der Grund dafür ist darin zu sehen, daß Dynamiken vom Newtonschen Typ sich nicht zur Weltphysik erweitern lassen, wie noch von Leibniz unterstellt wurde. Es mußte also eine Lösung gefunden werden, die diese Bedingungen physikalischer Erkenntnis in Rechnung stellte. Damit änderten sich freilich die Auffassungen von dem, was eine physikalische Erklärung ist. Physikalisch erklären hieß nun, wie sich in der mit Newton anhebenden physikalischen Grundlagendiskussion zeigte, Rückführbarkeit auf Gesetze. Das aber bedeutet, daß Modelle als Interpretationen dieser Gesetze obsolet wurden.

2. Das Sommerfeldsche Atommodell

Modelle als Interpretationsschemata für Gesetze markieren, wie wir gesehen haben, einen singulären Punkt physikalischen Theorienwandels. Sie sind nur solange nicht obsolet, wie diese Gesetze noch nicht allgemein anerkanntes Instrumentarium der Wissenschaft sind, oder anders ausgedrückt, solange die den neuen physikalischen Gegebenheiten adäquate Form physikalischer Erklärung noch nicht philosophisch begründet oder gerechtfertigt ist.

Anfang des 20. Jahrhunderts war allgemein akzeptiert, daß die Mechanik als Grundlage des physikalischen Weltbildes anzusehen ist. Ihre Grundbegriffe (Raum, Zeit, Masse, Massenpunkt, Kraft, Ort, Geschwindigkeit, Impuls, Energie und Drehimpuls) hatten sich eingebürgert[177], der Streit um das `wahre Maß der lebendigen Kraft´ zwischen Leibnitianern und Cartesianern war vergessen[178]. Ebenso vergessen war der

---

[177] A. Sommerfeld: Vorlesungen über Theoretische Physik, Bd.I Mechanik, Leipzig 1955, p.17 :"Wir definieren nämlich $T = E_{kin} = mv^2/2$ als kinetische Energie der Bewegung; die ältere Bezeichnung `lebendige Kraft´ (Leibniz) spiegelt die Mehrdeutigkeit des Wortes `Kraft´ wider (vis viva gegen vis motrix; noch Helmholtz nannte seine Abhandlung vom Jahre 1847 `Über die Erhaltung der Kraft´)". Diese Aufzählung erhebt keinen Anspruch, Anforderungen an ein Axiomensystem zu genügen, sie soll verdeutlichen, wie im folgenden Text ausgeführt werden wird, welche dieser Begriffe als `geklärt´ gelten konnten und über welche Meinungsverschiedenheiten bestanden.
[178] A. Sommerfeld, op. cit., p.173. Sommerfeld stellt an dieser Stelle eine Verbindung zur Quantenmechanik her: "Durch die Art dieser Zuordnung unterscheiden sich die verschiedenen und verschieden benannten Integralprinzipien voneinander. Gemeinsam ist ihnen, daß die zu variierende Größe die Dimension der Wirkung hat. Man nennt sie daher zusammenfassend Prinzipien der kleinsten Wirkung... Ein Beispiel ist das Plancksche elementare

Streit um das 'Prinzip der kleinsten Aktionsmenge' von Maupertuis[179]. Die Physik hatte ihre Form adäquater Naturerklärung gefunden[180].

Wirkungsquantum..." Es braucht nicht betont zu werden, daß heute nur noch von der Erhaltung der Energie die Rede ist. Die von Sommerfeld angesprochene Unbestimmtheit ist nicht rein physikalischer Natur, sondern ein Reflex der Grundlagendiskussion zwischen Newton und Leibniz.

[179] Cf. Sommerfeld, loc. cit.

[180] Sommerfeld behandelt den Übergang zur Quantenmechanik in dem letzten Kapitel seines Buches. § 46 Das Kepler-Problem in klassischer und quantentheoretischer Behandlung. Die 'Korrespondenz' zwischen klassischer und quantentheoretischer Beschreibung hat sich für Sommerfeld über die Integralprinzipien der Mechanik ergeben, die sich als erweiterungsfähig erwiesen haben: "Wir wollen in diesem Paragraphen zeigen, wie zwangsläufig und direkt die Hamilton-Jacobische Integrationsmethode zur Lösung des astronomischen Planetenproblems führte. Andererseits werden wir mit Überraschung feststellen, daß dieselbe Methode den Erfordernissen der Atomphysik auf den Leib geschrieben ist und die naturgemäße Einführung in die (ältere) Quantentheorie liefert".

Die Quantentheorie kann in demselben Sinne verstanden werden wie die klassische Physik. Die ältere Quantentheorie steht ganz auf dem Boden der Prinzipienmechanik. Es ist deshalb auch legitim, ein Auswahlkriterium für die 'wirklichen Bahnen' zu definieren. Planck verwendet eine ähnliche Argumentation in seiner Schrift 'Das Weltbild der neuen Physik' (p. 43), wobei er sich ebenfalls direkt auf Leibniz bezieht. Offensichtlich führte der Weg dieser Physikergeneration (Planck, Sommerfeld) nicht nur hinsichtlich der formalen Durchführung der Theorie, sondern auch hinsichtlich der Interpretation und des philosophischen Hintergrundes über Leibniz' 'mögliche Welten'. Die Postulate von Leibniz führen zu einer Auswahl der 'realen Welt' aus der Gesamtheit der 'möglichen Welten'. Diese Vorstellung wird direkt auf die Auswahl der 'realen Trajektorie' eines Massenpunktes (Körpers) aus der Gesamtheit der möglichen Bahnen übertragen. Es macht hinsichtlich der Anwendung des Prinzips keinen Unterschied, nach welchen Regeln die Auswahl getroffen wird. Insofern sind die klassischen Auswahlkriterien den quantenmechanischen gleichwertig. Der Unterschied zwischen den Theorien wird so gering, daß ein 'Übergang' von einer zur anderen möglich zu sein scheint. Sommerfeld hat einen sehr überzeugenden Weg gefunden, das klassische Weltbild zu modifizieren, ohne ihm eine radikale Absage zu erteilen. Diese Haltung entsprach wohl am besten seiner Stellung zwischen den Generationen, der älteren, die sich nicht vom klassischen Weltbild verabschieden wollte (Mach) und der jüngeren, die sofort von den Planckschen Neuerungen Gebrauch machte (Einstein), ohne sich zunächst einmal darum zu kümmern, ob dieses Vorgehen sich auch in einem klassischen Modell rechtfertigen ließ. Die volle Anerkennung als physikalische Theorie ließ folgerichtig einige Jahre auf sich warten. Noch in dem Antrag, in dem Planck 1913, unterstützt von Nernst, Rubens und Warburg, die Wahl Einsteins zum ordentlichen Mitglied der Berliner Akademie der Wissenschaften empfahl, heißt es: "Daß er in seinen Spekulationen gelegentlich auch einmal über das Ziel hinausgeschossen haben mag, wie z. B. in seiner Hypothese der Lichtquanten, wird man ihm nicht allzu schwer anrechnen dürfen; denn ohne einmal ein Risiko zu wagen, läßt sich auch in der exakten Naturwissenschaft keine wirkliche Neuerung einführen." (Zitiert nach F. Herneck: Albert Einstein, Leipzig 1975, p. 32).

Eine neue Situation ergab sich indes in der Atomphysik. Planck hatte durch die Einführung des Wirkungsquantums einen radikalen Schritt vollzogen, der aus dem klassischen gesicherten Weltbild herausführte und eine Diskussion ausgelöst hat, die erst Ende der 20er Jahre einen Abschluß fand. Die konträren Standpunkte waren zu dieser Zeit deutlich formuliert und die Kontrahenten hatten sich auf ihre Interpretationen festgelegt. Höhepunkt dieser Entwicklung war die Kopenhagener Deutung der Quantentheorie.

Planck selbst hat sich in seiner Schrift `Das Weltbild der neuen Physik´, ebenfalls Ende der 20er Jahre, zu diesen, durch ihn initiierten neuen Entwicklungen geäußert[181].

Die Einführung der Relation E = hv (E - Energie, h - Plancksches Wirkungsquantum, v - Frequenz) in die Physik und die damit verbundenen begrifflichen Schwierigkeiten kommentiert Planck in einem Sinne[182], der an eine bekannte Argumentation von Mach über die "eine Vorstellung begleitenden Gedanken" erinnert[183]. Im Gegensatz zu Mach aber,

---

[181] M. Planck: Das Weltbild der neuen Physik, Leipzig 1929. Es folgten Auflagen in den Jahren 1930, 1936, 1938, 1939, 1941, 1942, 1947, 1952, 1953, 1955, was das unverminderte Interesse an dieser Thematik anzeigt.
[182] M. Planck, op. cit., p. 21: "Aber was direkt widerspruchsvoll und infolgedessen durchaus unverträglich ist mit der klassischen Theorie, das zeigt die folgende Überlegung. Die Schwingungszahl ist eine lokale Größe, sie besitzt einen bestimmten Sinn für einen einzelnen Ort, sei es, daß es sich um eine mechanische oder um eine elektrische oder eine magnetische Schwingung handelt; man braucht nur den Ort hinreichend lange Zeit zu beobachten. Die Energie aber ist eine additive Größe. Von der Energie an einem bestimmten Ort zu reden, hat nach der klassischen Theorie gar keinen Sinn, man muß vorher vielmehr das physikalische Gebilde ansehen, dessen Energie man im Auge hat, ganz ebenso, wie wenn man, um von einer Geschwindigkeit in bestimmtem Sinne reden zu können, das Bezugssystem angeben muß". p. 22 heißt es: "Diese bis zu einem gewissen Grade willkürliche Energie soll nun gleich sein einer lokalen Schwingungszahl! Man erkennt die Kluft, die sich zwischen diesen beiden Begriffen auftut. Um die Kluft zu überbrücken, ist ein fundamentaler Schritt notwendig, ein Schritt, der tatsächlich einen Bruch bedeutet mit Anschauungen, welche die klassische Physik stets als selbstverständlich betrachtet und benützt hat".
[183] E. Mach: Die Mechanik, Leipzig 1920 pp. 465/566: "Wenn wir einen langen elastischen Stab einklemmen, so kann derselbe in langsame, direkt beobachtbare Schwingungen versetzt werden... Bei einer weiteren Abkürzung des Stabes... tritt also wieder eine neue Erscheinung auf. Da sich aber nicht alle Erscheinungen auf einmal gänzlich ändern, sondern immer eine oder die andere, bleibt der begleitende Gedanke der Schwingung, der ja nicht an eine einzelne gebunden ist, noch immer nützlich... Würden alle Erscheinungen bei einer weiteren Abkürzung in neue übergehen, so würde die Vorstellung der Schwingung nichts mehr nützen, weil dieselbe kein Mittel mehr bieten würde, die neuen

der seine Argumentation im weiteren zur Ablehnung der Atomhypothese heranzieht und damit neue Vorstellungen aus dem Weltbild der Physik ausschließt, gelangt Planck zur scharfen Herausarbeitung des Widerspruchs zum klassischen Weltbild und zugleich zur Betonung der Unvermeidbarkeit, solche neuen Vorstellungen in die Physik einzuführen. Planck widerspricht an anderer Stelle ausdrücklich dem Machschen Prinzip der Kontinuität, nachdem er die verschiedenen philosophischen Schulen und deren Ansichten zu den neuen Problemen dargestellt hat[184].

Von der älteren Generation der Physiker haben neben Planck, dem Initiator, vor allem Bohr und Sommerfeld als Fortführer der neuen Vorstellungen die Entwicklung vorangetrieben. Dabei wurden die Zweifel immer gravierender, ob die neuen Erscheinungen sich im Rahmen der klassischen Vorstellungen durch Erweiterungen und Ergänzungen verstehen lassen würden. Ein wichtiges Mittel war die Einführung von ad-hoc-Hypothesen, die das alte Weltbild nicht in Frage stellten, aber Anlaß waren, die bestehenden Widersprüche trotz aller Erfolge besonders deutlich werden zu lassen, und das Unbehagen zu verstärken.

Namentlich die Theorie für die Behandlung des Mehrkörperproblems in der Atomphysik, in der "bekanntlich dieses Problem eine zentrale Rolle spielt"[185], bestand zu einem wesentlichen Teil aus der Einführung von ad-hoc-Postulaten[186], deren Anwendung durch ein neues Prinzip, das Korrespondenz-Prinzip, von Bohr zwar erst 1923 formuliert, aber als Leitidee bereits in seinen früheren Arbeiten

---

Erfahrungen durch die früheren zu ergänzen." Prinzip der Kontinuität. Nach Mach müßte die Plancksche Relation zwischen einer Energie und einer Schwingungszahl verworfen werden.
[184] M. Planck: Das Weltbild der neuen Physik, Leipzig 1955, pp. 10-15. Planck faßt den Unterschied in folgendem bemerkenswerten Satz zusammen: "Wenn wir das alte und das neue Weltbild nebeneinander halten, so zeigt sich zunächst wieder ein weiterer bedeutender Schritt in der Richtung der Zurückführung aller Qualitätsunterschiede auf Quantitätsunterschiede".
[185] A. Sommerfeld, op. cit., § 46, p. 229: "Auch hier hat sich die Hamilton-Jacobische Methode in erstaunlicher Weise bewährt. Sie weist geradezu auf diejenige Stelle hin, an der die Quantenzahlen einzuführen sind".
[186] A. Messiah: Quantenmechanik, Bd.I, Kap.I § 15, Amsterdam 1961, oder Moskau 1978, p. 44.

verwendet[187], gesichert werden mußte. Außerdem wurde durch das Bohrsche Postulat der strahlungslosen Bahnen ein Teil der klassischen Mechanik außer Kraft gesetzt.

Es ist an dieser Stelle zu betonen, daß sich Bohr durch die Einführung dieses Postulats gleich mehrfach in Widerspruch zur Tradition setzte. Die experimentellen Tatsachen ließen keinen anderen Ausweg als die Annahme von strahlungslosen "Bahnen, auf denen sich die Elektronen bewegten", genauer, "auf denen sich die Elektronen bewegten, als seien sie klassische Teilchen, die einige ihrer klassischen Eigenschaften verloren hatten", zu.

Man hat sich zu vergegenwärtigen, daß Einstein schon viel weitreichendere Annahme gemacht hatte (bei der quantenmechanischen Deutung des photoelektrischen Effekts), daß aber diese Annahmen keineswegs direkt zu einer grundsätzlichen Revision der klassischen Begriffe (Ort, Impuls, Trajektorie) geführt hatten. Es war nicht möglich, auf der Grundlage der Wellentheorie des Lichts eine Erklärung des photoelektrischen Effekts zu finden.

Der vorhandene Kalkül wurde im Rahmen klassischer Vorstellungen verwendet und der klassische Erhaltungssatz der Energie auf die neuen Verhältnisse übertragen:

$$E = h\nu$$
$$m\nu^2/2 = h\nu - W,$$

wobei ν die Geschwindigkeit des austretenden Elektrons und W die Austrittsarbeit ist.

Es gelang jedoch nicht, eine `Vorstellung´ über den Elementarprozeß zu entwickeln. Vielmehr konnte nur gesagt werden, daß etwas Nicht-Klassisches stattfinden mußte, weil die klassischen Vorstellungen versagten, oder keine Erklärung lieferten. Wieder mußte eine ad-hoc-Hypothese eingeführt werden.

Die allgemeine Beziehung zur Planckschen Theorie konnte mit den Worten ausgedrückt werden, daß "alles so abläuft, als ob der Austausch der Energie zwischen der Strahlung und

---

[187] A. Messiah, op. cit. § 4, Amsterdam 1961 oder Moskau 1978, p. 24.

dem absolut schwarzen Körper durch einzelne Energiequanten erfolgt, aber die Aufgabe besteht darin, herauszufinden, ob diese Hypothese, die ad hoc gemacht wurde, mit der Wellentheorie konsistent sein kann"[188].

Bohr führte nicht nur eine Hypothese ein, sondern setzte voraus, daß die klassische Theorie nicht mehr gültig ist, indem er die Bewegung von Elektronen auf strahlungslosen Bahnen postulierte, was im eklatanten Widerspruch zur Elektrodynamik bewegter geladener Teilchen stand. Insofern unterschied sich seine ad-hoc-Hypothese von derjenigen Einsteins, der zusätzliche Annahmen machte, die sich zwar im Widerspruch zur klassischen Theorie befanden, aus denen aber nicht ausdrücklich folgte, oder durch deren Akzeptierung nicht ausdrücklich vorausgesetzt werden mußte, daß die klassischen Vorstellungen über die Bewegung von Teilchen prinzipiell nicht mehr gültig sind. Die Bohr-Sommerfeldschen Quantenbedingungen `retteten´ wenigstens einen Teil des klassischen Bildes (bis 1924), nämlich die Vorstellung von "Bahnkurven", auf denen sich die Elektronen bewegen.

Es blieb allerdings etwas offen, ein Rest, der sich auch innerhalb der erweiterten Theorie nicht erklären ließ. Damit ergab sich eine vergleichbare Situation zu derjenigen, die weiter oben bei der Ableitung und Erklärung der Keplerschen Gesetze durch Leibniz diskutiert worden ist. Leibniz blieb die Ableitung des 3. Keplerschen Gesetzes schuldig. Ähnlich war die Situation bei der Anwendung der älteren Quantentheorie[189]: Obwohl es gelang, die beim Wasserstoff erhaltenen Resultate auf wasserstoffähnliche (He^+, Li^{++}) und andere Systeme auszudehnen, blieben doch viele Fragen offen. Die Theorie war nicht vollständig, die Bohr-Sommerfeldschen Quantisierungsregeln konnten nur auf periodische oder vielfach- periodische Bewegungen angewandt werden. Der Mechanismus des Franck-Hertz-Versuches konnte nicht erklärt werden und Stoßprozesse lagen jenseits des Rahmens der Theorie. Weiterhin war es nicht möglich, die

---

[188] A. Einstein, zitiert nach A. Messiah: Quantenmechanik, Bd.I, Kap.I, § 4, Amsterdam 1961, oder Moskau 1978, p. 23.
[189] Cf. hierzu A. Messiah: Quantenmechanik, Bd.I, Kap.I, § 15 Amsterdam 1961, oder Moskau 1978, p. 49.

Energieniveaus des nichtionisierten Heliumatoms zu berechnen und den anomalen Zeeman-Effekt zu erklären. Das `mechanische Modell´ der Quantenmechanik erwies sich ungeachtet der zusätzlichen Hypothesen nicht als tragfähig für die Erklärung komplizierterer quantenmechanischer Systeme und ihrer Wechselwirkung mit äußeren Feldern oder untereinander.

Aus den `möglichen mechanischen Welten´ führte kein direkter, allgemeinen Regeln unterworfener Weg zu den `realen Quanteneffekten´, den Meßresultaten an quantenmechanischen Systemen. Der Weg, der zuerst von Planck beschritten worden war, durch Einführung von Zusatzhypothesen zum klassischen Weltbild, d.h. zu den `möglichen mechanischen Welten´ eine Brücke in eine `andere mögliche Welt´ zu schlagen, erwies sich nicht als gangbar. Das Bohrsche Korrespodenz-Prinzip anerkennt diese Nicht-Reduzierbarkeit der Quantenmechanik auf das klassische Weltbild.

Obwohl es sich bei den diskutierten Problemsituationen in der Physik um historisch nicht unmittelbar verknüpfte Ereignisse handelt, wird aus dem Vergleich eine spezifische Funktion physikalischer Modelle deutlich. Ihnen kommt, und dies namentlich im Zusammenhang der physikalischen Grundlagendiskussionen, eine Funktion zu, die den Übergang von einer Theorie zur anderen philosophisch-erkenntnistheoretisch vermittelt. Modelle stellen also eine Kontinuitätsform dar, die genau dadurch, daß sie sich im Verlaufe der Entwicklung aufhebt, eine neue Theorie ermöglicht.

Dies stellt sich in der Naturphilosophie des 17. Jahrhunderts so dar, daß die reale Welt als Modell über eine mögliche Welt begriffen wird. Speziell in der Leibnizschen Metaphysik sind diese möglichen Welten unmittelbar in Gott. Gott braucht sie daher nicht zu konstruieren. Er hat als universeller Logiker vielmehr aus der Gesamtheit der möglichen Welten die beste als seine Wahl zu treffen. Auf diese Weise wird die wirkliche Welt zu einer von Gott geschaffenen. Der Mensch kann durch Modellkonstruktionen und nur durch diese den Schöpfungsakt in einem eingeschränkten Bereich der Welt nachvollziehen, um ihren gesetzmäßigen Zusammenhang zu verstehen und in theoretischen sowie gegenständlichen Konstruktionen die Schöpfung zu vollenden. Daß Newtons Physik durch keine Äthermodelle mehr zu interpretieren ist, stellt daher die tradierte Form des Verhältnisses von möglicher und wirklicher Welt grundsätzlich in Frage. In den physikalischen Grundlagendiskussionen des 20. Jahrhunderts wird das Problem so gelöst, daß die Wissenschaft nun selbst mögliche Welten zu konstruieren hat, um die reale Welt zu verstehen und in ihr zu bestehen. In diesem Erzeugungsakt möglicher Welten, schreibt sie der realen Welt ihre Gesetze vor. Und sie kann sich genau aus diesem Grunde nicht auf eine einmalige Wahl beschränken, um dann der Welt ihren Lauf lassen. Theoretisch wird der Übergang von den Gesetzen einer möglichen Welt zu denen der nächsten möglichen Welt durch die Vermittlung von Modellen vollzogen. In dieser Form bleibt also das Kardinalproblem der Naturphilosophie des 17. Jahrhunderts, die Phänomene durch Modellkonstruktion zu retten, für die Wissenschaftsentwicklung unserer Tage relevant. Konnte Leibniz jedoch einen Teil der Konstruktion der wirklichen Welt an Gott delegieren, so müssen wir heute ohne diese Hypothese auskommen. Damit sind Fragen aufgeworfen, die zwar in der Wissenschaftsentwicklung besonders gut studierbar sind, in ihrer philosophischen Bedeutung jedoch darüber hinausreichen. Im gegenwärtigen Handeln der Menschen lassen sich Hoffnung, Einsicht, Utopie und Protest als verschiedene Varianten dieses Verhaltens ausmachen. Sie entspringen dem einen Wunsch, in `unserer´ Welt keine Fremden zu sein.

Modelle der Neuroinformatik als Mittler zwischen neurowissenschaftlichen Fakten und Kognitionstheorien

A. Schierwagen[*]

Summary

Die Neuroinformatik ist durch ein breitgefächertes, von simplifizierenden bis zu realistischen Modellen reichendes Spektrum charakterisiert. Mit ihrer Methodik stellt sie einen erfolgversprechenden Ansatz dar, die Kluft zwischen neurowissenschaftlichen Erkenntnissen und Kognitionstheorien zu schließen.

Neuroinformatics is characterized by a multifarious spectrum of models reaching from simplifying to realistic. With its

---

[*] Vita: 1964-69 Studium der Mathematik und Physik an der Universität Jena, 1974 Promotion zum Dr. rer. nat. in Mathematik (Universität Jena), 1977-89 wissenschaftlicher Mitarbeiter im Neurophysiologie-Labor des Physiologischen Instituts der Universität Leipzig, 1981-85 Postgradualstudium in Physiologie (Berlin), 1990-91 Habilitation in Informatik (Leipzig) mit einer Arbeit zur Modellierung neuronaler Informationsverarbeitungsprozesse, seit 1989 Oberassistent am Institut für Informatik der Universität Leipzig, FG Neuroinformatik. Er beschäftigt sich in Forschung und Lehre mit Neuroinformatik, speziell mit der realistischen Modellierung neuronaler Systeme. Zu den wichtigsten Arbeiten in diesem Bereich gehören u.a.: `Neurowissenschaften und Künstliche Intelligenz: Neue Ansätze für eine Hirntheorie´, repr. Karl-Marx-Universität Leipzig 1989; `Growth, Structure and Dynamics of Real Neurons´: Model Studies and Experimental Results´. In: Biomed. Biochim. Acta 49/1990, pp. 709-722; `Mathematische Modelle der Informationsverarbeitung in Nervenzellen: Ein Beitrag zur Aufklärung neuronaler Struktur-Funktions-Beziehungen´, Dissertation B, Karl-Marx-Universität Leipzig 1990 und `Towards `Realistic´ Models of Neural Networks: Exactly solvable Cable Models for Dendritic Neurons´. In: Cybernetics and Systems Research ´92, vol. 1, ed. by R. Trappl, Signapore 1992, pp. 781-788.

methodology, neuroinformatics represents a promising attempt to close the gap between neurobiological facts and cognitive theories.

1. Einleitung

Neurowissenschaften und Künstliche Intelligenz (KI) werden von einem gemeinsamen Ziel geleitet: sie sind beide bestrebt, die Prozesse zu erforschen, die dem menschlichen Denken, der Wahrnehmung und dem Bewußtsein zugrunde liegen.

Die eingesetzten Methoden unterscheiden sich dabei allerdings beträchtlich. Während Neurowissenschaftler traditionell auf empirischem Weg die Physiologie, Anatomie und Biochemie des Nervensystems und das Verhalten untersuchen, benutzen KI-Forscher abstrakte algorithmische Methoden, um die informationellen Aspekte der Gehirn-Tätigkeit zu analysieren.

Die Beziehungen zwischen Neurowissenschaften und KI sind gegenwärtig Gegenstand intensiver Diskussion[190]. Bis in die jüngste Vergangenheit war die Situation durch eine eher schwache Wechselwirkung der beiden Forschungseinrichtungen gekennzeichnet. Argumente für die Berechtigung dieser wechselseitigen Distanz wurden (und werden z.T. noch immer) von beiden Seiten geliefert. Sie laufen letztlich darauf hinaus, daß das Leib-Seele-Problem im Rahmen naturwissenschaftlicher Forschungskonzepte wohl für immer unlösbar bleiben wird[191].

Seitens der Neurowissenschaften lassen sich zwei Argumentationseinrichtungen differenzieren. Die Anhänger

---

[190] Cf. hierzu u.a. Churchland, P.S.: Neurophilosophy: Toward a Unified Science of the Mind-Brain. Cambridge, Mass./London, MIT Press 1986; Gardner, H.: Dem Denken auf der Spur, Stuttgart 1989; Penrose, R.: Computerdenken, Heidelberg 1991; Searle, J.R.: Geist, Hirn und Wissenschaft, Frankfurt a.M. 1989; Varela, F.J.: Kognitionswissenschaft - Kognitionstechnik, Frankfurt a.M. 1990 und Winograd, T./ Flores, F.: Erkenntnis Maschinen Verstehen, Berlin 1989.
[191] Creutzfeld, O.D.: Informationsübertragung und -verarbeitung in Nervensystemen. In: Hoppe, W.; Lohmann, W.; Markl, H.; Ziegler, H. (Hgg.): Biophysik, Berlin/Heidelberg/New York 1982, pp. 765-791 und Bunge, M.: The Mind-Body Problem. A Psychobiological Approach. Oxford/New York 1980.

der ersten Richtung gehen davon aus, daß die ungeheuere Komplexität des Gehirns - etwa 10^{12} Nervenzellen und 10^{16} Verbindungen - jede Hoffnung auf das Verstehen dieses gigantischen Netzwerkes von vornherein als illusorisch erscheinen läßt. Argumente der zweiten Kategorie beruhen auf grundsätzlichen Einwänden, die beispielsweise von der Eigenart subjektiver Erfahrungen ausgehen oder davon abgeleitet werden, daß mentalen Zuständen Bedeutungen zukommen. Die generelle Schlußfolgerung ist in beiden Fällen, daß mentale Phänomene nicht auf physikalische Prozesse zurückgeführt werden können[192].

In der KI-Forschung andererseits geht man von der Annahme aus, daß biologische Systeme und Computer bei unterschiedlichem Aufbau ähnliche Funktionen ausüben können, die auf denselben Prinzipien der Informationsverarbeitung beruhen. Nach dieser sog. `physikalischen Symbolverarbeitungssystem-Hypothese´[193] existiert eine Beschreibungsebene für solche von beiden Systemen ausgeführten Aufgaben, die gewissermaßen `hardwareunabhängig´ ist. Das bedeutet in Bezug auf mentale Zustände und Prozesse, daß diese einen Forschungsbereich konstituieren, der unabhängig von den Neurowissenschaften ist. In dieser Betrachtungsweise ist das Gehirn eine informationsverarbeitende Maschine, die nach logischen Regeln mit Symbolen (als Repräsentationen `kognitiver Einheiten´) operiert. Für die Untersuchung informationeller Prozesse ist demnach die Frage ihrer Implementierung in einem gegebenen System weitgehend irrelevant.

Aus den dargestellten Positionen ergibt sich das Bild zweier divergierender Disziplinen, die durch unterschiedliche Forschungskonzepte charakterisiert sind: die kognitiven Wissen-schaften (KI, Psychologie) arbeiten die kognitive Theorie der Gehirntätigkeit aus, während die Neurowissen-

---
[192] Creutzfeld, loc. cit.
[193] Newell, A.: Physical Symbol systems. In: Norman, D.A.(Ed.): Perspectives on Cognitive Science. Noorwood, NJ 1981, pp. 37-86.

schaften die physikalische Realisierung des kognitiven `Programms´ im Nervensystem untersuchen.

Diese Situation hat sich seit Beginn der achtziger Jahre in bemerkenswerter Weise verändert. Die Einführung neuer experimenteller Techniken zur Untersuchung von Mechanismen der parallelen, verteilten Informationsverarbeitung ermöglichte seitens der Neurobiologie deutliche Fortschritte. Zu diesen Untersuchungsmethoden zählen Multi-Elektroden-Ableitungen der Simultanaktivität vieler Nervenzellen, die optische Darstellung dieser Aktivität mittels spannungs- bzw. ionensensitiver Farbstoffe sowie die Untersuchung der Gehirnstruktur und -aktivität mit Hilfe der Positronen-Emissions-Tomographie (PET), der Magnet-Enzephalographie (MEG), der 2-Deoxyglucose (2-DG) -Methode und der Kern-Magnetresonanz (NMR).

Diese Entwicklung wird von der rasanten Entwicklung der Computerkapazitäten begleitet, die in den Neurowissenschaften zur Verfügung stehen, sowohl was Hardware als auch Software anbelangt. Damit wird die realistische Simulation neuronaler Systeme zunehmend zur Routineangelegenheit für Neurobiologen[194].

Auf theoretischem Gebiet vollzogen sich im selben Zeitraum ebenfalls wichtige Veränderungen. Besonderer Aufmerksamkeit finden Netze formaler Neurone (NFN), die durch Verknüpfung nichtlinearer Einheiten - drastisch vereinfachte Modelle realer Neurone - gebildet werden. Diese NFN leiten sich in direkter Linie von den Untersuchungen her, die McCulloch und Pitts 1943 begannen[195] und die vor allem in den sechziger und frühen siebziger Jahren, der Blütezeit der Kybernetik, Gegenstand intensiver Analysen waren. Das neuerliche Interesse rührt vornehmlich von einer Arbeit

---

[194] Cf. Modeling the Nervous System. Trends in Neurosciences 15 (11) 1992 (Special Issue).
[195] McCulloch, W.S./ Pitts, W.H.: A Logical Calculus of the Ideas Immanent in Nervous Activity. In: Bull. Math. Biophys. 5 (1943), pp. 115-133.

Hopfields aus dem Jahre 1982 her[196]. Durch weitere Vereinfachung bekannter NFN-Modelle gelang ihm die Lösung der die Systemdynamik beschreibenden Gleichungen. Die Ergebnisse zeigten in schöner Weise, daß diese Netze globale, `emergente´ Eigenschaften besitzen, die nicht unmittelbar aus den einfachen Regeln abgeleitet werden können, denen jede der Einheiten und die Kopplungen zwischen denselben unterworfen sind. Von großer Bedeutung war weiter der Nachweis, daß zwischen diesen NFN und magnetischen Ising-Systemen enge Beziehungen bestehen. Damit wurden die Methoden der statistischen Physik nutzbar und wirksame Instrumente zur Analyse der NFN verfügbar.

2. Die Zielstellung der Neuroinformatik

Vor dem Hintergrund dieser Entwicklungen haben sich in den letzten Jahren Wissenschaftler aus so unterschiedlichen Gebieten wie Neurobiologie, Informatik, Physik, Psychologie, Mathematik und Medizin zusammengefunden, um im Rahmen einer neuen Teildisziplin der Informatik, der Neuroinformatik, `biologische Intelligenz´ in künstlichen `neuronalen Netzwerken´ nachzubilden. Dem Doppelcharakter der Informatik als Struktur- und Ingenieurwissenschaft entsprechend, lassen sich zwei Hauptrichtungen der Neuroinformatik angeben[197].

Einerseits wird Neuroinformatik (`neurocomputing´) definiert als "engineering discipline concerned with non-programmed adaptive information - processing systems - neural networks - that develop associations (transformations or mappings) between objects in response to their environment"[198].

---

[196] Hopfield, J.J.: Neural Networks and Physical Systems with Emergent Collective Computational Abilities. In: Proc. Nat. Acad. Sci. USA 79 (1982), pp. 2554-2558.
[197] Kohonen, T.: Artificial Neural Networks: Models, Paradigms, or Methods? In: Alexander, I./ Taylor, J. (Eds.): Artificial Neural Networks, 2. Amsterdam 1992, pp. 3-10.
[198] Hecht-Nielsen, R.: Neurocomputing, Reading, MA 1989

Diesem für die Technik kennzeichnenden Synthese- oder Entwurfsproblem steht das Analyseproblem gegenüber - das Bestreben, die Funktion des Nervensystems als ein komplexes biologisches Systems mit unbekannten Entwurfsprinzipien zu verstehen. In diesem Sinne umfaßt Neuroinformatik auch eine Forschungsrichtung, die in Deutsch etwas umständlich als `Biophysik der Informationsverarbeitung´ (BIV) bezeichnet werden könnte, in Englisch "computational neuroscience, with the ultimate goal of explaining how electrical and chemical signals are used in the brain to represent and process information"[199].

Mit diesem Zugang unterscheidet sich die Neuroinformatik von der Kybernetik und der KI. Anders als die Kybernetik öffnet sie die `black box´ und untersucht deren wirkliche Struktur, um ihre Funktion verstehen zu können, und anders als die KI ist sie nicht nur daran interessiert herauszufinden, wie eine bestimmte Aufgabe am besten gelöst werden kann, sondern auch daran, wie das Gehirn die Aufgabe löst.

Zusammen mit anderen theoretischen Ansätzen, die das Informationsverarbeitungskonzept aus prinzipiellen Erwägungen heraus für unzureichend ansehen und es zu überwinden suchen[200], stellt die Neuroinformatik Elemente einer `Hirntheorie´ bereit, die quasi als gemeinsamer Durchschnitt der Disziplinen Neurobiologie, Psychologie, Philosophie, Mathematik, Physik, Informatik (KI und Robotik) und Medizin (Rehabilitation und Prothetik) anzusehen wäre.

Obwohl gegenwärtig bei weitem noch keine Übereinstimmung über charakteristische Grundprinzipien und methodologische Fragen herrscht, sind erste Konturen einer solchen Theorie auszumachen. So ist u.a. unstrittig, daß die Theorie eine mathematisch formulierte Erklärung dafür

---

[199] Koch, C.; Segev, I. (Eds.): Methods in Neuronal Modeling, Cambridge, MA and London 1989.
[200] Cf. Edelman, G.M.: Neural Darwinism. New York 1987; Skarda, C.; Freeman, W.J.: How Brains Make Chaos in Order to Make Sense of the World. In: Behav. Brain Sci. 10 (1987), pp. 161-195 und Maturana, H.R.: Erkennen: Die Organisation und Verkörperung von Wirklichkeit, Braunschweig/Wiesbaden 1982.

liefern muß, wie Gehirnfunktionen auf der materiellen Grundlage neuronaler Netze in Zentralnervensystem (ZNS) entstehen. Vom Verständnis der ZNS-Funktion erhofft man sich Nutzen in den verschiedensten Gebieten, allen voran KI und Medizin.

Im folgenden soll der BIV-Ansatz der Neuroinformatik hinsichtlich seiner Brückenfunktion zwischen Neurobiologie und Kognitiver Psychologie bzw. KI genauer betrachtet werden. Dabei wird sich die grundsätzliche Bedeutung der mathematischen Modellierung in diesem Zusammenhang zeigen.

3. Top-down versus bottom-up: Ansätze zur Analyse biologischer Informationsverarbeitungsprozesse

In einem metaphorischen Sinn können Nervensysteme als informationsverarbeitende Systeme betrachtet werden, denn sie dienen in allen Organismen der Aufnahme, Leitung und Verarbeitung von Information aus der Umwelt bzw. dem Körperinneren. Ein wichtiges Ziel neurowissenschaftlicher Forschung besteht daher in der Aufklärung der Prinzipien, mit denen das Gehirn diese informationellen Prozesse realisiert. Zweifellos ist die genaue Kenntnis der Bausteine des Nervensystems, der Neurone, und ihrer Verbindungen untereinander und mit anderen Zellen eine Grundvoraussetzung dafür.

Daneben gibt es aber noch ein weiteres Motiv, Neurone, Membranen und Synapsen als Teile des Informationsverarbeitungssystems `Gehirn´ im Detail zu untersuchen. 1982 hatte Marr einen Informationsverarbeitungsansatz zum Studium biologischer Systeme vorgeschlagen, der auf den klassischen Annahmen der KI-Forschung basierte[201]. Danach sollten 3 Beschreibungsebenen bei der Analyse eines

---

[201] Marr, D.: Vision, San Franzisco 1982.

konkreten Problems der biologischen Informationsverarbeitung unterschieden werden: die semantische Ebene, die syntaktische Ebene und die Ebene des Mechanismus. Auf der semantischen Ebene würde mit einer Theorie analysiert, welches Problem zu lösen ist und warum; gleichzeitig sollten die allgemeinen Beschränkungen untersucht werden, die die physikalischen Gesetze der Lösung des Problems auferlegen. Auf der syntaktischen Ebene würde ein Algorithmus angegeben, der eine Methode zur Gewinnung der von der Semantik bezeichneten Lösung darstellt. Die Mechanismus-Ebene kennzeichnete die Implementierung des Algorithmus, d.h seine physikalische Realisierung mit bestimmten Funktionselementen.

Eine Theorie der kognitiven Informationsverarbeitung ist aus dieser Sicht eine Theorie der Dynamik auf der semantischen Ebene, die von den logischen Gesetzen und Regeln der syntaktischen Ebene bestimmt wird. Die Neurobiologie wird dabei nur mit der Ebene des Mechanismus in Verbindung gebracht, d.h. mit der Analyse des Gehirnaufbaus, seiner Elemente und ihrer Verknüpfungen. Damit nimmt Marr eine gerichtete Abhängigkeit der drei Ebenen 'von oben nach unten' an, d.h. schematisch :

Theorie --> Algorithmus --> Mechanismus.

Dieser Ansatz ist äquivalent zu der als 'top-down' bezeichneten Strategie zur Erforschung eines komplexen Systems. Kerngedanke dieses Ansatzes ist die Annahme, daß die höheren Beschreibungsebenen praktisch unabhängig von den niederen sind. Danach besäßen die semantischen Probleme der höchsten Ebene das Primat gegenüber den anderen Ebenen; sie könnten unabhängig von der Frage untersucht werden, welche speziellen Algorithmen der Informationsverarbeitung zugrunde liegen. Entsprechend wäre die Frage des Algorithmus auf der zweiten Ebene unabhängig von seiner physiko-chemischen Implementierung. Eine naheliegende Schlußfolgerung für die klassischen Kognitionswissenschaften (KI, Psychologie) war daher, daß die Neurobiologie in hohem

Maße irrelevant ist für die Entwicklung einer Theorie der Informationsverarbeitung auf dem semantischen (psychologischen) Niveau.

Tatsächlich haben in der jüngeren Vergangenheit von diesem Ansatz ausgehende Untersuchungen zu Berechnungstheorien geführt, die die Verarbeitung sensorischer (speziell visueller) Information beschreiben[202] Ungeachtet anfänglicher Erfolge ist jedoch inzwischen klar, daß derartige Theorien auf grundsätzliche Schranken stoßen, wenn sie der Erklärung von Gehirnfunktionen dienen sollen.

Eine bestimmte Funktion, etwa die `Berechnung´ der räumlichen Tiefenwahrnehmung oder der Bewegung von Objekten im Gesichtsfeld, kann im allgemeinen durch eine Reihe unterschiedlicher Algorithmen ausgeführt werden. Diese Algorithmen hängen aber nicht nur von der abstrakten Natur der auszuführenden Berechnungen ab, sondern auch von den Eigenschaften, den Möglichkeiten und Beschränkungen der `Hardware´, in der der jeweilige Algorithmus implementiert ist. D.h., theoretische Vorstellungen über `höhere´ Hirnfunktionen wie Lernen, Gedächtnis, Wahrnehmung und sensomotorische Kontrolle müssen notwendigerweise in Übereinstimmung mit den neurobiologischen Fakten stehen, die etwa die Anzahl der Nervenzellen und ihrer Verbindungen untereinander und die biophysikalischen Mechanismen der neuronalen Operationen betreffen.

Betrachten wir z.B. die Restriktionen, die durch den Zeitfaktor einer jeden Theorie auferlegt werden: Schaltzeiten bei Silikon-Chips liegen im Nanosekundenbereich, bei Neuronen dagegen um den Faktor 10^6 höher (Millisekunden-Bereich). So gesehen sind Gehirnprozesse schleppend langsam, verglichen mit der Geschwindigkeit von Schaltprozessen in Chips. Andererseits läßt jedes primitive Gehirn beim Wettlauf um die Erkennung von Mustern o.ä. den Rechner mit

---

[202] Cf. Marr, loc. cit.

traditioneller `von Neumann´ - Architektur weit hinter sich. Das menschliche Gehirn vollführt routinemäßig Wahrnehmungsleistungen in 100-200 ms; Aufgaben von wesentlich geringerer Komplexität benötigen dagegen auf dem Computer u.U. mehrere Stunden CPU-Zeit. Daraus folgt sofort, daß das Gehirn Wahrnehmungsleistungen keinesfalls durch Millionen sequentieller Operationen realisieren kann: es fehlt einfach die Zeit dazu.

Ein weiterer Gesichtspunkt ist die Plastizität der Neurone, d.h. ihre für die Signalaufnahme und -verarbeitung relevanten Bestandteile sind dynamischen Veränderungen unterworfen. Wir verstehen heute immer besser, daß diese Plastizität eine essentielle Bedingung für die Informationsverarbeitungs-Funktion von Neuronen ist. Diese Tatsachen sind von theoretischer Bedeutung auch in folgendem Zusammenhang: Modelle des Lernens und des Gedächtnisses, die fast alle Verarbeitungskomplexität den neuronalen Verbindungen zuweisen und nahezu keine den Neuronen selbst, führen zwangsläufig dazu, daß viel mehr Elemente postuliert werden müssen als im Nervensystem tatsächlich vorhanden sind.

Die Einbeziehung des Evolutionsaspekts setzt weitere Randbedingungen in dem Sinn, daß Modelle der menschlichen Kognition eine durchgängige Kontinuität mit der tierischen Kognition aufweisen müssen.

Zwei erste Schlußfolgerungen können aus dem Gesagten gezogen werden:
1) Die jeweils verfügbare Hardware kann die Art des zur Lösung eines bestimmten Problems benutzten Algorithmus entscheidend beeinflussen. Somit hängt die algorithmische Beschreibungsebene sowohl von der semantischen als auch von der Implementierungs-Ebene ab. Im Gegensatz zur Hypothese Marrs besteht also eine Abhängigkeit der verschiedenen Ebenen in folgender Weise:

Theorie --> Algorithmus <-- Mechanismus

2) Da ein Algorithmus per definitionem eine formale Berechnungsvorschrift ist, gehen keinerlei spezifische physikalische oder chemische Parameter in diese Vorschrift ein. Damit ist aber offensichtlich, daß bei Beschränkung auf den rein formalen Aspekt keine Möglichkeit besteht, die Frage zu beantworten, wie der in einem gegebenen Informationsverarbeitungssystem implementierte Algorithmus am besten zu analysieren ist bzw. wie eine neurobiologische Aufgabenanalyse erfolgen kann.

Die detailierte Kenntnis der struktur-funktionalen Organisation des Gehirns ist daher unverzichtbar, wenn Algorithmen erforscht werden sollen, die für kognitive Funktionen relevant sind. Damit soll die Bedeutung der `bottom-up´ - Forschungsstrategie unterstrichen werden, die kennzeichnend für das Vorgehen in den Neurowissenschaften ist und die folgendermaßen charakterisiert werden kann. In einem ersten Schritt wird die strukturelle Basis der Funktion ermittelt, indem die fundamentalen Merkmale der neuronalen Architektur des zu untersuchenden Teilsystems bestimmt werden. Der zweite Schritt beinhaltet die funktionelle Charakterisierung der neuronalen Elemente und Netze, so daß im dritten Schritt die Synthese der Ergebnisse aus den beiden vorangegangenen Untersuchungsschritten erfolgen kann. Hierbei ist die mathematische Modellierung das wichtigste Instrument, wie noch zu zeigen sein wird. Das auf diese Weise gewonnene Wissen über die struktur-funktionale Organisation des neuronalen Teilsystems wird im abschließenden vierten Schritt in einem konzeptionellen Modell zusammengefaßt, das die Funktion des Teilsystems erklärt. Offensichtlich stellt die Konfrontation des konzeptionellen Modells mit Verhaltensdaten von intakten Tieren oder - wenn möglich - Menschen einen wichtigen Test für dessen Adäquatheit dar.

4. Grundsätzliche Probleme der Modellierung informationeller Prozesse im Nervensystem

Vor dem Hintergrund der skizzierten Zusammenhänge zwischen den verschiedenen Beschreibungsebenen und Untersuchungsstrategien eines biologischen Informationsverarbeitungsprozesses wurde in der jüngsten Vergangenheit von verschiedenen Autoren gefordert, die Kluft zwischen psychologischen Theorien und neurowissenschaftlichen Daten zu schließen[203].

Eine erste Bedingung dafür ist die Identifizierung und Analyse der elementaren Operationen, die von der neuronalen `wetware´ ausgeführt werden. In diesem Zusammenhang sehen wir zwei Kategorien von Fragestellungen, die sich direkt aus der Zielstellung des BIV-Ansatzes der Neuroinformatik ableiten. Die erste Kategorie beinhaltet Fragen nach den funktionellen Potenzen der neuronalen Bausteine, d.h. danach, ob ein bestimmter Effekt physiologisch möglich ist, und die zweite - im Falle einer positiven Antwort auf die Fragen der ersten Kategorie - ob dieser Effekt bei der normalen Funktion eines realen neuronalen Systems tatsächlich auch benutzt wird. Zu beiden Fragenkomplexen liegt auf den verschiedenen neuronalen Organisationsebenen eine wahre Datenflut vor, so daß eine Methodologie unabdingbar ist, die die Behandlung der Daten in einem selbstkonsistenten Rahmen ermöglicht. Eine solche Methodologie ist die neuronale Modellierung, deren Wirksamkeit sich mit der rasanten Entwicklung der Computerkapazitäten beträchtlich erhöht hat und die zweifellos weiter an Bedeutung gewinnen wird.

Die Anwendung mathematischer Modelle für die Planung, Durchführung und Auswertung von Experimenten hat ihre Wurzeln in den traditionell erfolgreichsten Wissenschaften Physik und Chemie und deren Anwendungsfeld, der Technik. Die Übertragung derartiger Modellierungstechniken auf die

---

[203] Sejnowski, T.J./ Koch, C./ Churchland, P.S.: Computational Neuroscience. Science 241 (1988), pp. 1299-1306.

Neurobiologie ist jedoch mit verschiedenen Schwierigkeiten verbunden, die nicht übersehen werden dürfen.

Zunächst beruhen formale Modelle auf spezifischen Annahmen, die überhaupt erst die Lösung des Problems gestatten. Damit ist die Anwendbarkeit eines Modells und seiner Lösungen auf diejenigen Situationen beschränkt, für die die Annahmen erfüllt sind. Die Stärke eines solchen Modells besteht aber andererseits in seinem Vermögen, das Verhalten eines beliebigen Systems vorherzusagen, das den Modellannahmen genügt. In der Neuroinformatik gab und gibt es eine große Anzahl von Modellen, die auf unrealistischen Annahmen beruhen und die demnach auch keine direkten Erkenntnisse über physiologische Mechanismen liefern können. Vom Standpunkt der Mathematik, Informatik o.ä. führen sie jedoch oft auf interessante Ergebnisse. Ein typisches Beispiel sind die erwähnten Netze formaler Neurone von McCulloch und Pitts[204], die fraglos ihre größten Auswirkungen außerhalb der Neurobiologie hatten, d.h. in der Mathematik, der Computerwissenschaft und neuerdings in der Physik. Diese Klasse von simplifizierenden Gehirnmodellen kann helfen, die Sicht auf grundsätzliche Probleme der Informationsverarbeitung zu erweitern, und damit möglicherweise auch zu einem besseren Verständnis dafür beitragen, wie das Gehirn seinerseits Information verarbeitet.

Wenn umgekehrt Modellannahmen in ausreichender Übereinstimmung mit physiologischen usw. Fakten getroffen wurden, läßt sich das Systemverhalten für eine Vielzahl von Situationen vorhersagen, und die Planung von Experimenten wie die Interpretation der Ergebnisse wird ermöglicht. Die Anwendung der Theorie elektromagnetischer Felder (Maxwell-Gleichungen) auf die Modellierung des elektrischen Verhaltens von Nervenzellen (Membranen, Dendriten und Axone) und auf lokale Feldpotentiale sind Beispiele derartiger erfolgreicher

---

[204] Cf. die Angaben weiter oben.

Modellierungskonzepte in der Neurophysiologie[205]. Diese Art Modelle bildet die Klasse der realistischen Hirnmodelle.

Die beiden Modellklassen - simplifizierende bzw. realistische Modelle - sind selbstverständlich Abstraktionen, die quasi Endpunkte eines Kontinuums darstellen. In der Praxis wird ein gegebenes Modell stets Merkmale beider Klassen aufweisen, da diese direkt in jede Modelldefinition eingehen (das Modell als homomorphes Bild eines realen Objektes, Prozesses usw.)

Ein zweites, mit der Anwendung formaler Modellierungstechniken im Rahmen des BIV-Ansatzes verbundenes Problem ist die Notwendigkeit, formale Beschreibungen auf die Grundlage physiko-chemischer Prinzipien zu stellen. Das erwähnte Beispiel der Modelle der Nervenerregung, wo ein physikalisches Theoriengebäude auf einen Aspekt der Gehirnfunktion anwendbar ist, hat dabei paradigmatischen Charakter für die BIV. Andere Versuche (etwa im Rahmen traditioneller kybernetischer Ansätze), rein abstrakte, "substratunabhängige" Beschreibungen der Gehirnfunktion anzugeben, haben sich als unfruchtbar erwiesen und sind verschiedentlich als geradezu gefährlich zurückgewiesen worden[206].

Damit ist klar, daß der `klassische´ Weg zur Konstruktion eines mathematischen Modells über den Zwischenschritt der physikalischen Reduktion bzw. Modellbildung dem `black-box´ - Modellierungsverfahren vorzuziehen ist. Die auf Kenntnissen über den `inneren Aufbau´ des realen Systems, d.h. seiner Struktur, basierende Methode der struktur-funktionalen Modellierung ist demnach die für die Analyse von informationellen Prozessen im Gehirn adäquate Methode; sie bildet das methodische `Rückgrat´ des BIV-Ansatzes der Neuroinformatik.

---

[205] Koch, C./Segev, I. (Eds.), loc. cit.
[206] Cf. Arshavsky, Yu. I./ Gelfand, I.M./ Orlovsky, G.N.: Gerebellum and Rhythmic Movements, Berlin/Heidelberg/New York 1986 und Haken, H.: Synergetics, Berlin/Heidelberg/New York 1985.

Diese Wertung ergibt sich vor allem auch aus der Adäquatheitsproblematik. Eine wichtige Forderung an ein mathematisches Modell ist die nach Adäquatheit zu dem untersuchten realen Objekt bezüglich des betrachteten Aspekts. Modelle können sich im Grad der Adäquatheit unterscheiden, worunter wir "eine Art Koeffizient für die Korrelation zwischen Modell und Ausgangsobjekt"[207] bezüglich der ausgewählten Eigenschaft verstehen wollen. Ein adäquates Modell wird gewöhnlich eine bestimmte Nebenadäquatheit besitzen, d.h. es ermöglicht eine befriedigende Objektbeschreibung nicht nur bezüglich der Eigenschaften, für die es primär gebildet wurde, sondern auch noch bezüglich anderer Aspekte, die erst im Verlauf der Untersuchung einbezogen werden. Eine inhärente Eigenschaft struktur-funktionaler Modelle ist die Tatsache, daß sie i.a. eine höhere Nebenadäquatheit als die funktionalen (black-box) Modelle besitzen, ihr Anwendungsbereich also breiter ist. Mehr noch, in den meisten Fällen besitzen rein funktionale Modelle überhaupt keine Nebenadäquatheit - die Frage nach anderen Modelleigenschaften ist dann schlichtweg sinnlos! (Dieser Umstand kennzeichnet übrigens die Modelle der `traditionellen´ KI.)

Die Frage der Adäquatheit ist untrennbar mit dem Problem der Einfachheit des Modells (bzw. seiner Kompliziertheit) verbunden. In der Tendenz gilt fraglos, daß ein Modell umso adäquater ist, je komplizierter (detaillierter) es ist, und umgekehrt. Bei alleiniger Orientierung auf Adäquatheit wäre ein kompliziertes Modell einem einfacheren stets vorzuziehen. Allerdings führen komplizierte Modelle häufig zu sehr umfangreichen Gleichungssystemen, die sich nicht untersuchen lassen. Die Wahl eines hinreichend einfachen und adäquaten Modells ist daher als Optimierungsaufgabe zu sehen, die allerdings in der Praxis wegen des Fehlens einer geeigneten Zielfunktion nur intuitiv, auf der Basis gründlicher Kenntnisse des Anwendungsgebietes Neurowissenschaften bzw. Kognitive Psychologie gelöst werden kann.

---

[207] Cf. Blechman, I.I./ Myskis, A.D./ Panovko, Ja.G.: Angewandte Mathematik, Berlin 1984.

5. Die Spezifik nichtlinearer Modelle

West[208] hat in einem bemerkenswerten Essay den Zusammenhang der System-Element-Problematik mit der Rolle untersucht, die das Paradigma der klassischen Physik Newtons für die Formulierung mathematischer Modelle in den Naturwissenschaften überhaupt hat. Wie sich zeigt, ist dabei die Idee der Isolierung der Elemente vom System besonders wichtig. In vielen Fällen ist dies in der Physik möglich; in anderen wissenschaftlichen Disziplinen dagegen besteht meist diese Möglichkeit nicht. Die entscheidende Ursache ist, daß das Konzept der Isolierung eines Elementes, Teilsystems oder -prozesses ein grundsätzlich lineares Konzept ist, d. h. die Kopplung eines Prozesses an die Umgebung kann nur dann beliebig klein gemacht werden, wenn diese Kopplung systemunabhängig ist. Ist jedoch die Kopplung der Elemente an das System von diesem selbst abhängig, kann sie nicht vernachlässigt werden - sie ist dann essentiell nichtlinear.

Biologische Systeme im allgemeinen und Nervensysteme im speziellen gehören nun zweifellos zu letzterem Typ, d. h., sowohl auf der Ebene der physiologischen Regulationen im Körper als auch auf der Ebene der Informationsverarbeitung durch das Gehirn müssen die Kopplungen zwischen den Teilsystemen (Organe) oder Elementen (Neurone) berücksichtigt werden. Eine direkte Konsequenz der Nichtlinearität ist, daß die Methoden der linearen Systemtheorie nicht angewendet werden können. Das trifft speziell auf das Superpositionsprinzip zu, das aus einem anderen Blickwinkel auch als Dekompositionsprinzip bezeichnet werden kann. Es besagt in qualitativer Form, daß sich jedes komplexe System in eine Menge einfacher Komponenten zerlegen läßt, die isoliert voneinander untersucht und danach rekombiniert werden können, um das Systemverhalten abzuleiten.

---

[208] West, B.J.: An Essay on the Importance of Being Nonlinear, Berlin/Heidelberg/New York 1985.

Das Dekompositionsprinzip stellt quasi die exakte Formulierung der cartesischen Forschungsmethodik dar, wie sie beispielsweise in der kybernetischen Position zur System-Element-Beziehung zum Ausdruck kommt: "Aus kybernetischer Sicht besteht der Zusammenhang von Teil und Ganzem darin, daß sich die Funktion eines Systems aus der Funktion seiner Elemente und aus der Struktur des Systems ergibt".[209]

Es überrascht daher nicht, wenn West zu der Auffassung gelangt, daß ein wesentlicher Teil des Wissens in den Naturwissenschaften auf der (impliziten oder expliziten) Anwendung linearer Konzepte beruht[210]. Gerade in der Biologie wächst jedoch die Einsicht, daß in vielen Fällen lineare Ideen das Verständnis der Phänomene behindert haben, weil die adäquaten (nichtlinearen) Interpretationen nicht mit der Intuition vereinbar sind[211]. (Der mögliche Einwand, o.g. cartesische Position sei `weit´ genug, um auch nichtlineare Systeme mit einzubeziehen, hält m. E. einer genauen Betrachtung nicht stand. Es macht keinen Sinn, etwa von der Systemstruktur als `Träger´ der nichtlinearen Kopplungen zu sprechen, wenn die Struktur wegen der prinzipiellen Unanwendbarkeit des Dekompositonsprinzips gar nicht ermittelt werden kann.)

Diese Einschätzung trifft nun i.w. auch auf die Modelle der Kognitiven Psychologie und der KI zur Untersuchung kognitiver Funktionen zu. Sie setzen die Zerlegbarkeit der Information in elementare Einheiten (Zeichen, Symbole) voraus, unabhängig vom jeweiligen Kontext, und die algorithmische Verarbeitung dieser Einheiten mit dem Ziel der Rekonstruktion der Ausgangsinformation, ihrer Vernichtung oder der Erzeugung neuer Informationen. Nun kann aber kein Zweifel daran bestehen, daß bei der biologischen

---

[209] Klaus, G./ Liebscher, H.: Wörterbuch der Kybernetik, Berlin 1976, p. 805.
[210] West, B.J., loc. cit.
[211] Cf. Anm. 180 und Garfinkel, A.: A Mathematics for Physiology. In: Am. J. Physiol.
245 (1983), pp. R455-R466.

Informationsverarbeitung gerade der semantische und der pragmatische Aspekt die entscheidende Rolle spielen, oder anders gesagt, der Kontext als `Bedeutungserzeuger´ für die `Einheiten´. Die Informationsverarbeitung ist ein nichtlinearer Prozeß mit nicht vernachlässigbaren Interaktionen der `Informationseinheiten´ untereinander und mit dem Gesamtprozeß, der wiederum untrennbar mit der Tätigkeit des Gehirns verbunden ist.

Zusammenfassend können wir feststellen, daß sich aus systemtheoretischer Sicht die Computer-Analogie der Gehirnfunktion als verfehlt erweist, da sie Information, Algorithmen und Hardware als völlig voneinander getrennte Größen behandelt, im Gegensatz zu den Gegebenheiten im ZNS.

6. Neue Modellansätze für die Untersuchung kognitiver Funktionen

In den vergangenen 10 bis 15 Jahren fanden - auch als Reaktion auf die durch die Schranken des kybernetischen Ansatzes verursachte Stagnation - wichtige konzeptionelle Neuorientierungen statt. Sie sind vor allem durch die Überwindung der algorithmischen Beschreibungsweise und den Übergang zu einer dynamischen Charakterisierung neuronaler Systeme gekennzeichnet. Nach dem Algorithmen-Schema wird ein kognitiver Prozeß in determinierter Weise von einem vorgegebenen Programm gesteuert, was als Fremdorganisation bezeichnet werden kann. In der modernen, dynamischen Betrachtungsweise steht die kollektive Operation großer Neuronenpopulationen im Vordergrund, die vermittels probabilistischer Mechanismen Selbstorganisation realisieren.

Diese Auffassung hat durch neue Forschungsergebnisse zu Neuroontogenese, Plastizität und Lernen[212] weitgehende

---

[212] Changeux, J.-P./ Konishi, M. (Eds.): The Neural and Molecular Bases of Learning. Chichester/New York 1987.

Bestätigung gefunden. Der Kortex (wie andere neuronale Strukturen auch) besitzt die Merkmale, die aus physikalischer Sicht für Selbstorganisation erforderlich sind: er ist ein essentiell nichtlineares System mit in hohem Maße lokal verschalteten, teil-autonomen Elementen, das räumliche und zeitliche Integration aufweist, wodurch jedes Element seinen Einfluß auf die ganze Population ausweiten kann.

Die selbstorganisatorische Eigenschaft der Hirndynamik ist von besonderer Bedeutung, da selbstorganisierende Systeme einen speziellen Erklärungs- und Beschreibungsrahmen erfordern. Wie im vorigen Abschnitt erläutert wurde, können die Eigenschaften eines linearen Systems aus den Eigenschaften seiner Teilsysteme abgeleitet werden. Dagegen kann das Verhalten eines nichtlinearen Systems nur in Begriffen qualitativer Verhaltensformen des Systems als Ganzem erklärt werden, d. h., reduktionistische Analysen tragen nicht.

Ein geeignetes Mittel für die Beschreibung des qualitativen Systemverhaltens ist das Attraktor-Konzept der Theorie dynamischer Systeme. Attraktoren stellen mathematisch die qualitativen Verhaltensformen eines Systems dar, wobei mehrere Attraktoren koexistieren können, was als Multistabilität bezeichnet wird. Der Übergang von einem Attraktor zu einem anderen stellt eine Bifurkation oder Zustandsänderung des Systems dar. Bifurkationen entstehen durch Parameteränderungen, d. h., durch Änderung der Systembeschaffenheit.

Verschiedene Autoren haben diesen Rahmen benutzt, um die neuronale Dynamik auf den unterschiedlichen Ebenen zu analysieren. Ein Beispiel für die Anwendung auf der Ebene des Einzelneurons ist in meinem Artikel[213] beschrieben. Dabei zeigte es sich, daß neuronale Systeme (wie biologische Systeme im allgemeinen) ´seltsame´ Attraktoren besitzen können. Das bedeutet, daß solche Systeme chaotisches (irreguläres)

---

[213] Schierwagen, A.: Growth, Structure and Dynamics in Real Neurons: Model Studies and Experimental Results. In: Biomed. Biochim. Acta 49 (1990). pp. 709-722.

Verhalten zeigen, obwohl sie sich deterministisch beschreiben lassen. Man geht heute davon aus, daß deterministisches Chaos in der Biologie weit verbreitet ist[214] und funktionelle Bedeutung besitzt.

Eine Vorreiter-Rolle bei der Anwendung dieses Konzeptes auf kognitive Funktionen spielte ein Modell von Freeman, in dem das Ruhe-EEG als chaotischer Attraktor interpretiert wird. Eine Bifurkation infolge Parameteränderungen während des Lernens führt zur Zustandsänderung von Chaos mit geringer Amplitude zu räumlich kohärenten Grenzzyklen hoher Amplitude und umgekehrt[215]. Jeder durch einen Attraktor modellierte Aktivitätszustand wird durch eine spezifische Form selbstorganisierter Aktivität definiert, durch einen Satz von Parameterwerten einschließlich der Stärke der synaptischen Verbindungen und durch ein bestimmtes `Einzugsgebiet´ der Inputs, das sog. Becken des Attraktors. Der chaotische Ruhezustand ermöglicht den stochastischen Zugriff auf jeden dieser Aktivitätszustände. Ein Stimulus kann den Systemzustand in ein bestimmtes Becken lenken, in Abhängigkeit von den Anfangsbedingungen, die der Stimulus festgelegt hat. Lernen eines bestimmten Reizes besteht hierbei in der Tendenz, einen bestimmten Attraktor unter definierten Bedingungen zu erreichen. Diese Tendenz wird durch das Lernen selbst erzeugt, das eine Strukturierung des Phasenraums in verschiedene Attraktorbecken bewirkt.

`Erkennen´ eines Stimulus erfordert also nicht das Vorhandensein einer spezifischen neuronalen Aktivität (die den gelernten Reiz `repräsentiert´), mit der der applizierte Reiz korreliert werden kann. Die registrierte EEG-Aktivität ist vielmehr das Resultat des Lernprozesses als eines Prozesses differenzierter Selbstorganisation des Systems.

---

[214] Degn, H./ Holden, A.V./ Olsen, L.F. (Eds.): Chaos in Biological Systems, New York/London 1987.
[215] Freeman, W.J.: Simulation of Chaotic EEG Patterns with a Dynamic Model of the Olfactory System. In: Biol. Cybern. 56 (1987), pp. 139-150.

Diese Merkmale unterscheiden das Freeman-Modell gleichermaßen grundsätzlich von herkömmlichen algorithmischen Modellen wie von kognitivistischen Netzwerkmodellen, die mit symbolhaften Merkmalsrepräsentationen des Stimulus operieren. Die Fähigkeit zur Erkennung hängt von den selbstorganisierenden Prozessen im Gehirn ab, nicht von Merkmalen des Stimulus.

Die eben skizzierten Vorstellungen zur Gehirntätigkeit haben in jüngster Vergangenheit Unterstützung durch verschiedene Autoren gefunden.[216] Diese Untersuchungen haben gezeigt, daß die korrelierte Aktivität von Neuronen im ZNS - interpretierbar als räumlich kohärente Grenzzyklen eines nichtlinearen Systems verteilter, gekoppelter neuronaler Oszillatoren - grundsätzliche Bedeutung für nahezu alle Zweige der Neurowissenschaften besitzt, angefangen bei Wahrnehmung und Gedächtnis bis hin zur Entwicklung und Plastizität struktureller und funktioneller Verbindungen im ZNS.

Auf der anderen Seite ist schon jetzt deutlich, daß dynamische Systeme mit chaotischen Attraktoren für viele klassische KI-Probleme gut geeignet sind, vor allem wegen der Angepaßtheit an die Modelle der Parallelverarbeitung[217]. Es zeichnet sich also eine Umkehr der Gehirn-Computer-Analogie ab: das Gehirn mit seiner massiv parallelen und verteilten, selbstorganisierenden Arbeitsweise und seiner praktisch unbegrenzten Lernfähigkeit wird zum Vorbild eines neuen Typs von Informationssystemen, des `Neurocomputers´[218].

---

[216] Cf. hierzu u.a. Eckhorn, R., Bauer, R., Jordan, W., Brosch, M., Kruse, W., Munk, M., Reitboeck, H.J.: Coherent Oscillations: A Mechanism of Feature Linking in the Visual Cortex. In: Biol. Cybernet. 60 (1988), pp. 121-130 und Gray, C.M./ König, P./ Engel, A.K./ Singer, W.: Oscillatory Responses in Cat Visual Cortex Exhibit Intercolumnar Synchronization which Reflects Global Stimulus Properties. In: Nature 338 (1989), pp. 334-337.

[217] Amit, D.J.: Neural networks, Achievments, Prospects, Difficulties. In: Güttinger, W. (Ed.): The Physics of Structure Formation, Berlin/Heidelberg/New York 1987, pp. 1-27.

[218] Schierwagen, A.: Real Neurons and their Circuitry: Implications for Brain Theory. In: iir-reporte (1989), hg. von der Akademie der Wiss. der DDR, Inst. für Informatik u. Rechentechnik; Sonderheft zum Seminar "Neuroinformatik" der AdW, Eberswalde, März 1989, pp. 17-20.

Informationsprozesse in technischen Systemen - Modelle und Methoden zur Erforschung des menschlichen Denkens

Günther Roscher[*]

Summary

Am Beispiel der rechnergestützten technischen Vorbereitung wird die Bedeutung der Sprachen zur Kommunikation zwischen Mensch und Rechner zur Vermittlung des Wissens an den Rechner dargestellt. Im Rechner wird das Modell zum Vorausdenken neuer Erzeugnisse und ihrer Herstellung realisiert. Für die psychophysiologischen Untersuchungen wird durch die Echtzeitanalyse des EEG mit Hilfe eines leistungsfähigen Multiprozessorsystems ein neuer Zugang zur Erforschung der Informationsprozesse im Menschen entwickelt. So werden neue Einblicke in die Erzeugung von Information gewonnen.

In CAD/CAM-processes, engineers using languages to transfer the knowledge in computers, for modelling the designing and manufacturing of products. Powerfull multiprocessorsystems can analyse complex signals (EEG) in real-time and were used in psychophysiological experiments to aid the experimenter in psychological tests to interpret the EEG as possible description

---

[*] Nach dem Studium der Informatik und Mathematik 1975 Promotion A als Dr.-Ing. mit einer Arbeit zur Entwicklung von Sprachen und generierfähigen Übersetzern für die rechnerunterstützte technische Vorbereitung. Seit 1984 wissenschaftliche Arbeit in der Hirnforschung mit dem Schwerpunkt der Methoden- und Strategienentwicklung zur Durchführung psychophysiologischer Experimente. 1989 Promotion B zum Problemkreis 'Informationsprozesse und rechnerunterstützte Arbeit', seit 1992 Aufbau der Firma ICS Dr. G. Roscher GmbH zur Entwicklung und Anwendung leistungsfähiger Rechentechnik.

of the state of the brain. In these ways technical systems can support the modelling and give new insights in the generation of information.

1. Informationsprozesse erzeugen Information

Nicht nur die materialistischen Philosophen hatten in der Vergangenheit erhebliche Probleme, den Informationsbegriff richtig einzuordnen. "Der Informationsbegriff ist auch gegenwärtig noch umstritten. Wir können deshalb nur allgemein festhalten, daß Information eine durch ihre Funktion bestimmte spezifische Form der Widerspiegelung als allgemeiner Eigenschaft der Materie ist."[219]

Wiener sagt dazu: "Information is information, not matter or energy."[220] An dieser Aussage entzündeten sich in der Vergangenheit die Diskussionen und trennten sich die Welten. Was Wiener ausdrücken will, ist nach meiner jetzigen Kenntnis, daß Information eine eigenständige philosophische Kategorie ist, die der Materie, richtiger Masse und Energie diametral gegenübersteht. Der Begriff `Informationsprozess´ ist dagegen weitgehend klar und wird auch von den materialistischen Philosophen akzeptiert.

Laut Definition nach Laux werden bei einem Informationsprozess "die vier Grundoperationen: Informationserfassung (E), Informationsverarbeitung (V), Informationsspeicherung (S) und Informationsweiterleitung (W) unterschieden,..."[221]. Betrachten wir Informationsprozesse unter dem Aspekt der Realisierung durch technische Systeme, so stellt sich sofort die Frage, ob eine solche Betrachtung zulässig ist. Kann in technischen Systemen Information erzeugt werden oder ist diese Fähigkeit ausschließlich Lebewesen vorbehalten?

Diese Frage berührt sehr stark die Methoden und Forschungen des Bereiches der `Künstlichen Intelligenz´. Durch sie soll der Nachweis über die Fähigkeiten technischer

---

[219] Hörz H./Löther, R./Woolgast, S. (Eds.): Philosophie und Naturwissenschaften. Wörterbuch zu den philosophischen Fragen der Naturwissenschaften, Berlin 1978, p. 610.
[220] Wiener, N.: Kybernetik. Regelung und Nachrichtenübertragung in Lebewesen und in der Maschine, Düsseldorf/ Wien 1983. ("Information ist Information, weder Materie noch Energie.".
[221] Laux, G. (Ed.): Lexikon der Kybernetik, Berlin.

Systeme erbracht werden. Gleichzeitig stößt diese Betrachtung auf Kritik. Sind menschliche und künstliche Intelligenz vergleichbar? Ist die Verwendung des gemeinsamen Begriffes Intelligenz statthaft? Dem steht entgegen, daß der Begriff Intelligenz durch menschliche Intelligenz belegt ist, wir jedoch bisher keine wissenschaftlich ausreichende Erklärung auch dieses Begriffes gefunden haben. Historisch bedeutsam für den Vergleich von menschlicher mit künstlicher Intelligenz ist der Turing-Test und die genannten Probleme sollen durch einen Anti-Turing-Test verdeutlicht werden. Bei der Untersuchung der Realisierung von Informationsprozessen am Menschen im Rahmen psychophysiologischer Forschungen zeigten sich die bereits genannten Probleme, zumal der meßtechnische Zugang außerordentlich schwierig ist. Einfacher ist das zweifellos an Tieren, denen jedoch die Sprache als wesentliches Mittel zur Kommunikation und damit auch zur Erkennbarkeit der Informationsprozesse weitgehend fehlt. Überschaubar und beinahe schlüssig werden diese Prozesse an Einzellern.

Hoppe schreibt dazu: "Leben begann mit dem ersten Strang, der sich selbst replizieren und mutieren konnte und dadurch der Selektion unterworfen war. Wie soll man Leben definieren? Mit einer Ausnahme scheint es willkürlich, irgendeinem der bisher beschriebenen Schritte als Grenze zwischen belebt und unbelebt zu betrachten, und dasselbe gilt für alle Stufen, die noch beschrieben werden sollen: Die Ausnahme bildet der allererste Schritt, das erste Auftauchen von Systemen, die sich selbst replizieren und die mutieren können, und die dadurch einer Selektion unterworfen sind. Dieser letzte Schritt ist der einzige, der zum Entstehen einer neuen Eigenschaft der Materie führt, während alle späteren Schritte graduelle Verbesserungen dieser neuen Eigenschaft sind. Diese Eigenschaft, die vorher auch nicht andeutungsweise vorhanden war, manifestiert sich mit der Existenz von Systemen, die sich vervielfältigen, mutieren und selektiert werden können, die also Apparate darstellen, die man als lernfähig beschreiben kann, als Systeme, die beginnen, Information, also eine sinnvolle Botschaft zu tragen, deren Inhalt in dem Maß wächst, wie der Lernprozeß voranschreitet.

Nach diesem Umschwung folgt eine Vielzahl von kleinen Verbesserungen. Jeder Schritt in diesem Lernprozeß benötigt viele Generationen. Obwohl diese Definition des Urlebens grotesk erscheinen mag, dürfte sie doch die einzige sein, die logisch völlig klar ist."[222] Informationsprozesse sind in der hier betrachteten Form vor dem ersten Auftreten von Leben nicht relevant, da keine Systeme die Voraussetzungen haben, derartige Funktionen auszuführen. Vor der Entwicklung des Lebens bestand die objektive Realität aus Masse und Energie, die sich in Raum und Zeit veränderte. Es gab vielfältige Wechselwirkungen zwischen den materiellen Systemen, aber keine Informationsprozesse, die ein zielgerichtetes Handeln der Systeme bewirkten. Erst mit dem Entstehen von Leben beginnt die Fähigkeit, Informationsprozesse zu realisieren, die damit gleichzeitig das wesentliche Kriterium für das Leben eines materiellen Systems sein kann. Sehr deutlich wird diese Fähigkeit in einem praktisch orientierten Beispiel, das V. Peukert ausführt: "Die biologische Eliminierung von P-Verbindungen aus Abwasser ist ... eng mit dem Bakterium Acinetobacter spec. verbunden. Unter anaeroben Bedingungen setzen diese Bakterien Ortho-Phosphat aus den in Form von Volutingranula gespeicherten Polyphosphaten frei. Bei aeroben Bedingungen werden P-Verbindungen in verstärktem Maße wieder aufgenommen (Polyphosphat Überkompensation)".[223] Diese Einzeller sind in der Lage, den Sauerstoffgehalt ihrer Umwelt zu erkennen und ihren Stoffwechsel entsprechend einzustellen, d.h. zu entscheiden und zielgerichtete Handlungen auszuführen. Bei dieser Entscheidung handelt es sich um eine elementare Entscheidung mit dem Informationsgehalt von einem Bit, obwohl der Erkennungsprozeß außerordentlich kompliziert und unscharf, ausschließlich mit biochemischen Mechanismen erklärbar, jedoch noch nicht vollständig erforscht ist.

---

[222] Hoppe, W./ Lehmann, W./ Markl, H./ Ziegler, H.: Biophysik, Berlin/ Heidelberg/New York 1982, p. 866.
[223] Peukert, V./ Röske, I./ Uhlmann, D.: Stand und Entwicklungstendenzen der biologischen Phosphatelimination aus Abwasser mit Belebtschlamm. In: Acta hydrochim. hydrobiol. 14 (1986), 4, pp. 325-333, hier p. 327.

Der Turing-Test aus der Sicht dieser Bakterien, der Anti-Turing-Test lautet, daß Lebewesen dann so intelligent sind wie die genannten Einzeller, wenn sie in der Lage sind, diesen Informationsprozeß in nicht unterscheidbarer Weise zu realisieren.

Ein Mensch ist nicht in der Lage, den Sauerstoffgehalt des Abwassers mit seinen natürlichen Sinnen zu bestimmen. Er ist aus der Sicht der Bakterien folglich weniger intelligent. Es wird deutlich, daß die Fragestellung des Turing-Tests egozentrisch ist. Der Mensch ist in der Lage, technische Systeme zu entwickeln, die in der Lage sind, diese Funktion d. h. diese Informationsprozesse wesentlich besser zu realisieren. Dieses Beispiel verdeutlicht auch die Rolle technischer Systeme, die das Leistungsvermögen des Menschen durchaus weit übertreffen können.

Information wird in einem Informationsprozess erzeugt und kann - im Gegensatz zu Masse und Energie - wieder verschwinden. Information ist "... the power to direct what is done ".[224]

2. Rechnerunterstützte technische Vorbereitung (RTV)

Mit der Entwicklung des ersten Beispiels, der Lösung RTV zur Rechnergestützten Technischen Vorbereitung, wurde bereits frühzeitig, Ende der sechziger Jahre begonnen. Dem Rechner wurde das mathematisch-technische Modell zur Erarbeitung der technischen Dokumentation vermittelt und in Interaktion zwischen Nutzer und Rechner das herzustellende Erzeugnis und der dazu notwendige technologische Prozeß soweit beschrieben, daß die technische Dokumentation durch den Rechner erstellt werden konnte. Das System bestand aus dem Eingabesystem (E), dem Dateisystem (D), dem Verarbeitungssystem (V) und dem Ausgabesystem (A). Mit diesem System lassen sich laut Definition nach Laux Informationsprozesse realisieren.

---

[224] Jacob, F.: The Logic of Life: A History of Heredity, New York 1973.

Der Begriff Informationsprozeß läßt sich am gewählten technischen Beispiel von RTV sehr gut erklären. Die Rechnerunterstützung für die technische Vorbereitung erfordert es, daß eine Vielzahl von Daten an den Rechner vermittelt werden. Die Gestaltung der Kommunikation zwischen Mensch und Rechner stellt das entscheidende Mittel bei der Realisierung derartiger Lösungen dar. Diese Kommunikation ist deshalb so zu gestalten, daß sie unter der Ausnutzung der Möglichkeiten der Rechentechnik optimal auf die Fähigkeiten und Bedürfnisse der beteiligten Menschen zugeschnitten ist.

Für den Menschen ist die natürliche Sprache optimal angepaßt, da sie sich in einem lang dauernden evolutionären Prozeß herausgebildet hat, der außerordentlich eng verbunden ist mit der Entwicklung des Denkens und der Arbeit. Deshalb wurde von Beginn der Entwicklung von RTV die Strategie verfolgt, die künstlichen Sprachen zur Kommunikation mit dem Rechner weitgehend an die natürliche Sprache anzulehnen und damit auch die hervorragenden Fähigkeiten des Menschen zur Abstraktion und Begriffsbildung zu nutzen. Nach Thiel wollen wir "unter Sprache jegliche Systeme von Zeichen verstehen, welche Modulationsformen der Träger von Gedanken sind".[225] Die Möglichkeiten der Rechentechnik und der Softwaretechnologie gestatteten es bereits zum Beginn der Entwicklung von RTV, ein verallgemeinertes Konzept zur Gestaltung derartiger künstlicher Sprachen - das Allgemeines Sprachkonzept - , eine Metasprache zur Vereinbarung dieser Sprachen und ein Programm zur Erzeugung des erforderlichen Übersetzers aus der metasprachlichen Beschreibung zu entwickeln. Damit wurde die Einheit von Sprache, Sprachbeschreibung und Implementation erreicht.[226]

---

[225] Diese Auffassung von Sprache ist insofern ein wenig zu weit, als so primitive Zeichensysteme wie die drei Farbzeichen der Verkehrsregelung, bei der jedes Elementarzeichen unmittelbar auch Bedeutungsträger ist, mit den komplizierteren Zeichensystemen von der Art der Umgangssprache gleichsetzt. Cf. Thiel, R.: Mathematik - Sprache - Dialektik, Berlin 1975. p. 113.
[226] Roscher, G.: Gestaltung von Eingabesystemen für die rechnergestützte Erarbeitung der technologischen Unterlagen. Diss. A. Technische Hochschule ´Otto von Guericke´ Magdeburg 1975.

Auf dieser Grundlage wurden eine große Anzahl von Sprachen und Übersetzern für die Forschung, für die Lehre und für betriebliche Anwender realisiert (generierfähiges Metasystem). Aus der vielfachen Anwendung der Rationalisierungslösung entspringt eine neue Qualität. Die im Rechner gespeicherten, in den Betrieben erprobten Daten und Programme repräsentieren gesellschaftliche Erkenntnisse. Weitere Anwender können sie mit Hilfe des Rechners nutzen, ohne den Inhalt bis ins letzte Detail selbst verstanden zu haben und können auf diese Weise schneller Anwenderlösungen entwickeln. Die Organisation dieser Weitergabe der gesellschaftlichen Erkenntnisse ist ein entscheidendes Anliegen der Gestaltung der technologischen Grundsatzlösung von RTV und hat als prinzipielle Lösung derartiger Problemstellungen Beispielcharakter. Der besondere Vorteil liegt in der weitgehend kostenfreien, beliebig häufig realisierbaren Vervielfältigung der Information.

Das Vermitteln von Wissen über einen Bereich mit Hilfe des Rechners wird in den letzten Jahren im Rahmen der Forschung zur Künstlichen Intelligenz mit der Entwicklung von Expertensystemen verstärkt betrieben. "The goal of an expert system project is to write a program that achives a high level of performance on problems that are difficult enough to require significant human expertise for their solution."[227] Die Systeme zur rechnergestützten technischen Vorbereitung stellen in diesem Sinne (nicht unbedingt im Sinne der KI, jedoch mit breiterer Wirkung) Expertensysteme dar und dienen zum Speichern und Bereitstellen von Wissen über dieses Aufgabengebiet. Sie erfordern mit Sicherheit eine spezifische Ausprägung, denn das Anwendungsgebiet ist spezifisch und das Wissen außerordentlich umfangreich. Dazu gehören die erstellten technischen Dokumente, in der Hauptsache die Zeichnungen, Stücklisten und Arbeitsplanstammkarten, die in der Datenbank der technischen Dokumen-

---

[227] Feigenbaum, E. A.: Knowledge Engineering. The Applied Side of Artifical Intelligence. In: Pagels, H. R. (Ed.): Computer Culture. The Scientific Intellectual, and Social Impact of the Computer. In: Annals of the New York Academy of Sciences. Vol 426, 1984, pp. 91-107, p. 91.

tation gespeichert werden und die erforderlichen mathematischen Modelle zu ihrer rechnergestützten Erstellung. "...especially as important to the practice of a field is heuristic knowledge - knowledge that constitutes the rules of expertise, the rules of good practice, the judgmental rules of the field, the rules of plausible reasoning."[228] Gerade die Vermittlung dieses, oftmals außerordentlich betriebsspezifischen Wissens, das in den Köpfen der profilierten Ingenieure vorliegt, muß für die rechnergestützte technische Vorbereitung erschlossen werden. Hierin liegt in erster Linie die Verantwortung der betrieblichen Entwickler. Ihre Wirksamkeit ist jedoch in starkem Maße vom Niveau des Rechnerzugangs abhängig und stellt damit hohe Anforderungen an die bereitgestellten Methoden.

Die Forschungen zur Künstlichen Intelligenz haben als einen Gegenstand die Probleme der Nutzung der natürlichen Sprachen zur Kommunikation mit dem Rechner. Die Kommunikation mit Expertensystemen soll als Zielstellung ebenfalls in der natürlichen Sprache erfolgen.[229] Die außerordentlich komplizierten Probleme, die damit im Zusammenhang stehen, den Rechnern diese Fähigkeiten zu vermitteln, sind aus der Literatur bekannt und nur langfristig, schrittweise lösbar.

Die Entwicklung der künstlichen Sprachen, insbesondere der zur Kommunikation zwischen Mensch und Rechner hat sich außerordentlich progressiv vollzogen und erhält ständig neue Impulse. Dabei ist die bei der Entwicklung von RTV verfolgte Strategie zur weitgehenden Anlehnung der künstlichen Sprachen zur Kommunikation mit dem Rechner an die natürlichen Sprachen richtig und wurde in der langfristigen Entwicklung bestätigt. Die Bereitstellung der Methoden zur Vereinbarung von Sprachen mit Hilfe einer Metasprache und die Generierung der Übersetzer aus dieser Vereinbarung durch und für den Anwender haben dazu geführt, daß eine Vielzahl von Sprachen vereinbart und

---

[228] Feigenbaum, loc. cit.
[229] Wernecke, W./ Horlacher, E./ Strauss, M./ Erben, A./ Fehrle, T.: Keastone - Ein wissensbasiertes System mit natürlichsprachlicher Dialogkomponente. In: Informatik Forsch. Entw. 3 (1988), pp. 153-163.

genutzt wurden. "Eines steht fest und ist empirisch konstatierbar: Es wächst vor allem die Vielfalt der mathematischen Sprachen. ... Wenn auch die Vielfalt der Sprachen nicht in erster Linie abhängig ist von der Vielfalt der konkreten Arbeit, so ist doch die Vielfalt der Sprachen eine Funktion der vielfältigen, beschleunigten Umwälzung der konkreten Arbeit, des rascheren Eindringens in die Natur der Dinge."[230]

Es ist positiv zu vermerken, daß mit der Entwicklung der Methoden zur Vereinbarung von Sprachen und ihrer Implementierung auch Methoden zur rechnergestützten Analyse der Sprachvereinbarungen entwickelt und genutzt wurden. Dadurch wird die Vielfalt der Sprachen auf das notwendige Maß beschränkt, ohne den Weg für neue Anwendungsfälle (z. B. Moduldefinitionssprache) zu versperren. Es wird deutlich, daß die an das Problem angepaßte Sprache zur Kommunikation, besonders aber zur Darstellung und Vermittlung des Wissens des Menschen an den Rechner, das entscheidende Mittel für die Weiterentwicklung auf diesem Gebiet ist. Diese Sprachen "müssen so gestaltet sein, daß sie mit der Entwicklung der Produktivkräfte Schritt halten können und selbst Impulse auf deren Entwicklung geben. Sie müssen dem dialektischen Prinzip von Kontinuität und Dynamik entsprechen."[231] Beispielhaft sind die dafür im Menschen selbst realisierten Informationsprozesse: "Nach Piaget verändert sich die Art, in der jemand Objekte und Ereignisse repräsentiert - die internen Strukturen oder Schemata - systematisch im Laufe der Entwicklung. Würden die Strukturen sich nicht verändern, fände keine Entwicklung statt, denn es könnte keinen Zuwachs an Wissen geben."[232] Eine derartig dynamische Organisation des Wissens muß ohne Zweifel auch für die Wissensvermittlung und -repräsentation für den Rechner angestrebt werden, wenn wir solche anspruchsvollen Systemlösungen realisieren wollen, die den Menschen beim Vorausdenken neuer Erzeugnisse und ihrer Herstellung

---

[230] Thiel, op. cit., p. 118.
[231] Roscher, loc. cit.
[232] Mayer, R. E.: Denken und Problemlösen. Eine Einführung in menschliches Denken und Lernen, Berlin/Heidelberg/New York 1979, pp. 211-212.

unterstützen. Um diese Probleme in dem erforderlichen Niveau angehen zu können, ist es hilfreich, diese Prozesse im Menschen selbst genauer zu untersuchen.

3. Rechnerunterstützung bei psychophysiologischen Untersuchungen

Die Verbindung der Methoden der Psychologie mit denen der Physiologie ist ein wesentlicher Zugang zur Erforschung der Informationsprozesse im Menschen. Dabei waren die Erwartungen besonders an das Elektroenzephalogramm (EEG) sehr hoch. W. Schulte (1964) schreibt über Hans Berger, den Entdecker des menschlichen Elektroenzephalogramms: "Während all dieser Zeit ließ ihn der Gedanke nicht los, ob man dem Ziel, die materiellen Begleiterscheinungen seelischen Geschehens zu objektivieren, durch den Nachweis bioelektrischer Ströme näherkommen könne." Die hohen Erwartungen wurden jedoch mit den ersten Ergebnissen nicht erfüllt. "Eine Korrelation zwischen Veränderungen im EEG und Hirnfunktionen besteht in wirklich eindeutiger Weise nur im Falle verhältnismäßig grober funktioneller Umstellungen (z. B. Augen öffnen und schließen, Einschlafen) oder pathologischen Prozessen (Stoffwechselstörungen, herdförmige Läsionen, Epilepsien). Kriterien spezifischer Art hinsichtlich der Funktionsmechanismen der Informationsverarbeitung, maßgebend für das menschliche Verhalten und für die Projektion in das Bewußtsein, enthält das EEG nicht."[233]

Die Anwendung der Rechentechnik zur Auswertung der Potentialveränderungen gestattete es in der Folgezeit, insbesondere durch die Mittelung der auf mehrere gleichartige Reize oder Reizantworten bezogenen Signale des Zentralnervensystems (ZNS), die ereigniskorrelierten Potentiale (ERP) herauszuarbeiten. Bei dieser Methode werden die Hintergrundaktivitäten, das EEG, als Störsignale betrachtet, die bezogen auf den Reiz oder die Reizantwort zufälligen Charakter haben. Diese Methode gestattet es, Reaktionen des ZNS auf

---

[233] Lullies, H./Trincker, D.: Taschenbuch der Physiologie, Bd. III/2. Animalische Physiologie III. Zentralnervensystem II und Sinnesorgane, Jena 1977, p. 459.

eingehende Reize unterschiedlicher Sinnesmodalitäten, deren Verarbeitung oder das Generieren motorischer Reaktionen zu untersuchen und weitere Aufschlüsse über die Funktionen des ZNS zu gewinnen. Unterstützend wirkt die Analyse weiterer Signale wie z. B. Elektrokardiogramm (EKG), Atmung, Lidschlag und Hautleitwert, die in indirekter Weise Verhaltensänderungen repräsentieren sowie der Leistungsparameter wie z. B. Reaktionszeit, Erkennungs-, Gedächtnis- und Lernleistung. Dabei kann die Rechentechnik in vielfältiger Weise zur Unterstützung der Durchführung und Auswertung dieser Tests eingesetzt werden bzw. ermöglicht erstmals derartige Untersuchungen. Es ist zu vermerken, daß mit fortschreitender technischer Entwicklung der Erforschung des menschlichen EEG und seiner funktionellen Bedeutung neue Wege erschlossen werden konnten. Meilensteine dieser Entwicklung waren in der Vergangenheit die Bereitstellung immer leistungsfähigerer Verstärker zur letztendlich vielkanaligen Ableitung des EEG sowie die Anwendung der Rechentechnik zur Unterstützung der Analyse. Das betrifft sowohl die quantitative Bewertung des EEG durch spektralanalytische Verfahren (FFT), die Anwendung neuer Verfahren der farbgrafischen Darstellung (EEG-mapping) als auch die Ermittlung ereigniskorrelierter Potentiale (averaging).

Trotz dieser Fortschritte muß eingeschätzt werden, daß wir von der Erkennung funktioneller Zusammenhänge noch weit entfernt sind. Gerade deshalb sind die Entwicklungen auf diesem Gebiet zu forcieren, um auf diesem außerordentlich sensiblen Gebiet schneller voranzukommen.

3.1 Methoden der rechnerunterstützen Auswertung des EEG

Bei psychophysiologische Untersuchungen werden psychologische Tests von erfahrenen Psychologen und Ärzten durchgeführt, welche die Reaktionen, Entscheidungen und Aussagen der Personen durch Nutzung des Werkzeugs Sprache bereits weitgehend evaluieren können. Die An-

wendung der technischen Mittel, Signalaufnehmer, Verstärker, Wandler und besonders der leistungsfähigen Rechentechnik, die, ausgestattet mit entsprechenden Programmen zur Versuchsablaufsteuerung und zur Auswertung der Reaktionen und Signale, einen weiteren Zugang zur Untersuchung der Realisierung von Informationsprozessen darstellt. Die Vorteile, die diese technischen Mittel bieten sind:
- gegenüber dem Menschen extrem verkürzte Erkennungs- und Reaktionszeit,
- Speicherung riesiger, formalisierter Datenbestände, die ständig im Zugriff sind und den umfassenden Vergleich der neuen mit bereits gespeicherten und ausgewerteten Daten gestatten,
- umfassende Methoden zur Auswertung der erfaßten Signale und Reaktionen,
- eine Vielzahl von Programmen zur flexiblen Versuchsablaufsteuerung in Abhängigkeit von den bisher erzielten Ergebnissen, um spezifische Bereiche zu untersuchen.

Stehen in vielen psychophysiologischen Labors die Untersuchung der Reaktionen, der Herzfrequenz und des Hautleitwertes als 'leicht' zu interpretierende Parameter im Vordergrund des Interesses, stellt das EEG, das vielkanalig abgeleitet wird, eine Herausforderung an die Methoden der Signalverarbeitung dar, die mit den jetzt verfügbaren technischen Mitteln angenommen werden kann.

Die bisher bekannten Methoden, insbesondere die Methode der ereigniskorrelierten Potentiale, das EEG-mapping und die Methoden zur Lokalisation der Generatoren des EEG werden unter der Einbeziehung leistungsfähiger Rechentechnik genutzt, um eine neue Strategie psychophysiologischer Untersuchungen zu entwickeln.

3.2 Die neue Strategie psychophysiologischer Untersuchungen

Auswertungen der Literatur und eigene Forschungsarbeiten auf dem Gebiet der ereigniskorrelierten Potentiale (ERP), insbesondere die Untersuchung zur

Erkennung dieser Potentiale im EEG ohne averaging, haben gezeigt, daß es einen unmittelbaren Zusammenhang zwischen dem Entstehen der ERP und dem Zustand der untersuchten Person gibt. Die Bewertung und Beschreibung des Zustandes kann mit den herkömmlichen Mitteln der Psychologie erfolgen. Ein erfahrener Psychologe bzw. Arzt ist in der Lage, einen Patienten in einem Gespräch subjektiv sehr genau zu bewerten. Psychologische Tests, die heute auch rechnerunterstützt angeboten werden, können eine solche subjektive Bewertung noch untermauern. Dabei ist es durchaus sinnvoll, daß der Untersuchende das Verhalten des Patienten während des Tests weiterhin beobachtet, den Test entsprechend der Anforderungen und erzielten Ergebnisse variiert und seine subjektive Bewertung präzisiert.

Noch aussagefähigere Ergebnisse können erzielt werden, wenn gleichzeitig Messungen relevanter Parameter wie Herz- und Atemfrequenz, Hautleitwert, Lidschlag und insbesondere das EEG abgeleitet, sofort ausgewertet und die für die Bewertung wesentlichen Größen unmittelbar angezeigt werden.

Das EEG erfordert eine, über die Analyse des Einzelsignals hinausgehende Betrachtung. Die Potentiale, die an den einzelnen Elektroden abgeleitet werden, sind Ausdruck der im Gehirn stattfindenden Erregungs- und Entladungsprozesse einer Vielzahl von Neuronen und anderer, an diesen Prozessen beteiligter Strukturen. Diese Prozesse haben eine räumlich-zeitliche Dynamik und tragen infolge der Vielzahl der beteiligten Strukturen stochastischen Charakter, stellen jedoch kein Rauschen dar, sondern haben mit hoher Wahrscheinlichkeit funktionalen Charakter. Werden die Potentiale mit einer hinreichend großen Zahl von EEG-Elektroden abgeleitet, so repräsentiert der Zusammenhang, der zwischen diesen abgeleiteten Signalen besteht, die räumlich-zeitliche Struktur des zugrundeliegenden Prozesses. Die Erfassung dieser räumlich-zeitlichen Struktur der elektrischen Erscheinungen ist von entscheidender Bedeutung für die Analyse des EEG. Diese neue Ebene der Erkennung der räumlich zeitlichen Muster, die auf der Einzelsignalanalyse aufbaut, tritt bei dieser Betrachtung in den Vordergrund.

Diese Ebene beinhaltet die Erkennung des räumlich-zeitlichen Verlaufes der Prozesse, die das EEG erzeugen durch das Rechnersystem in Echtzeit. Das führt dazu, daß alle drei Komponenten
1. subjektive Bewertung,
2. psychologischer Test und
3. physiologische Messung
gemeinsam das Ergebnis liefern. Die erforderliche technische Unterstützung ist so zu gestalten, daß sie in diese Zielstellung eingepaßt ist und die erforderlichen Ergebnisse auf Anforderung bereitstellt.

3.2.1 Methodisches Vorgehen

Ausgangspunkt war die Zielvorstellung, ein System zu entwickeln, das die psychophysiologischen Experimente unterstützt, die abgeleiteten Signale und Reaktionen schritthaltend analysiert, dem Psychologen oder Arzt in der Weise präsentiert, daß eine einfache Erkennung neben der Beobachtung des Patienten möglich ist und die erforderliche Versuchsablaufsteuerung in flexibler Form realisiert. Die Methode des EEG-mapping bietet sich an, ist jedoch für eine Darstellung vor allem für die schritthaltende visuelle Erkennung zu aufwendig. Anders verhält es sich mit der Lokalisation der Generatoren der Potentiale. Die Darstellung ist relativ einfach und auch schnell zu erkennen. Dafür sind die Algorithmen zur approximativen Ermittlung der Lokalisation so aufwendig, daß eine schritthaltende Berechnung mit hinreichend kurzer Latenz insbesondere für das EEG nicht möglich ist. Die Lösung und das ist die Grundidee der neuen Strategie, liegt in der Vereinfachung des Modells.

In der ersten Näherung ist es nicht erforderlich, die genaue Lokalisation zu ermitteln:
1. kann der Untersuchende in der Kürze der Darbietung die genaue Lokalisation nicht bewerten.
2. ist die genaue Lokalisation nicht zwingend erforderlich, wenn die Dynamik, d. h. der

räumlich-zeitliche Verlauf der Potentiale erkannt und bewertet werden soll.
3. können erkannte und für die Bewertung relevante Ereignisse, z. B. Aktivitäten, die einen pathologischen Prozeß charakterisieren, beim Abschluß der Untersuchung mit genaueren Methoden untersucht werden, sofern eine genaue Lokalisation erforderlich ist. Entscheidend ist, daß sie während der Sitzung erkannt, identifiziert und gespeichert worden sind.
4. bei der Erkennung derartiger Ereignisse im EEG ist die kurze Erkennungszeit entscheidend, wenn in Abhängigkeit von einem derartigen Ereignis ein Reiz ausgelöst werden soll, um eine genauere Bewertung der ERP zu erhalten (EEG-getriggerte Reizgabe).

3.2.2 Das Konzept der virtuellen Quellen

Das neue, patentierte Verfahren (DD 294 630) ermöglicht die Echtzeitverarbeitung komplexer Signale, die Mustererkennung und näherungsweise Lokalisation der Erregung sowie der Präsentation der Ergebnisse mit minimalem Zeitverzug. Dabei werden mit Methoden der Informatik und Logik menschliche Erkennungsleistungen nachgebildet und durch die hohe Leistung der Parallelrechentechnik die Erkennungszeit des Menschen um ein mehrfaches unterboten. Das Rechnersystem erkennt aufgrund des ständigen Vergleiches mit vorgegebenen Mustern die therapierelevanten Merkmale und liefert bereits wenige Millisekunden nach der Messung eine Formulierung seiner Analyse. Es wird deutlich, daß das Modell der Lokalisation der Generatoren zu statisch ist, um derartig dynamische Prozesse zu erfassen und durch das Rechnersystem schritthaltend zu erkennen. Es wird auch deutlich, daß die Mustererkennung auf der Signalebene zurücktritt hinter die Erkennung der räumlich-zeitlichen Struktur der

Ausbreitung des EEG, wie sie nach der hier kurz dargestellten Methode der virtuellen Quellen in der zweiten Ebene realisiert wird.

3.2.3 Das `sichtbare´ Denken - das EEG als mögliche Zustandsbeschreibung des Gehirns

Das Versuchsprotokoll wird durch den Versuchsleiter mit möglichst kurzen und prägnanten Bezeichnungen in den Rechner eingegeben und gestattet die formale (straffe und präzise) Beschreibung des Versuchsprotokolls. Die formale Beschreibung sichert, daß der Rechner in der Lage ist, die eingegebenen Daten zu erkennen, zu interpretieren und den Zusammenhang zu den abgeleiteten Signalen und Reaktionen herzustellen. Das ist besonders deshalb schwierig, da der Mensch eine wesentlich längere Reaktionszeit hat als das speziell für die schnelle Erkennung entwickelte Rechnersystem.

Die Auswertung der subjektiven Bewertung des Versuchsleiters durch den Rechner ist jedoch wesentlichster Bestandteil der Strategie, damit die Erfahrungen des Menschen für die Bewertung und die Herstellung des Zusammenhanges zwischen Verhalten und EEG wirksam werden.

Dazu kommt auch, daß der Versuchsleiter durch geschickte Befragung des Patienten Verhaltensweisen genauer einschätzen kann und diese Einschätzung für spätere Auswertungen zur Verfügung stehen sollten. Tonband- und Videoaufzeichnungen mit der Möglichkeit der Herstellung des Zusammenhanges mit den im Rechner gespeicherten Daten stellen dafür ein wesentliches Hilfsmittel dar.

Für komplizierte und umfangreiche Bewertungen kann ein Multiusersystem eingesetzt werden, das es gestattet, daß sowohl der Patient als auch mehrere Gutachter Zugang zum Rechnersystem haben und mehrere unabhängige, subjektive Bewertungen des Verhaltens sowie die arbeitsteilige Bewertung der durch den Rechner schritthaltend dargebotenen Auswertungen abgesichert werden kann.

Für die neue Strategie der psychophysiologischen Untersuchungen ist besonders die zustandsgetriggerte Reizgabe charakteristisch. Das bedeutet zum einen, daß die subjektive Bewertung des Versuchsleiter berücksichtigt wird und zum anderen die schritthaltende Auswertung der abgeleiteten Signale, um in Abhängigkeit davon einen Reiz auszulösen. Der Versuchsleiter kann dem Rechner mit Hilfe einer formalen Sprache mitteilen, unter welchen Bedingungen (z. B. virtuelle Quelle bzw. Folgen virtueller Quellen in definierten Arealen) und mit welcher Latenz der Reiz ausgelöst werden soll. Die Situation, in welcher der Reiz mit einer definierten Latenz gesetzt werden soll, wird Erkennungssituation und die zugehörige Beschreibung Erkennungssituationsbeschreibung genannt. Diese Beschreibung muß vor der Reizgabe erfolgen, da nur der Rechner die erforderliche kurze Erkennung- und Reaktionszeit besitzt.

Der Rechner unterstützt die Beschreibung der Erkennungssituation, indem er dem Versuchsleiter auf Anforderung im bereits abgelaufenen Prozeß aufgetretene herausragende Ereignisse (z. B. virtuelle Quellen einer bestimmten Größe und Lokalisation) zur Entscheidung anbietet. Die Auswahl von Erkennungssituationen durch den Rechner kann durch den Versuchsleiter ebenfalls beeinflußt werden, indem er z. B. ausgewählte Areale vorgibt, für die auftretende virtuelle Quellen bzw. Folgen virtueller Quellen durch den Rechner gespeichert und auf Anforderung angeboten werden.

3.3 Technische Realisierung

Die technische Ausrüstung eines psychophysiologischen Labors besteht im wesentlichen aus den Signalaufnehmern (EEG-Gerät, Verstärker, Reaktionstasten usw.), der Rechentechnik zur Ablaufsteuerung und Auswertung sowie den rechnergesteuerten Stimulatoren. Kernstück der Rechentechnik ist ein Multiprozessorsystem aus Transputern, an das mehrere PC zur Kommunikation mit dem Versuchsleiter und der Versuchsperson angeschlossen sind. Die Entscheidung, das Multiprozessorsystem durch ein Transputersystem zu realisieren ist dadurch begründet, daß die Transputer neben der guten Leistungsparameter (integrierte Gleitkommaarithmetikeinheit, vier Gigabyte Adressraum) durch vier schnelle Linkverbindungen ausgezeichnet sind, über die bereits durch die Hardware eine hervorragende und schnelle Kommunikation zwischen den Prozessoren realisiert werden kann. Dadurch kann zum einen die Leistung an beliebiger Stelle bei Notwendigkeit erweitert werden, und zum anderen ist die zugrundeliegende Philosophie der kommunizierenden Prozesse aus der Sicht der Realisierung von Informationsprozessen bestechend. Sie verspricht, bei konsequenter Weiterentwicklung, eine progressive Alternative zu den jetzt verbreiteten Rechnern mit Busstruktur darzustellen, mit der Systeme verteilter Intelligenz mit höchster Leistungsfähigkeit für breite Anwendungsbereiche entwickelt werden können. Für die weitere Steigerung der Rechenleistung können Spezialprozessoren in das System eingebunden werden wie z. B. Signalprozessoren für die Signalverarbeitung, leistungsfähige Arithmetikprozessoren oder Fuzzyprozessoren zur Verbesserung der Charakteristik des Systems insbesondere zur Mustererkennung.

3.4 Anwendungen der Methode der virtuellen Quellen

Den Schwerpunkt der bisherigen Betrachtungen und des Gerätesystems bilden zweifellos psychophysiologische Untersuchungen. Das hat seine Ursachen darin, daß dieser Forschungsbereich für die klinischen Anwendungen einen bestimmten Vorlauf hinsichtlich der Erforschung der Funktionen des Signaleingangs, der Verarbeitung, des Gedächtnisabrufs und der Generierung motorischer Reaktionen geschaffen hat.

Die Erforschung der Zusammenhänge zwischen Verhalten und EEG wird in Zukunft an Stellenwert gewinnen. So wird bereits über Therapieerfolge bei der Behandlung von Patienten durch die Applikation von Lichtreizen mit der Frequenz des alpha-Rhythmus berichtet[234]. Die Mechanismen, die diesen Effekt bewirken, sind weitestgehend unbekannt, erfordern jedoch dringlich einer Klärung.

Diese Konsequenz resultiert auch daraus, daß in verstärktem Maße extreme optische und akustische Stimulation in definierten, dem EEG entsprechenden Rhythmen, mit Erfolg als Anti-Streß-Taining angewendet werden. Diese Methode kann durchaus zukünftig an Bedeutung gewinnen. Denkbar ist auch ihr Einsatz als Alternative zu den Drogen. Das erfordert jedoch, die Wirkungsmechanismen zu erforschen, um die erzielten Erfolge wissenschaftlich fundiert zu begründen und eventuell vorhandene, jedoch noch nicht erkannte Nebeneffekte und Konsequenzen zu erkennen.

Die Methode der virtuellen Quellen mit der Option der zustandsgetriggerten Reizgabe bietet sehr gute Voraussetzungen, die Wirkungsmechanismen aufzuklären und eine neue Form der Therapie zu entwickeln.

Die klinische Anwendung zur Unterstützung der Diagnose und Therapie von Erkrankungen des ZNS steht jedoch im Vordergrund der Anwendungen. Störungen des ZNS, die durch herausragende EEG-Aktivitäten z. B. bei Epilepsien oder durch den Ausfall von Hirnstrukturen, z. B. bei Durchblutungsstörungen oder Verdrängungsprozessen charakterisiert sind, werden durch diese Methode sofort sichtbar, die virtuelle Quelle der Störung, insbesondere jedoch die Dynamik der Auswirkung der Störung oder Regeneration als Therapieerfolg näherungsweise angezeigt. Wesentlich ist dabei, daß derartige Erscheinungen unter spezifischer Belastung (psychologische Tests, physische Belastung) untersucht werden können und die Auswirkungen unmittelbar beob-

---

[234] Takigawa, M.: Light Rhythm Therapy for Depression and Data Processing of its Effects by Directed Coherence and EEG Print. 2nd European CIANS Conference Magdeburg 1987.

achtet und einer detaillierten Auswertung zugänglich gemacht werden können. Der entscheidende Vorteil der Echtzeitanalyse des EEG nach der Methode der virtuellen Quellen besteht darin, daß der Versuchsleiter sowohl die vom Rechner schritthaltend präsentierten Ergebnisdaten als auch die Versuchsperson sehen, mit ihr kommunizieren und somit beides bewerten kann. Die durch den Rechner schritthaltend aufbereiteten und dargebotenen Ergebnisse lassen eine ständige Verbesserung der Bewertung der Versuchsperson, ihres Verhaltens und ihrer Verhaltensänderungen durch den Versuchsleiter zu. Die Fixierung dieser Einschätzung im Zusammenhang mit den abgeleiteten Versuchsdaten ist jedoch dann erforderlich. Deshalb muß diese Beschreibung während des Versuches auf einem hohen Abstraktionsniveau, d. h. mit Hilfe einer formalen Sprache erfolgen. Die Entwicklung der Sprache und ihre rechentechnische Realisierung kann und muß durch den Fachmann, hier durch den Versuchsleiter selbst durchgeführt werden und auf seine spezifischen Anwendungsbedingungen zugeschnitten sein. Der Rechner kann die sprachliche Beschreibung während des Versuches verarbeiten, den Zusammenhang mit den abgeleiteten Meßdaten herstellen und für weitere Analysen speichern. Diese neue Methode stellt einen weiteren Zugang zur Erforschung der Informationsprozesse im Menschen und insbesondere ihre Störungen und deren Auswirkungen dar.

Die im vorhergehenden Abschnitt dargestellte Entwicklung für das Aufgabengebiet der technischen Vorbereitung der Produktion kann für die Entwicklung derartiger Sprachen als beispielhaft angesehen werden. Erforderlich sind in analoger Weise Hilfsmittel zur Vereinbarung und Implementation von Sprachen zur Darstellung des fachspezifischen Wissens. Für die Rechentechnik ist ein Metasystem erforderlich, das durch die Fachsprachen, welche durch die Nutzer entwickelt wurden, an die jeweiligen Bedingungen angepaßt werden kann und das auf Anforderung der Nutzer ständig weiterentwickelt wird.

4. Die Stufen der Kommunikation

Die Kommunikation zwischen Mensch und Rechner wurde an den vorhergehenden zwei Beispielen dargestellt. Um die Rolle der Rechentechnik zu bewerten, soll die Entwicklung der Kommunikation des Menschen mit seiner Umwelt betrachtet werden. In den weiteren Ausführungen werden Stufen der Kommunikation betrachtet. Die Stufen der Kommunikation bauen aufeinander auf und bedingen einander. Die niederen Stufen werden in den höheren mit genutzt.

Die nullte Stufe beinhaltet noch keine Kommunikation, sondern charakterisiert die unmittelbare Auseinandersetzung mit der Umwelt. Signale aus der Umwelt werden aufgenommen, gespeichert, verarbeitet und auf dieser Grundlage zielgerichtete Handlungen ausgelöst. Die Aufnahme der Signale, ihre Speicherung und Verarbeitung sowie die Auslösung der Handlung sind als Informationsprozeß definiert und werden bereits von Einzellern realisiert.

Durch das Zusammenwirken der Menschen in der Gesellschaft und in der Auseinandersetzung mit der Umwelt entwickelte sich die Sprache als Mittel zur Kommunikation (erste Stufe). Sie dient dem gesellschaftlichen Zusammenwirken der Menschen und der Vermittlung von Erkenntnissen und Erfahrungen. Diese Stufe der Kommunikation wird auch von hochentwickelten Tieren erreicht, die in Gruppen zusammenleben und zum Teil sprachliche Äußerungen zur Verständigung verwenden können[235].

Die Entwicklung und die Anwendung der gesprochenen Sprache hat wesentlich zur Entwicklung des menschlichen Denkens beigetragen. "Die für die menschliche Arbeit charakteristische Zielgerichtetheit des Handelns bildet den Grundzug der menschlichen Bewußtheit, die prinzipiell seine Tätigkeit von dem unbewußten und `instinktiven´ Verhalten der Tiere unterscheidet."[236]

Die zweite Stufe der Kommunikation, die Schrift, wurde durch den Menschen aus Anfängen, dem Fixieren einfacher

---

[235] Panow, J.: Die Geburt der Sprache, Moskau, ND Leipzig/Jena/Berlin 1985.
[236] Rubinstein, S. L.: Grundlagen der allgemeinen Psychologie, Berlin 1984, p. 173.

Zeichen und Bilder, von Ikonen, bis zur heutigen Form entwickelt. Er kann damit Erkenntnisse und Erfahrungen dauerhaft fixieren und weitergeben. Die Sprache, gesprochen oder geschrieben, ist für den Menschen ein universelles Mittel zum Ausdrücken und Vermitteln von Gedanken und Ideen über die objektive Realität, aber auch über Empfindungen und Gefühle. Eine weitere, stärker quantitative Entwicklung stellt die Erfindung des Buchdrucks dar. Weitere, moderne Mittel der Kommunikation mit ihren Aufzeichnungs- und Wiedergabemöglichkeiten vervollkommnen diese Stufe der Kommunikation.

Eine neue, dritte Stufe der Kommunikation wird mit der Entwicklung der Rechentechnik erreicht. Die Kommunikation zwischen Menschen und Rechner vollzieht sich auf der Basis von Sprachen. Diese waren in der ersten Phase zugeschnitten auf die für den Rechner unmittelbar interpretierbare Form (Maschinensprache) und wurden bis zu dem heute erreichten Niveau entwickelt, das der natürlichen Sprache des Menschen weitgehend angepaßt ist. Die Kommunikation zwischen dem Menschen und dem Rechner dient zum einen der Vermittlung von Kenntnissen des Menschen an den Rechner z. B. bei der Entwicklung des Modells des betrachteten Prozesses und zum anderen der Nutzung des Rechners zur Erzielung anwendbarer Ergebnisse.

Diese Prozesse lassen sich am Beispiel der rechnergestützten technischen Vorbereitung gut nachvollziehen. Der entscheidende Effekt besteht in der Belehrung des Rechners, in der Vermittlung der Kenntnisse und Erfahrungen der Ingenieure und Wissenschaftler an den Rechner mit Hilfe von Sprachen.

Ein weiterer Prozeß kommt hinzu, wenn wir die Erkennung der gesprochenen Sprache durch den Rechner und die Bildverarbeitung betrachten. Hier wird der Rechner schrittweise in die Lage versetzt, Signale der objektiven Realität aufzunehmen, zu verarbeiten und entsprechend der in ihm realisierten Modelle auch zu interpretieren. Ein Beispiel dafür stellt die Anwendung der Rechner für die schritthaltende Analyse biologischer Signale dar.

Ist der Mensch bei der Erkennung der natürlichen Sprache und der Bildverarbeitung dem Rechner im allgemeinen weit überlegen, werden bei der schritthaltenden Verarbeitung so komplexer Signale wie des EEG's mit Unterstützung des Rechners neue Wege der Erkenntnis möglich.

Eine weitere Komponente kommt hinzu. Sie wurde bei der Darstellung der Interaktion des Versuchsleiters mit dem Rechner bei der Durchführung psychophysiologischer Versuche dargestellt und besteht in der Herstellung der Übereinstimmung zwischen der subjektiven Bewertung der Versuchsperson durch den Versuchsleiter mit den durch den Rechner ermittelten, verarbeiteten und interpretierten Meßwerten sowie der gemeinsamen Speicherung der subjektiven Bewertung und der Meßwerte im Rechner. Ein wesentlicher Gedanke der rechnergestützten Arbeit besteht folglich darin, daß (noch) nicht oder (noch) nicht wirtschaftlich modellierbare Teile der Methode in der Interaktion zwischen Mensch und Rechner gelöst werden und auf diese Weise ein verwertbares, vollständiges Ergebnis erzielt wird. Das Einbringen von Erfahrungen in der Interaktion und die Bewertung der Ergebnisse durch den Menschen legt auch eindeutig die Verantwortung für die Anwendung der Rechner und für die erzielten Ergebnisse in seine Hand.

5. Qualitative Entwicklung der Informationsprozesse

Betrachten wir die Stufen der Kommunikation, so erhebt sich die Frage: Wann begann diese Fähigkeit, die als Informationsprozeß bezeichnet wird und die die vier Grundfunktionen Eingabe, Speicherung, Verarbeitung und Ausgabe beinhaltet?

Erst mit dem Entstehen des ersten Lebens begann die Fähigkeit, Reize aufzunehmen und zielgerichtete Reaktionen zu erzeugen, das heißt, Informationsprozesse zu realisieren. Diese

Reaktionen sind von außen betrachtet nicht immer determiniert, sondern auch abhängig vom inneren Zustand des Lebewesens. So können bereits kleinste Veränderungen der Reize oder des inneren Zustandes völlig veränderte Reaktionen hervorrufen, wie auch Reize Veränderungen des inneren Zustandes bewirken können. Das Reiz-Reaktions-Verhalten lebender Systeme ist von außen betrachtet nicht zwingend kausal. So können Lebewesen auch ohne äußere Reize allein durch Veränderungen des inneren Zustandes Handlungen ausführen (z. B. Nahrungssuche und -aufnahme bei Hunger).

Einzeller sind in der Lage, definierte Signale ihrer Umwelt zu erkennen und sich entsprechend einzustellen, d. h. zu entscheiden und zielgerichtete Handlungen auszuführen. Bei dieser Entscheidung handelt es sich häufig um eine elementare Entscheidung mit dem Informationsgehalt von einem Bit, obwohl der Informationsprozeß außerordentlich kompliziert, unscharf und auch heute noch nicht vollständig geklärt, jedoch ausschließlich mit physikalischen und biochemischen Mechanismen erklärbar ist. Mit der Entwicklung der Lebewesen bildete sich die Fähigkeit aus, auf andere Lebewesen zielgerichtet einzuwirken. Aus der einfachen Beziehung Reiz - Reaktion wurde die erste Stufe der Kommunikation als Reaktion - Reiz - Beziehung und mithin die erste Sprache entwickelt (Körpersprache). Durch das Zusammenwirken der Menschen in der Gesellschaft und in der Auseinandersetzung mit der Umwelt entwickelte sich die Sprache. "Die Sprache ist so alt wie das Bewußtsein - die Sprache ist das praktische, auch für andere Menschen existierende, also auch für mich selbst erst existierende wirkliche Bewußtsein ...".[237] Dieser Satz ist eindeutig: Es gibt kein Denken ohne Sprache, es gibt kein Denken ohne Übertragung der einzelnen Gedanken in die Gesellschaft und ohne Rückübertragung zum Individuum."[238]

Somit ist auch der Ausgangspunkt für jedes Modell ideell, d.h. das Ergebnis eines Informationsprozesses, gleich ob es

---

[237] Marx, K./Engels, Fr.: Werke, Bd. 3, Berlin 1969, p. 30.
[238] Thiel, op. cit., p. 93.

nachfolgend materiell realisiert wird oder symbolisch bleibt. Die Sprache ist das erkennbare Modell des Denkens.
Eine neue Qualität der Informationsprozesse und der Modellbildung wird mit der Entwicklung der Rechentechnik erreicht. Die Kommunikation zwischen Menschen und Rechner vollzieht sich auf der Basis von Sprachen, wird zwar materiell getragen, ist jedoch ausschließlich ideell. Die verwendeten Sprachen waren in der ersten Phase der Rechnernutzung zugeschnitten auf die für den Rechner unmittelbar interpretierbare Form (Maschinensprache) und wurden bis zu dem heute erreichten Niveau entwickelt, das der natürlichen Sprache des Menschen weitgehend angepaßt ist. Der Bereich der numerischen Berechnungen wurde ergänzt um die Bereiche der Textverarbeitung, insbesondere der natürlichsprachlichen Texte und der schrittweisen Erkennung der gesprochenen Sprache, der graphischen Datenverarbeitung und der Bildverarbeitung, die im Erkennen und begrifflichen Zuordnen der erkannten Objekte mündet. Die Kommunikation zwischen Mensch und Rechner dient zum einen der Vermittlung von Kenntnissen des Menschen an den Rechner z. B. bei der Entwicklung des Modells des betrachteten Prozesses und zum anderen der Nutzung des Rechners zur Erzielung anwendbarer Ergebnisse. "Die katalytische Wirkung von Rechentechnik und Informatik gegenüber Erkenntnistätigkeiten resultiert vor allem daraus, daß in Algorithmen, Programmen und Programmpaketen, in Programmiersprachen und Nutzungstechniken Wissen und Erfahrungen ganzer Kollektive von Forschern verschiedenster Disziplinen niedergelegt sind. Die Wirkung der Computertechnik ist Ergebnis der Vergesellschaftung von Erkenntnistätigkeiten und sie vergesellschaftet Erkenntnistätigkeiten."[239] Der entscheidende Effekt besteht in der Belehrung des Rechners, in der Vermittlung der Kenntnisse und Erfahrungen an den Rechner und die angenähert aufwandsfreie Weitergabe dieses durch den Rechner wirksam werdenden Wissens.

---

[239] Striebing, L./Zänker, K.: Computer und Vergesellschaftung geistiger Tätigkeiten. In: Deutsche Zeitschrift für Philosophie 35 (1987), 7, pp. 614-623 und Striebing, L./Zänker, K.: Mit Kopf und Computer, Berlin 1987, p. 616.

Es soll hier die Tatsache herausgearbeitet werden, daß es dem Menschen vorbehalten blieb, technischen Systemen die Fähigkeit zur Realisierung von Informationsprozessen zu vermitteln, Information zu erzeugen. Diese Fähigkeit wurde bereits mit mechanischen Mitteln erreicht, hat jedoch mit der Entwicklung der Rechentechnik an Deutlichkeit gewonnen, weil sie in den letzten vierzig Jahren in bisher ungekanntem Maße wirksam geworden ist.

Diese neue Qualität wird dadurch deutlich, daß Sprachen zur Kommunikation mit dieser Technik, zur Vermittlung und zur Aktivierung von Wissen genutzt werden. Diese Entwicklung und die ihr innewohnenden Potenzen in dem hier genannten Maße am Beispiel zu erkennen, zu verallgemeinern und zur Wirkung zu bringen ist das Anliegen dieser Arbeit.

Blockschaltbilder als spracherweiternde Denkschemata

Peter H. Lässig[*]

Summary

Mit Blockschaltbildern lassen sich geschlossene Kausalketten einschließlich nichtlinearer Zusammenhänge darstellen und gedanklich erfassen. Sie ergänzen damit notwendig die natürliche Sprache, mit deren Verwendung die Beschreibung der Wirklichkeit eingeschränkt ist (SAPIR - WHORF Hypothese).

The use of block diagrams allows to represent and to understand logical causality including non-linear interrelations. Thus, block diagrams complete the non-artificial language, by which the description of reality is normally limited.

---

[*] 1964 Diplom im Fach Regelungstechnik an der Technischen Universität Dresden. Ab 1964 wissenschaftlicher Mitarbeiter am Physiologischen Institut der Universität Leipzig. 1976 Promotion. Verschiedene Arbeiten zur Steuerung der Motorik unter Benutzung von Blockschaltbildern als adäquates gedankliches Werkzeug (cf. ibid.: The Signal Flow-Diagram of the Oculomotor Control System. In: Biological Cybernetics 25/1977, pp. 205-208). 1987 Erlangung des akademischen Grades Dr. sc. techn. mit einer Arbeit zum Problem der Willkürbewegung und 1991 Habilitation.

1. Einleitung

`Denken in Bildern´ hat gegenüber `Denken in Worten´ Vorteile und einen wesentlichen Nachteil. Die Vorteile sind: `Denken in Bildern´ verläuft schneller, weil die Lautfolge des Wortes wegfällt, und es kann unmittelbar ein Gefüge von Wechselbeziehungen erfaßt werden. Der Nachteil ist, daß `Denken in Bildern´ sich der vollständigen logischen Analyse entzieht. Der Nachteil kann vermieden werden, wenn Bilder verwendet werden, die auf logischen Strukturen beruhen. Als Beispiel für ein derartiges Bild wird das sog. Blockschaltbild gewählt.

2. Blockschaltbilder als Beschreibungsmittel

2.1 Blockschaltbilder zur Beschreibung von geschlossenen Wirkungskreisen

Von Leonhard wurde die Methode der Darstellung funktioneller Zusammenhänge mittels Blockschaltbildern in die Technik eingeführt.[240] Das ergab sich aus der Notwendigkeit heraus, die in sich geschlossene Kausalkette des Regelkreises in ihrer Funktionsweise beschreiben zu müssen. Im Vorwort zu seinem Buch `Die selbsttätige Regelung´ schreibt Leonhard zu einem Schema, das später in der Literatur und im allgemeinen Sprachgebrauch als `Blockschaltbild´ bezeichnet wird: "Unabhängig vom tatsächlichen Aufbau der Anordnung, die aus mechanischen oder elektrischen Gliedern bestehen kann, zeigt das Schema nur das für die Regelung tatsächlich Wichtige, nämlich den Aufbau des Regelkreises aus den Einzelgliedern, die lediglich durch Quadrate mit eingezeichneter Übergangsfunktion dargestellt sind." Bild 1 zeigt ein Blockschaltbild des Regelkreises mit seinen gegenwärtig durch Normen

---

[240] A. Leonhard: Die selbsttätige Regelung, Berlin/Göttingen/Heidelberg 1949.

festgelegten Elementen, den Übertragungsgliedern, Mischstellen und Verzweigungsstellen.

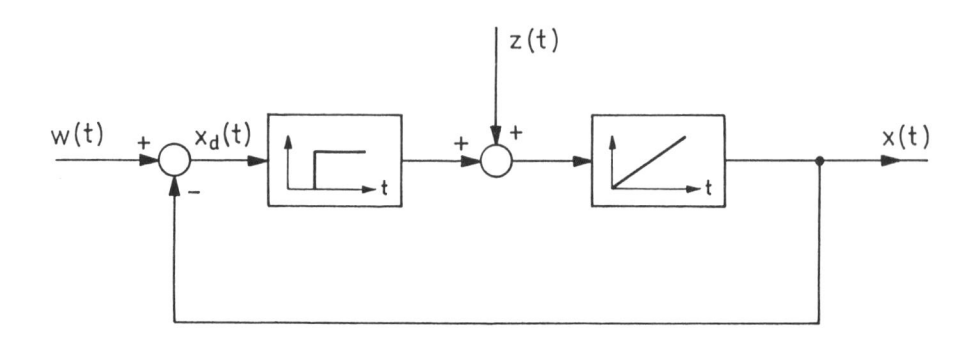

Bild 1

*Blockschaltbild eines Regelkreises.
Proportional wirkendes Übertragungsglied mit Laufzeit und integrierendes Übertragungsglied sind durch ihre Sprungantworten charakterisiert. w(t) - Führungsgröße, x(t) - Regelgröße, z(t) - Störgröße, $x_d(t)$ - Regeldifferenz, t - Zeit*

Daß die Verwendung von Blockschaltbildern im technischen Bereich zur völligen Selbstverständlichkeit geworden ist, beweist das Lehrbuch von Reuter 'Regelungstechnik für Ingenieure'[241]: "Zweckmäßig werden die einzelnen Glieder des Regelkreises durch rechteckige Kästchen, Block genannt, symbolisiert. Die Ein- und Ausgangssignale werden durch Wirkungslinien dargestellt, deren Pfeilspitzen die

---
[241] M. Reuter: Regelungstechnik für Ingenieure, 8., verbesserte Auflage, Braunschweig/Wiesbaden 1991, p. 5.

Wirkungsrichtung angeben. Zur genauen Kennzeichnung kann in einem Block die Gleichung angegeben werden, die den Zusammenhang zwischen Ein- und Ausgangsgröße wiedergibt oder eine qualitative, graphische Darstellung des zeitlichen Verlaufs der Ausgangsgröße bei plötzlicher Änderung der Eingangsgröße (`Sprungantwort´). Außerdem werden die Stellen, an denen mehrere Signale zusammentreffen, durch eine Additionsstelle, und Punkte, an denen eine Verzweigung eines Signals stattfindet, durch eine Verzweigungsstelle dargestellt." Besteht zwischen Ausgang und Eingang eines Blockes ein nichtlinearer Zusammenhang, so läßt sich dieser anschaulich durch eine entsprechende Kennlinie darstellen. Außerdem können zu den Mischstellen, mit denen lineare Signalverknüpfungen, wie Addition und Subtraktion, beschrieben werden, noch nichtlineare Mischstellen, in denen Signale z.B. miteinander multipliziert werden, hinzugefügt werden. Die schematische Darstellung von Blockschaltbildern kann somit in jeder Beziehung rein graphisch sein und bewegt sich vollständig im `Denken in Bildern´, ohne daß auf einen logisch rationalen Zusammenhang verzichtet würde, der nicht immer gegenwärtig sein muß, aber auf den als Hintergrundwissen zumindest mittels Rechner immer zurückgegriffen werden kann. Mit Oppelt läßt sich formulieren: "Blockschaltbilder zeigen in schematischer Form alles Wesentliche, was zur Beurteilung eines Regelkreises notwendig ist, nämlich Zeitverhalten und Struktur."[242]

Leonhard verweist auch auf nichttechnische Regelungen: "Überall in der Natur spielen sich Regelvorgänge ab, und zwar Vorgänge, die nach irgendwelchen, uns vielfach unverständlichen Naturgesetzen ablaufen, also nicht etwa durch den Menschen verursacht oder veranlaßt sind"[243] und meint damit z.B. die Regelung des Zuckergehaltes im Blut oder die Regelungen der Körperhaltung bezüglich der Schwerkraftrichtung. Von ihm werden im Sinne der Konstruktionsaufgabe in der Technik aus der Menge der möglichen geschlossenen Wirkungszusammenhänge die einer Regelung entsprechenden

---
[242] W. Oppelt: Kleines Handbuch technischer Regelvorgänge, 3., neubearb. und erw. Auflage, Weinheim/Bergstr. 1960.
[243] Leonhard, op. cit., p. 1.

ausgewählt. Der allgemeine Fall des geschlossenen Wirkungszusammenhangs ist für die Naturbeschreibung ebenso wichtig und führt unabhängig von Forderungen nach technischer Realisierung zur bildlichen Darstellung. Jakob von Uexküll benutzte darum, meines Wissens als erster, eine Vorform von Blockschaltbildern (Bild 2) in seinem Buch ˋTheoretische Biologieˊ, in dem er zu ˋFigur 3.ˊ schreibt: "Das obengegebene Schema dient, um alle Leistungen des Zentralnervensystems der Tiere, soweit sie Reflexe, plastische Handlungen oder Instinkthandlungen sind, zu erläutern." Und das tut es in der Tat, insbesondere zeigt es ˋbildlichˊ, daß ein Lebewesen mit Motorik und Sensorik an seine Umwelt gebunden ist. von Uexküll prägte den Begriff ˋFunktionskreisˊ für die Tatsache, daß Lebewesen mit ihrer Umwelt eine funktionelle Einheit bilden und konnte das in adäquater Weise nur in einem ˋBlockschaltbildˊ darstellen.

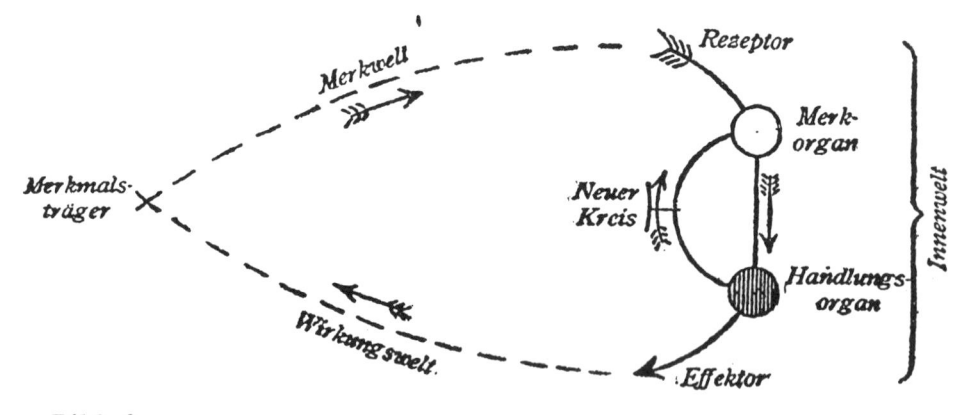

Bild 2

ˋFigur 3.ˊ[244]
Blockschaltbildähnliches Schema zur Beschreibung der wechselseitigen Beeinflussung von Lebewesen und Umwelt

---

[244] Cf. Jakob von Uexküll: Theoretische Biologie, Berlin 1920, p. 116.

Geschlossene Wirkungszusammenhänge entziehen sich im wesentlichen einer sprachlichen Beschreibung, wobei nur bezüglich der indogermanischen Sprachen, wie Deutsch oder Englisch, eine Aussage gemacht werden soll. Sie sind nur zur Beschreibung des Verlaufs von Vorgängen entlang einer Kausalkette mit Anfang und Ende, aber nicht für geschlossene Kausalketten, geeignet. Im letzteren Fall würde die Beschreibung zeitlich unendlich lange dauern und man vermeidet sie darum. Im instabilen Fall, mit einer aufklingenden Schwingung, die zu einer Katastrophe führt, spricht man grob vom `Teufelskreis´, vom `circulus vitiosus´ oder im Englischen vom `vicious circle´. Im Blockschaltbild entspricht das viel differenzierter und durchschaubarer einer in sich geschlossenen Kausalkette entweder mit positiver Rückkopplung oder mit negativer Rückkopplung bei zu großer innerer Verstärkung und zu großen Verzögerungs- bzw. Laufzeiten.

Die Notwendigkeit oder Zweckmäßigkeit von Blockschaltbildern ergab sich damit aus der Schwierigkeit, mit rein sprachlichen Mitteln in der Natur und in der Technik geschlossene Wirkungskreise zu beschreiben, d.h. die verwendete natürliche Sprache schränkt in diesem Zusammenhang unseren Blick auf die Welt ein. Diese Tatsache entspricht der `SAPIR-WHORF Hypothese´, auch als sog. `linguistische Relativitätstheorie´ bezeichnet. Diese bezieht sich auf das Verhältnis von Sprache, Weltbild und Wirklichkeit und behauptet die Abhängigkeit des erfaßten Wirklichkeitsbereichs von der logischen Struktur, d.h. von der Grammatik, der verwendeten natürlichen Sprache.[245]

Wendet man die Aufmerksamkeit auf die Elemente der Blockschaltbilder, die `Blöcke´ oder `Übertragungsglieder´ und die dazugehörige grammatikalische Struktur, so wird man eine interessante Beziehung zwischen natürlicher Sprache und Blockschaltbild feststellen können.

---

[245] Carroll, J.B.: Introduction. In: Language, Thought, and Reality. Selected writings of Benjamin Lee Whorf, ed. and with introduction by John B. Carroll, Cambridge, MA 1976 und cf. B.L. Whorf: Sprache - Denken - Wirklichkeit. Beiträge zur Metalinguistik und Sprachphilosophie, hg. und übers. von Peter Krausser, Reinbek bei Hamburg 1963.

2.2 Die Blöcke der Blockschaltbilder und die SAPIR-WHORF Hypothese

Zurückgehend auf die heute übliche Darstellung bezüglich der Blöcke: "Zweckmäßigerweise werden die einzelnen Glieder des Regelkreises durch rechteckige Kästchen, Block genannt, symbolisiert ..." und unter Berücksichtigung des Sprachgebrauchs bezüglich der Blöcke eben auch von ʻGliedernʼ oder von ʻÜbertragungsgliedernʼ zu sprechen, die ein ʻÜbertragungsverhaltenʼ bezüglich der ʻÜbertragungʼ von ʻSignalenʼ haben, erhält man die sprachliche Struktur, daß ein ʻTuendesʼ, der ʻBlockʼ oder das ʻGliedʼ etwas ʻtutʼ, nämlich ʻüberträgtʼ, und zwar einen Gegenstand, ein ʻSignalʼ. Damit wird man zu einer Aussage von Whorf geführt: "The Indo-European languages and many others give great prominence to a type of sentence having two parts, each part built around a class of word-substantives and verbs-which those languages treat differently in grammar. As I showed in the April 1940 Review, this distinction is not drawn from nature; it is just a result of the fact that every tongue must have some kind of structure, and those tongues have made a go of exploiting this kind. The Greeks, especially Aristotle, built up this contrast and made it a law of reason. Since then, the contrasts has been stated in logic in many different ways: subject and predicate, actor and action, things and relations between things, objects and their attributes, quantities and operations. And, pursuant again to grammar, the notion became ingrained that one of these classes of entities can exist in its own right but that the verb class cannot exist without an entity of the other class, the ʻthingʼ class, as a peg to hang on" und weiter "... We are obliged to say ʻit flashedʼ or ʻa light flashedʼ, setting up an actor IT, or A LIGHT, to perform what we call an action, FLASH. (...)". [246]

Die Elemente des Blockschaltbildes, die Blöcke oder Übertragungsglieder entsprechen nun dem Strukturschema

---

[246] Whorf, B.L.: Languages and Logic. repr. from the Technol. Review 43/1941, pp. 250-252, 266, 268, 272. In: Lanuage, Thought, and Reality, op. cit., pp. 233-245 und ibid.: Language, Mind, and Reality, repr. from Theosophist January/April 1942. In: Whorf, op. cit., pp. 246-270.

unserer Sprache von einem `Tuenden´ und einem `Tun´: "Der Block überträgt das Signal". Das `Tuende´, das `Übertragungsglied´ `überträgt´ etwas. Die `Übertragungsglieder´, also die `Blöcke´, bleiben bei ihrem `Tun´ unverändert, wie es sich für `Tuende´ gehört. Dabei wird das `Übertragene´, das `Signal´ in ein Ding verwandelt, und das ist durchaus absurd, denn ohne das `Übertragungsglied´ ist das Signal nicht existent.

Dieses vom Tun unbeeinflußte Tuende ist ein Sonderfall. Denn es können in diesem Sinne bei einem vom Tun unbeeinflußten Tuenden nur lineare Beziehungen zwischen Ausgangs- und Eingangsgröße beschrieben werden oder mit anderen Worten: es wird nur die Theorie der linearen Differentialgleichungen mit konstanten Koeffizienten erfaßt. Sowohl durch die Einführung von nichtlinearen Kennlinien, wie z.B. `Begrenzungen´ oder `toten Zonen´, zur Beschreibung des Zusammenhangs von Ausgangs- und Eingangsgröße eines Blocks, wie auch von nichtlinearen Signalverknüpfungen, z.B. Multiplikationsstellen außerhalb der Blöcke, wird die durch die verwendete Sprache gegebene Begrenzung nochmals erweitert: In den übergeordneten Zusammenhang des geschlossenen Wirkungskreises lassen sich die im Detail immer vorhandenen, und häufig das Gesamtverhalten entscheidend beeinflussenden, nichtlinearen Beziehungen einfügen.

Nimmt man einen Muskel als Beispiel, so ist das Eingangssignal, die Aktionspotentialfolge, das Tuende, und eindeutig nicht das, was übertragen wird. Sie verändert den Zustand des Muskels so, daß dieser Kraft entwickelt bzw. sich verkürzt. Das ist mit einem `Glied´, das seinen Zustand während des `Übertragens´ im Prinzip nicht verändert, nicht zu beschreiben. In einem Blockschaltbild unter Zuhilfenahme einer Multiplikationsstelle kann es jedoch beschrieben werden.

Entsprechend der SAPIR-WHORF-Hypothese wird deutlich, daß mit den Blöcken, die dem Zusammenhang `Akteur - Tätigkeit´ bzw. allgemeiner `Substantiv - Verb´ entsprechen würden, an und für sich nur bestimmte Prozesse der Natur aus der Menge der möglichen ausgewählt werden, daß aber diese Beschränkungen mit dem Beschreibungsmittel `Blockschaltbild´ aufgehoben werden können.

3. Schlußfolgerung

Da gegenwärtig vielfältige Eingriffe in ökologische Zusammenhänge ohne die Analyse der damit verbundenen dynamischen Zusammenhänge unüberschaubare und unter Umständen weltweite Folgen haben, müssen wir in dem Sinne vorausschauend handeln, daß das `Raumschiff Erde´ erhalten wird. Man braucht langfristige Verhaltensstrategien, die auf dem Wissen über die Wechselbeziehungen von belebter und unbelebter Natur beruhen. Zu diesem Wissen gehört die Kenntnis der Dynamik rückgekoppelter nichtlinearer Systeme, insbesondere wenn die Zeiträume, die dabei zu berücksichtigen sind, über das Lebensalter einer Generation hinausgehen. Dieses Wissen muß, nicht zuletzt über eine Analyse der Sprache als dem Werkzeug der Weltbewältigung des Menschen, zu einem auch wissenschaftlich akzeptierbaren wirksamen Verhaltenskodex führen. Durch die Wissenschaft kann sich der Mensch zwar rational von den Bindungen durch Mythen und Religionen befreien, um aber die Welt nicht zu zerstören, muß er mit im alltäglichen Leben wirksamen rationalen Mitteln wieder eine Bindung herstellen.

Mit unserer natürlichen Sprache ist es nicht möglich, sowohl geschlossene Kausalketten als auch die Wirkung von nichtlinearen Zusammenhängen in derartigen Kausalketten gedanklich zu durchdringen. Die Blockschaltbilder sind eine notwendige Ergänzung unserer natürlichen Sprache.

Register

Agrippa von Nettesheim: 24
Aiton, E. J.: 120
Albert von Sachsen: 15
Alexander, I.: 136
Amit, D. J.: 152
Anaximander: 5
Aristoteles: 188
Arnauld, A.: 27
Arnold, F.: 103
Arshavsky, Y. I.: 145
Babbage, C.: 28
Bacon, F.: 15, 18, 87
Bauer, R.: 152
Bechtel, W.: 109
Beck, C.: 17
Becker, C.: 81
Berger, H.: 163
Blechman, I. I.: 146
Bloch, E.: 38
Block, N.: 107, 110
Blumenberg, H.: 78
Bohr, N.: 114, 126, 127, 128, 129
Bormann, C. von: 2
Boutroux, P.: 25
Breger, H.: 120
Bright, T.: 17
Brosch, M.: 152
Brunschvicg, L.: 25, 26
Buchenau, A.: 88
Bulwers, J.: 16
Bunge, M.: 133
Carroll, J. B.: 187
Carus, C. G.: 102, 103
Cavendish, M.: 31, 33, 34, 35, 36, 37, 38, 39, 40, 41, 43
Changeux, J.-P.: 150

Charleton, W.: 35
Chomsky, N.: 105
Churchland, P. S.: 133, 143
Cicero: 71
Clauss, S.: 19
Clüver, D.: 22
Cohen, L. J.: 17
Comenius, Amos: 80
Conring, H.: 16, 26
Couturat, L.: 22, 23, 28
Cram, D.: 17
Creutzfeld, O. D.: 133, 134
Dalgarno, G.: 19, 20, 21
Davis, H.: 25
Degn, H.: 151
Deguy, M.: 56
Demokrit: 93
DeMott, B.: 19
Derrida, J.: 45
Descartes, R.: 4, 9, 38, 39, 79, 80, 82, 87, 88, 89, 115, 116, 117, 119, 120
Diderot, D.: 84
Dijksterhus, E.: 87
Dittrich, Y.: 75
Dreyfus, H. L.: 110
Dutz, K. D.: 17
Eckhorn, R.: 152
Edelmann, G. M.: 137
Egli, U.: 11
Einstein, A.: 124, 125, 128
Ellis, R. L.: 15
Ellissen, D. U.: 101
Engel, A.K.: 152
Engels, Fr.: 177
Epikur: 5
Erben, A.: 161
Evelyn, J.: 35
Fechner, G. Th.: 102
Fehrle, T.: 161

Feigenbaum, E. A.: 160, 161
Fischer, K.: 79
Flitner, A.: 80
Flores, F.: 110, 133
Fodor, J.: 105, 108
Foucault, M.: 45, 108
Franck, S.: 129
Freeman, W. J.: 137, 151, 152
Funke, O.: 19
Gadamer, H.-G.: 57
Galilei, Galileo: 87, 115
Gardiner, M.: 24
Gardner, H.: 105, 133
Garfinkel, A.: 148
Gassendi, P.: 35, 37, 39
Gehring, P.: 12, 45
Gelfand, I. M.: 145
Gent Philochirosophus, J.B.: 16
Gerhardt, C. I.: 16, 118
Glanville, J.: 35
Glockner, H.: 79
Goethe, Johann Wolfgang: 1
Goodman, N.: 11
Grant, D.: 33
Gray, C.M.: 152
Gründer, K.: 23
Güttinger, W.: 152
Haak, Th.: 21, 22
Haken, H.: 145
Hamilton, W.: 124
Hastedt, H.: 75
Hawkins, W.F.: 16
Heath, D.D.: 15
Hecht, H.: 5, 113, 117
Hecht-Nielsen, R.: 136
Heidegger, M.: 2
Helmholtz, H. von: 123
Hempel, C. G.: 104

Herbart, Joh. Fr.: 7, 91, 93, 94, 97, 98, 99, 100, 101, 102, 103, 107, 111
Herneck, F.: 125
Hertz, H.: 129
Hesse, M. B.: 6
Hobbes, Th.: 8, 35, 36, 38, 39, 86
Hörz, H.: 155
Holden, A.V.: 151
Hopfield, J.J.: 136
Hoppe, W.: 133, 156, 157
Horlacher, E.: 161
Huygens, Chr.: 6
Ijsseling, S.: 57
Jacob, F.: 158
Jacobi, Fr. H.: 124
Johann Friedrich von Hannover: 26
Jordan, W.: 26, 152
Kaczmarek, L.: 17
Kant, I.: 2, 7, 8, 9, 45, 48, 49, 51, 52, 53, 54, 55, 56, 57, 58, 59, 60, 61, 62, 64, 65, 66, 68, 69, 70, 71, 72, 73, 74, 78, 82, 83, 86, 88, 95, 96, 97, 98
Kargon, R.: 34
Kehrbach, K.: 94, 98
Keil, G.: 12, 75, 85, 89
Kepler, J.: 119, 120, 122, 124, 128
Kircher, Athanasius: 27
Klaus, G.: 148
Knowlson, J. R.: 16, 17, 19
Koch, C.: 137, 143, 145
König, P.: 152
Koerner, K.: 19
Kohonen, T.: 136
Konishi, M.: 150
Krämer, S.: 20, 23, 107
Krausser, P.: 187
Kretzmann, N.: 15
Krönert, G.: 27
Kruse, W.: 152
Kuhlen, R.: 2

Kuhlenkampf, J.: 70
Kuhn, Th.: 5
Lässig, P. H.: 12, 181
LaMettrie, J. O. de: 77, 81, 82, 84, 89, 93
Lange, Fr. A.: 101, 102
Laudan, L.: 38
Laux, G.: 155
Lehmann, W.: 159
Leibniz, G. W.: 6, 13, 16, 20, 21, 22, 23, 24, 26, 27, 28, 40, 78, 80, 82, 89, 113, 114, 115, 116, 117, 118, 119, 120, 121, 122, 123, 124, 128, 129, 130
Leonhard, A.: 183, 185
Liebscher, H.: 148
Lodwick, F.: 17
Löther, R.: 155
Lohmann, W.: 133
Lukrez: 37
Lullies, H.: 163
Lullus, Raimundus: 13, 23, 24, 25
Lycan, W.: 85, 109
Lyotard, J.-F.: 45, 56
Maas, J. F.: 1
Mach, E.: 3, 124, 125
Mackensen, L. von: 28
Mainzer, K.: 8
Markl, H.: 133, 157
Marr, D.: 138, 139, 140
Marx, K.: 177
Maturana, H.R.: 137
Maupertuis, P. M. de: 124
Maxwell, J. C.: 144
Mayer, R.E.: 162
McCracken, G. E.: 27
McCulloch, W.S.: 135, 144
Meier-Oeser, S.: 11, 13, 23
Mersenne, M.: 19
Messiah, A.: 127, 128
Meyer, A.: 64, 78
Michel, M.: 69

Moldenhauer, E.: 69
Molesworth, W.: 38, 86
Morland, S.: 24
Müller, K.: 27
Munk, M.: 152
Myskis, A.D.: 146
Napier, J. (= Johannes Neperus): 16
Nernst, W.: 124
Newell, A.: 134
Newton, I.: 6, 87, 95, 97, 98, 102, 113, 114, 115, 118, 121, 123, 124, 130
Nicolaus Cusanus: 13
Norman, D.A.: 134
Oeing-Hanhoff, L.: 2
Oesterreich, P.: 71
Oldenbourg, H.: 20, 23, 29
Olsen, L.F.: 151
Oppelt, W.: 185
Orlovsky, G.N.: 145
Osborne, D.: 34
Osherson, D. N.: 107
Pagels, H.R.: 160
Panovko, J.G.: 146
Panow, J.: 174
Pascal, J.: 25, 26, 28
Paulus Venetus: 15, 16
Penrose, R.: 133
Pertz, M.: 109
Peukert, V.: 157
Phillipson, J. S.: 24
Piaget, J.: 162
Pitts, W.H.: 135, 144
Planck, M.: 124, 125, 126, 128, 129
Pongratz, L. J.: 93
Popper, K. R.: 6
Pries, C.: 56
Ptolemäus: 5
Putnam, H.: 105, 106
Ren Chao, Y.: 4

Reuter, M.: 184
Ritter, J.: 23
Röske, I.: 157
Roscher, G.: 12, 153, 159, 162
Rossi, P.: 19
Rubens, P.: 124
Rubinstein, S.L.: 174
Rumelhart, D.: 109
Ryle, G.: 85
Sachs-Hombach, K.: 7, 91, 93, 100
Salmon, V.: 17, 19
Sapir: 181, 187, 188, 189
Schefe, P.: 75
Schierwagen, A.: 10, 131, 150, 151
Schilling, G.: 10
Schmidt-Biggemann, W.: 27
Schnädelbach, H.: 75
Schopenhauer, A.: 100
Schulte, W.: 163
Searle, J. R.: 84, 108, 109, 110, 133
Segev, I.: 137, 145
Sejnowski, T.J.: 143
Singer, W.: 150
Skarda, C.: 137
Skinner, B. F.: 104
Smart, J.: 104
Smith, E. E.: 107
Smith, G. C. M.: 34
Sommerfeld, A.: 113, 123, 124, 126, 128
Spedding, J.: 15
Stoff, V.A.: 4
Strauß, E.: 31
Strauss, M.: 161
Striebing, L.: 178
Subbiondo, J. L.: 19
Suisky, D.: 5, 113
Sutter, A.: 81, 82
Swift, J.: 13, 14, 24, 25, 27
Takigawa, M.: 172

Tarski, A.: 5
Taylor, J.: 136
Temple, W.: 34
Ten Eyck Perry, H.: 34
Thiel, R.: 159, 162, 177
Trappl, R.: 131
Trincker, D.: 163
Turing, J.: 106, 107, 156, 158
Tschirnhaus, E. W. von: 23
Uexküll, J. von: 186
Uhlmann, D.: 157
Ursinus, B.: 16
Vaihinger, H.: 7
Varela, Fr. J.: 109, 111, 133
Vossenkuhl, W.: 60
Walker, L.: 24
Waller, E.: 34
Warburg, A.: 124
Weber, M.: 102
Wegner, R.: 9
Weischedel, W.: 47, 83
Wernecke, W.: 161
West, B.J.: 147, 148
Whorf, B.L.: 181, 187, 188, 189
Wieland, W.: 56
Wiener, N.: 9, 155
Wilkins, J.: 18, 19, 20, 21, 24
Winograd, T.: 110, 133
Wolfers, J. Ch.: 95
Woolgast, S.: 155
Wundt, W.: 100, 101, 102
Zänker, K.: 178
Zedler, J. H.: 27, 85, 86
Zeeman, C.: 129
Ziegler, H.: 133, 157

PHILOSOPHIE & REPRÄSENTATION / PHILOSOPHY & REPRESENTATION

Herausgegeben von Petra Gehring, Thomas Keutner, Jörg F. Maas, Wolfgang Maria Ueding

Volume 1:
DIAGRAMMATIK UND PHILOSOPHIE. 1. Interdisziplinäres Kolloquium der Forschungsgruppe Philosophische Diagrammatik an der FernUniversitat/Gesamthochschule Hagen 15.-16.12.1988. Hrsg. von Petra Gehring, Thomas Keutner, Jörg F. Maas, Wolfgang Maria Ueding. Amsterdam/Atlanta, GA 1992. 206 pp.
ISBN: 90-5183-303-2　　　　　　　　　　　　　　　　　Hfl. 60,-/US-$ 35.-
Inhalt: Diagrammatik und Philosophie? Eine Einleitung. Wolfgang Maria Ueding: Die Verhältnismäßigkeit der Mittel bzw. die Mittelmäßigkeit der Verhältnisse. Das Diagramm als Thema und Methode der Philosophie am Beispiel Platons bzw. einiger Beispiele Platons. Jörg F. Maas: Zur Rationalität des vermeintlich Irrationalen – Einige Überlegungen zu Funktion und Geschichte des Diagramms in der Philosophie. Thomas Keutner: Mundus est fabula. Descartes und das Problem der Repräsentation. Petra Gehring: Paradigma einer Methode. Der Begriff des Diagramms im Strukturdenken von M. Foucault und M. Serres. Ulrich Papenkort: Philosophie und Raum – Notizen zu graphischen Techniken, zur deskriptiven Methode, zum systematischen Denken und zur geographischen Wissenschaft. Heiner Wilharm: Ein Bild sagt mehr als tausend Worte – Über Begriff und Verwendung diagrammatischer Darstellungen in Philosophie und Wissenschaft. Ludger Kaczmarek/Hans Jürgen Wulff: Prolegomena zu einer semiotischen Beschreibung graphischer Darstellungen. Auswahlbibliographie.

These books can be ordered through your bookshop, or directly from the publishers.

Bei Direktbezug vom Verlag durch Privatpersonen ermäßigt sich der Preis um 50%.
Individuals who place their orders directly with the publishers receive a 50% discount.

USA/Canada: Editions Rodopi, 233 Peachtree Street, N.E., Suite 404, Atlanta, Ga. 30303-1504, Telephone (404) 523-1964, *Call toll-free* (U.S. only) 1-800-225-3998, Fax (404) 522-7116
All Other Countries: Editions Rodopi B.V., Keizersgracht 302-304, 1016 EX Amsterdam, The Netherlands. Telephone (020) 622.75.07, Fax (020) 638.09.48

RELATIVISMUS UND KONTEXTUALISMUS
Festschrift für Henri Lauener

RELATIVISM AND CONTEXTUALISM
Essays in Honor of Henri Lauener

Hrsg. von/Ed. by Alex Burri and Jürg Freudiger

Amsterdam/Atlanta, GA 1993. 312 pp.
(Grazer Philosophische Studien 44)
ISBN: 90-5183-542-6   Hfl. 100,-/US-$ 58.50

Inhaltsverzeichnis/Table of Contents: H.G. CALLAWAY: Open Transcendentalism and the Normative Character of Methodology. ROGER F. GIBSON: Two Conceptions of Philosophy. JÜRG FREUDIGER: Quine und die Unterdeterminiertheit empirischer Theorien. DAVID PEARS: The Ego and the Eye: Wittgenstein's Use of an Analogy. GUIDO KÜNG: Welterkennen und Textinterpretation bei Roman Ingarden und Nelson Goodman. BARRY SMITH: Putting the World Back into Semantics. HERBERT STACHOWIAK: Offen für Ophelia? PAUL GOCHET & MICHEL KEFER: Henri Lauener's Open Transcendentalism. RUDOLF HALLER: Zum Problem des Relativismus in der Philosophie. ANDREAS GRAESER: Analytic Philosophy and Hermeneutic Philosophy. Toward Reunion in Philosophy? AVRUM STROLL: That Puzzle We Call the Mind. WOLFGANG RÖD: Humes Skeptizismus als Entwurf eines neuen philosophischen Paradigmas. HENRY E. ALLISON: Apperception and Analyticity in the B-Deduction. PETER SIMONS: Who's Afraid of Higher-Order Logic? WILHELM K. ESSLER: Gorgias hat Recht! ALEX BURRI: Relativismus, Realismus, Mathematik.

USA/CANADA: EDITIONS RODOPI, 233 PEACHTREE STREET, N.E., SUITE 404, ATLANTA, GA. 30303-1504, TELEPHONE (404) 523-1964, CALL TOLL-FREE 1- 800-225-3998 (U.S. ONLY), FAX (404) 522-7116
AND OTHERS: EDITIONS RODOPI B.V., KEIZERSGRACHT 302-304, 1016 EX AMSTERDAM, THE NETHERLANDS. TELEPHONE (020) 622.75.07, FAX (020) 638.09.48

FROM A ONE-PARTY STATE TO DEMOCRACY
TRANSITION IN EASTERN EUROPE

Ed. by Janina Frentzel-Zagórska

Amsterdam/Atlanta, GA 1993. 224 pp.
(Poznań Studies in the philosophy of the sciences and the humanities 32)
ISBN: 90-5183-523-X   Bound Hfl. 90,-/US-$ 52.50
ISBN: 90-5183-532-9   Paper Hfl. 40,-/US-$ 23.50

Contents: JANINA FRENTZEL-ZAGÓRSKA: Introduction. PART I. THEORETICAL APPROACHES. ZYGMUNT BAUMAN: A Postmodern Revolution? LESLIE HOLMES: On Communism, Post-communism, Modernity and Post-modernity. LESZEK NOWAK: The Totalitarian Approach and the History of Socialism. JAN PAKULSI: East European Revolutions and 'Legitimacy Crisis'. PART II. THE TRANSITIONAL PERIOD. ADAM CZARNOTA AND MARTIN KRYGIER: From State to Legal Traditions? Prospects for the Rule of Law after Communism. MATÉ SZABÓ: Social Protest in a Post-communist Democracy: The Taxi Drivers' Demonstration in Hungary. ZYGMUNT BAUMAN: Dismantling a Patronage State. EDMUND MOKRZYCKI: Between Reform and Revolution: Eastern Europe Two Years after the Fall of Communism. JANINA FRENTZEL-ZAGÓRSKA: The Road to a Democratic Political System in Post-communist Eastern Europe. PART III. THE CASE OF YUGOSLAVIA. ROBERT F. MILLER: Yugoslavia: The End of the Experiment.

USA/Canada: Editions Rodopi, 233 Peachtree Street, N.E., Suite 404, Atlanta, Ga. 30303-1504, Telephone (404) 523-1964, Call toll-free 1-800-225-3998 (U.S. only), Fax (404) 522-7116
And Others: Editions Rodopi B.V., Keizersgracht 302-304, 1016 EX Amsterdam, The Netherlands. Telephone (020) 622.75.07, Fax (020) 638.09.48

MENSCH UND GESELLSCHAFT AUS DER SICHT DES KRITISCHEN RATIONALISMUS

Hrsg. von Hans Albert und Kurt Salamun

Amsterdam/Atlanta, GA 1993. 348 pp.
(Schriftenreihe zur Philosophie Karl R. Poppers und des Kritischen Rationalismus 4)
ISBN: 90-5183-399-7 Bound Hfl. 150,-/US-$ 88.-
ISBN: 90-5183-400-4 Paper Hfl. 50,-/US-$ 29.-

Inhalt: I. *Auseinandersetzung mit Grundpositionen der Kritischen Gesellschaftstheorie der Frankfurter Schule.* HANS ALBERT: Dialektische Denkwege. Jürgen Habermas und der Kritische Rationalismus. WILLIAM D. FUSFIELD: Some Pseudoscientific Features of Transcendental-Pragmatic Grounding Projects. EVELYN GRÖBL-STEINBACH: Reflektierte versus naive Aufklärung? Kritische Theorie und Kritischer Rationalismus – Versuch einer Bestandsaufnahme. KURT SALAMUN: Befriedetes Dasein und offene Gesellschaft. Gesellschaftliche Zielvorstellungen in Kritischer Theorie und Kritischem Rationalismus. II. *Das Leib–Seele–Problem und die Konzeption der offenen Gesellschaft.* VOLKER GADENNE: Ist der Leib–Seele–Dualismus widerlegt? ARPAD SÖLTER: Der europäische Sonderweg zur offenen Gesellschaft. MIROSLAV PROKOPIJEVIC: Justice in the "Open Society". WOJCIECH DOMALEWSKI: Zwei Toleranzbegriffe. III. *Von der totalitären zur offenen Gesellschaft in den ehemaligen sozialistischen Ländern.* DIETER WITTRICH: Alltagserfahrung als Politikum. DARIUSZ ALEKSANDROWICZ: Die sich öffnende Gesellschaft und ihre Feinde. ANDREAS PICKEL: Schocktherapie als rationale Reformstrategie? Eine Kritik der theoretischen Grundlagen radikaler Marktkonzepte und ein Plädoyer für Reformgradualismus. IV. *Methodische Probleme der Gesellschaftswissenschaften.* HERBERT KEUTH: Sozialwissenschaften, Werturteile und Verantwortung. MICHAEL SCHMID: Die Logik institutioneller Analyse aus der Sicht des Kritischen Rationalismus. PETER V. ZIMA: Framework ist kein Mythos. Zu Karl R. Poppers Thesen über wissenschaftliche Kommunikation.

USA/Canada: Editions Rodopi, 233 Peachtree Street, N.E., Suite 404, Atlanta, Ga. 30303-1504, Telephone (404) 523-1964, Call toll-free 1-800-225-3998 (U.S. only), Fax (404) 522-7116

And Others: Editions Rodopi B.V., Keizersgracht 302-304, 1016 EX Amsterdam, The Netherlands. Telephone (020) 622.75.07, Fax (020) 638.09.48